U0819611

企业所得税的就业效应研究

Qiye suodeshui
de
Jiuye Xiaoying
Yanjiu

左胜强 著

中国财经出版传媒集团
中国财政经济出版社

图书在版编目（CIP）数据

企业所得税的就业效应研究／左胜强著. --北京：中国财政经济出版社，2023.4

ISBN 978-7-5223-2177-6

Ⅰ. ①企… Ⅱ. ①左… Ⅲ. ①企业所得税-税收政策-中国 Ⅳ. ①F812.424

中国国家版本馆 CIP 数据核字（2023）第 074198 号

责任编辑：吕小军　　　　责任校对：张　凡
封面设计：思梵星尚　　　　责任印制：党　辉

中国财政经济出版社 出版

URL：http：//www.cfeph.cn

E-mail：cfeph@cfeph.cn

（版权所有　翻印必究）

社址：北京市海淀区阜成路甲 28 号　邮政编码：100142

营销中心电话：010-88191522

天猫网店：中国财政经济出版社旗舰店

网址：https：//zgczjjcbs.tmall.com

北京财经印刷厂印刷　各地新华书店经销

成品尺寸：170mm×240mm　16 开　17.5 印张　248 000 字

2023 年 5 月第 1 版　2023 年 5 月北京第 1 次印刷

定价：72.00 元

ISBN 978-7-5223-2177-6

（图书出现印装问题，本社负责调换，电话：010-88190548）

本社质量投诉电话：010-88190744

打击盗版举报热线：010-88191661　QQ：2242791300

前　言

近年来，受新冠病毒疫情、俄乌冲突和通货膨胀等多种因素影响，世界经济持续衰退，各国出现大规模失业。为刺激全球经济快速复苏，稳定社会就业，各国政府正实施包括减税在内的一系列积极财政政策。我国政府将减税降费作为稳增长、保就业的重要举措之一，党的二十大报告再次强调实施就业优先战略，强化就业优先政策。其中，企业所得税作为最大的直接税税种，约占国家税收收入的22.6%，成为拉动经济发展和促进社会就业的重要抓手。目前，企业减税与社会就业问题已成为全球经济领域的前沿问题，以此为背景，本书力图从理论、政策实践和实证检验等多层面研究企业所得税对社会就业的影响及影响机制。

以西方就业理论为基础，本书采用马克思主义二重性分析法，将就业理论与税收政策相结合，逐步推导出企业所得税就业效应存在着社会属性和自然属性。首先，通过理论分析发现，企业所得税就业效应不仅包括促进劳动力（生产要素）流动与配置的自然属性，还包括社会属性，即体现为政策制定者对社会就业的管理思想或执政理念。进而，本书又通过详细梳理与分析我国就业制度历史演进、就业现状与成因，并与国外企业所得税政策进行对比分析，发现企业所得税就业效应的社会属性具体体现为政府对特殊企业的差异性税收政策和对重点人群就业的保障性税收政策等，分析结果不仅印证了马克思主义二重性分析法所推导的结论，也为实证分析奠定了理论和实践基础。

基于道格拉斯生产函数，本书推导出企业所得税就业效应的微观计量模型，并采用固定效应面板模型等静态面板回归法和系统 GMM 等动态回归分析法，对 1998—2013 年中国工业企业数据库内 221 万条企业面板数据进行微观实证分析，力求从微观层面探究出微观市场主体的市场行为。此外，本书又利用 2003—2019 年省级宏观经济面板数据从宏观层面探究企业所得税与社会就业的相关性。实证结果均表明，无论在微观层面还是在宏观层面，我国企业所得税有效税率与社会就业存在着显著负相关关系，即降低企业所得税有效税率能增加社会就业。

为进一步探究企业所得税就业效应的内在传导机制和外部影响因素，本书还利用 Sobel（1982）及温忠麟（2014）等国内外学者提出的中介效应检验方法，从企业微观和国家宏观两层次选取多种中介变量进行实证检验分析，并引入政府预算支出等代理变量。随后又利用动态回归分析法对多种外生变量进行调节效应检验。实证分析发现，企业所得税就业效应内部传导机制涉及多个中介变量，包括员工工资、企业资产负债率、企业资产收益率、经济增长、政府一般性公共支出等因素。此外，研究还发现，企业所得税就业效应还会受到企业所有制性质、企业要素密集类型和企业所在地区等调节变量的影响，进而分析出我国企业所得税变动会对社会就业总量和社会就业质量产生影响。

至此，本书依据各章研究结论，从自然属性和社会属性两方面对我国企业所得税政策的就业效应进行综合评价，并结合现阶段国家就业形势和经济目标，从企业微观层面和国家宏观层面提出了进一步促进社会就业的企业所得税税收政策优化路径。

2023 年 4 月

Preface

At present, the novel coronavirus pneumonia pandemic is rampant worldwide, the world economy is rapidly falling into recession with massive unemployment in various countries. In order to stimulate the rapid recovery of the global economy and stabilize social employment, governments are implementing a series of positive fiscal policies, including tax reduction. In recent years, Chinese government insists on the policy of giving priority to employment, and takes tax reduction as one of the important measures to stabilize growth and ensure employment. As the largest direct tax, enterprise income tax accounting for about 22.6% of the national tax revenue has become an important starting point to promote economic development and social employment. It can be seen that enterprise tax reduction and social employment have become the frontier issues in the field of global economy. Based on this background, this paper tries to study the influence of corporate income tax on social employment and its mechanism from a multi-dimensional perspective of theory, policy practice and empirical test.

Based on the western employment theory, this paper adopts the dual analysis method of Marxism, combines the employment theory with tax policy, and gradually deduces the social and natural attributes belonging to the employment effect of enterprise income tax. Theoretical analysis shows that the employment effect of enterprise income tax not only includes the natural attributes of promoting the flow and allocation of labor (production factors), but also reflects the social attributes of policy makers' management ideas or ruling ideas on social employment. Furthermore, through a detailed analysis of the historical evolution of China's employment system, the present status of employment and the underlying causes, and a comparative analysis with foreign enterprise income tax policies, this paper finds that the social attributes of the employment effect of enterprise income tax are embodied in the government's differential tax policy for special enterprises and the security tax policy for the employment of key groups. The results confirm the conclusion of Kirschner's duality analysis and also lay a theoretical and practical foundation for empirical analysis.

Based on Douglas production function, this paper deduces the micro econometric model of the employment effect of enterprise income tax, and conducts micro empirical analysis on 2. 21 million panel data in China's industrial enterprise database from 1998 to 2013 by static panel regression methods such as fixed effect panel model and dynamic regression analysis methods such as System GMM so as to explore the market characteristics of micro market entities from the micro level. In addition, this paper explores the correlation between corporate income tax and social employment from the macro level with the provincial macroeconomic panel data from 2000 to 2016. The empirical results show that there is a significant negative correlation between China's corporate income tax rate and social employment at both the micro level and the macro level, that is, reducing the effective corporate tax rate can increase social employment.

In order to further explore the internal transmission mechanism and external influencing factors of the employment effect of enterprise income tax, this paper also uses the intermediary effect test methods proposed by Sobel (1982), Wen (2014) and other scholars at home and abroad, selects a variety of intermediary variables from the micro level of enterprises and the macro level of the country for empirical analysis, and introduces the government budget expenditure and other proxy variables. Then, dynamic regression analysis was used to test the regulatory effect of exogenous variables. The empirical analysis shows that the internal transmission mechanism of the employment effect of enterprise income tax involves a number of intermediary variables, including employee wages, enterprise asset liability ratio, enterprise return on assets, economic growth and other factors. In addition, the study also finds that the employment effect of enterprise income tax is also affected by the ownership types of enterprise and the intensive type of enterprise, and then obtains that the change of enterprise income tax in China will have an impact on the total amount of social employment and the quality of social employment.

In conclusion, based on the previous research results, this paper comprehensively evaluates the employment effect of China's enterprise income tax policy in terms of its natural and social attributes. Combined with the current national employment situation and economic goals, this paper puts forward the optimization path of enterprise income tax policy to further promote social employment from the micro level of enterprises and the macro level of the country.

2023/04

目　录

第一章

绪 论

第一节 研究背景

一、企业减税与社会就业是目前全球经济的前沿问题

长期以来，企业税费与社会就业一直是全球经济界讨论的重要话题，尤其是新冠病毒疫情全球暴发后，全球经济陷入衰退，社会就业面临巨大挑战，此话题已然成为目前全球经济的前沿问题。早在2020年6月，国际货币基金组织（IMF）发布《世界经济展望报告》称，受新冠病毒疫情冲击，2020年全球经济预计萎缩4.9%，为20世纪30年代经济大萧条以来最严重的经济衰退①。据经济合作与发展组织（OECD）发布的2020年经济数据显示，全球15个主要经济体中，除中国经济实现2.3%的正增长之外，其他经济体均出现不同程度的萎缩，如西班牙GDP下降11%，英国下降9.9%，法国、德国、日本分别下降8.2%、5%和4.8%。而作为世界第一大经济体的美国，全年GDP萎缩3.5%，时隔11年重新萎缩，并且创下自1946年以来的最大跌幅。

在全球经济出现萎缩背景下，各国出现大规模失业。据国际劳工组织2020年4月发布报告称，到2020年年底，全球因新冠病毒疫情减少的就业岗位可能远远超过国际劳工组织此前预测的2500万个，这场危机是第二次世界大战以来最可怕的全球性危机，全球失业率可能会远远超过2008—2009年国际金融危机时期的数字。以美国为例，联邦劳工部报告显示，由于各行各业相继停摆，美国失业人口将继续增加，2020年5月美国全国失业率高达14.7%，失业人数达3300万人。另据美国彭博社报道，全美申

---

① 世界经合组织. OECD Interim Economic Assessment Coronavirus：The world economy at risk［EB/OL］. http：//www.oecd.org/economic－outlook/，2020－4－14.

请失业救济数据显示美国失业率至少达到17%，远超2008年国际金融危机期间10%的峰值。《华尔街日报》更是将2020年称为美国自1939年有记录以来失业最严重的一年①。

此次疫情对全球社会总供给和总需求产生了巨大冲击，导致全球经济急剧衰退，造成大量失业。为刺激全球经济快速复苏，减少疫情对经济社会总供给的冲击，稳定社会就业，各国政府正实施一系列积极财政政策和宽松货币政策，其中，企业减税是一项重要的积极财政政策，对刺激经济复苏和稳定社会就业起着重要作用。以我国为例，面对突如其来的新冠病毒疫情，2020年财政部会同有关部门出台实施了7批28项有针对性的减税降费措施，2020年为企业新增减负高达2.6万亿元②，2021年新增减税降费超过1万亿元，还对制造业中小微企业、煤电和供热企业实施阶段性缓缴税费③。

二、就业问题是我国面临的重要社会问题

我国劳动力市场长期存在着就业总量矛盾和就业结构矛盾。尤其是进入经济发展新常态以来，我国经济下行压力明显加大、经济结构处于深度调整期，同时在全球新冠病毒疫情暴发、世界经济衰退等因素的共同作用下，我国就业形势更加严峻，劳动力市场供需总量矛盾和供需结构性矛盾更加突出。

从就业总量矛盾角度看，一方面，当前我国经济正由高速发展转向高质量发展，面临着需求收缩、供给冲击、预期转弱三重压力，经济增速逐渐放缓，与此同时，社会就业还受到技术进步所造成的短期冲击，在此背景下，我国社会劳动力需求下行压力加大，整体就业形势更加复杂严峻。

---

① 央视网．就业形势依然严峻！彭博社：美国失业率至少达到［EB/OL］．http：//news. cctv. com/2020/04/17/ARTIzSh4uJ6rvojrtWixFJYt200417. shtml? spm = C94212. P4YnMod9m2uD. ENPMkWvfnaiV. 48&ivk_sa = 1023197a. 2020 －4 －17.

② 政府工作报告（2020）［R］．［EB/OL］．http：//www. gov. cn/zhuanti/2020lhzfgzbg/index. htm.

③ 政府工作报告（2021）［R］．［EB/OL］．http：//www. gov. cn/zhuanti/2022qglh/index. htm.

另一方面，自2012年以来，我国劳动年龄人口持续下降，我国人口红利正逐渐消失，劳动力供给总量出现了刘易斯拐点，劳动力供给总量逐渐减少，但劳动力总体供大于求的态势并没有改变，劳动供需缺口仍然较大。据统计，从2010年到2018年劳动供需缺口逐年增加至3000万人，尤其是新冠病毒疫情更是加剧了劳动供需矛盾，未来一段时间内就业总量压力难以得到实质性缓解①。此外，受新冠病毒疫情冲击，我国2020年初城镇调查失业率飙升至6.2%，在以习近平同志为核心的党中央的坚强领导下，我国率先控制住疫情，率先实现分级复工复产，率先实现经济正增长。2020年底，虽然我国城镇调查失业率下降至5.2%，但仍然处于历史较高位。

从就业结构矛盾角度看，目前我国就业结构矛盾突出表现在产业就业结构失衡、职业及技术职称供需不对称、社会群体就业矛盾三个方面，特别是高校毕业生就业难和“用工荒”就业问题。教育部报告显示，近年来高校毕业生数量屡创新高，从2016年的约760万人增至2022年约1076万人，而我国经济增速放缓，仍处于经济结构转型升级的“阵痛”期，劳动力需求增量不宜，高校毕业生就业压力日益凸显。与此同时，以“用工荒”为焦点的农民工就业问题也始终是近年的社会热点问题，根据《2021年农民工监测调查报告》显示，农民工总量仍逐渐增加，2021年全国农民工总量29251万人，比上年增加691万人，增长2.4%。其中，外出农民工17172万人，增长1.3%；本地农民工12079万人，增长4.1%。年末在城镇居住的进城农民工13309万人，增长1.6%。可见，本地农民工增速高于外出农民工，且流动半径进一步缩小，农民工就业问题日益严重。

从当前我国就业形势角度看，2022年我国宏观就业形势严峻。国家统计局的数据显示，2022年第一季度全国城镇调查失业率均值为5.5%，第二季度上升至5.8%，城镇调查失业率处于历史高位。从第二季度统计数据上看，就业形势主要有以下几个特点：一是就业主体人群就业总体稳定。25—59岁就业主体人群失业率4月虽有所升高，但是升幅明显低于总体失业率水平。6月，25—59岁就业主体人群失业率为4.5%，比上月回

① 资料来源：2006—2020年《中国统计年鉴》。

落0.6个百分点，接近2021年平均水平。二是农民工群体就业形势有所好转。农民工群体多从事劳动密集型制造业和服务业行业，以个体户和灵活就业的居多，就业稳定性相对较差。受疫情冲击影响，4月外来农业户籍人员失业率升至6.6%，随着疫情逐步得到控制，助企稳岗措施发力，农民工群体的就业明显改善。5月外来农业户籍人员失业率降至6.2%，6月降至5.3%，低于整体失业率水平。三是青年人就业压力仍然较大。青年群体初次进入劳动力市场，普遍面临摩擦性失业困境，同时受疫情影响，企业吸纳就业能力下降，年轻人求职渠道在疫情条件下也受到了阻碍。加之2022年高校毕业生总量又创历史新高，加剧了青年人就业压力。6月，16—24岁城镇青年失业率为19.3%，处于2022年以来较高水平。总的来看，随着经济恢复，稳就业政策显效，2022年第二季度我国就业形势总体呈现改善趋势，但是青年人就业压力大的问题仍较突出，必须持续抓好稳就业工作，特别是重点群体就业，要进一步落实稳就业政策，落实就业帮扶，促进就业形势持续向好①。

综上所述，在目前和今后一段时间内，促进就业仍然是我国一项重要任务。缓解就业总量压力、实现充分就业、提升社会就业质量始终是我国经济社会发展中需长期关注并要尽力解决的重大问题，也是一道社会难题。为此，《中华人民共和国国民经济和社会发展第十四个五年规划和2035年远景目标纲要》（以下简称“十四五”规划）提到要强化就业优先政策，千方百计稳定和扩大就业，坚持经济发展就业导向，扩大就业容量，提升就业质量，促进充分就业，更加注重缓解结构性就业矛盾，实现更加充分、更高质量的就业。

三、企业减税是目前我国宏观政策的重要举措

减税作为一项重要的财政政策，一直是政府刺激经济增长，促进社会就

---

① 资料来源：国家统计局新闻发言人就2022年上半年国民经济运行情况答记者问，http://www.stats.gov.cn/xxgk/jd/sjjd2020/202207/t20220715_1886483.html，2022-07-15。

业的“灵丹妙药”。为减轻企业负担，激发市场活力，拉动经济增长，优化产业结构和促进地区平衡发展，我国政府将减税降费作为宏观政策支持稳增长、保就业、调结构的重要举措之一①。2020 年《政府工作报告》和 2021 年《政府工作报告》多次提到减税降费，2020 年全国企业和个人减税总规模达到 2.6 万亿元，2021 年新增减税降费超过 1 万亿元，我国政府还在继续出台一系列减税降费的新举措，促进经济发展，增加社会就业。此外，为应对新冠病毒疫情影响，帮助企业复工复产，尽快恢复经济秩序正常运行，稳定社会就业，2020 年的中央经济工作会议强调要以更大的宏观政策力度对冲疫情影响。我国政府陆续出台了包括企业减税降费、地方债、转移支付等一揽子积极财政政策，2020 年，全国 10 万户重点税源企业销售收入税费负担率（企业缴纳的税收和社保费等支出占销售收入比重）预计同比下降 8%；全国新办涉税市场主体 1144 万户，同比增长 10.1%，高于前两年水平②。2021 年新增涉税市场主体 1326 万户，同比增长 15.9%③。

降低企业所得税是实施减税降费政策的重要途径。从宏观层面看，企业所得税作为仅次于增值税的我国第二大税种，同时也是第一大直接税种，约占国家税收收入的 22.6%④，降低企业所得税对推动我国经济高质量发展和促进社会就业具有重要作用。从微观层面来看，企业所得税在企业里所处的“地位”是至关重要的，对企业的经营活动、收益都有着很大的影响，直接关联着企业未来发展的根本（税后利润），并深刻影响着微观市场主体活力和其就业吸纳能力。值得一提的是，2021 年中央经济工作会议提出宏观政策要稳健有效。其中，积极的财政政策要提升效能，更加注重精准、可持续，进一步实施新的减税降费政策，强化对中小微企业、

---

① 国家税务总局，关于深入贯彻落实减税降费政策措施的通知［Z］. 税总发（2019）13 号，2019 -01 -21.

② 资料来源：十组税收数据反映 2020 年中国经济稳定恢复、好于预期国家税务总局新闻发布会实录 . http：//www. chinatax. gov. cn/chinatax/n810219/n810724/c5160913/content. html。

③ 资料来源：今年财政工作如何发力？这场发布会圈出重点 . https：//baijiahao. baidu. com/s?id = 1725448840142227901&wfr = spider&for = pc。

④ 资料来源：2019 年《中国统计年鉴》。

个体工商户、制造业、风险化解等的支持力度。这就在强调，在实施新的减税降费政策过程中，政府可利用企业所得税的直接税种优势，针对各类市场主体实施更精准的减税政策，从而实现更可持续的减税效果。

四、减少企业所得税是降低实体经济企业成本的重要途径

党中央、国务院高度重视降成本工作。2015 年 12 月，中央经济工作会议明确降成本是供给侧结构性改革的重要内容；2016 年 8 月，国务院印发《降低实体经济企业成本工作方案》，系统部署降成本相关工作。2017 年以来，国家发展改革委会同有关方面每年印发降成本重点工作通知，对当年降成本各项重点任务做出安排。2022 年 5 月，国家发展改革委、工业和信息化部、财政部、人民银行等四部门联合印发《关于做好 2022 年降成本重点工作的通知》，聚焦退减税、缓缴社保费、降低融资成本、降低制度性交易成本等措施，持续加大助企纾困力度，明确了 2022 年降低实体经济企业成本工作部际联席会议将重点组织落实好的 8 个方面 26 项任务①。《关于做好 2022 年降成本重点工作的通知》提出，实施新的组合式税费支持政策。延续实施扶持制造业、小微企业和个体工商户的减税降费政策，并提高减免幅度、扩大适用范围。对小规模纳税人阶段性免征增值税。对小微企业年应纳税所得额 100 万元至 300 万元部分，再减半征收企业所得税。对小微企业的存量留抵税额于 2022 年 6 月底前一次性全部退还，增量留抵税额足额退还。重点支持制造业，全面解决制造业、科研和技术服务、生态环保、电力燃气、交通运输等行业留抵退税问题。

在当前百年变局和世纪疫情相互叠加的复杂局面下，《关于做好 2022 年降成本重点工作的通知》更加具有现实意义。一方面，有利于保市场主体，促进经济持续稳定恢复。2022 年以来，新冠病毒疫情和乌克兰危机导致我国经济发展环境的复杂性、严峻性、不确定性上升。2022 年我国本土疫

---

① 国家发展改革委等四部门，关于做好 2022 年降成本重点工作的通知［Z］. 发改运行〔2022〕672 号，2022－05－10.

情呈现点多、面广、频发的特点，实体经济企业生产经营面临的压力加大。2022 年 4 月 29 日中央政治局会议明确指出，要稳住市场主体，对受疫情严重冲击的行业、中小微企业和个体工商户实施一揽子纾困帮扶政策。其中，减少企业所得税等一系列政策将给企业生产经营带来积极影响，帮助企业渡过难关，有力提振市场信心，稳定经济运行。另一方面，有利于推动产业转型升级，促进经济高质量发展。创新是引领发展的第一动力，是实现高质量发展的关键所在。该通知还要求，加大研发费用加计扣除政策实施力度，将科技型中小企业加计扣除比例从 75% 提高到 100%，对企业投入基础研究实行税收优惠，完善设备器具加速折旧、高新技术企业所得税优惠等政策。

第二节　研究意义

在当前新冠病毒疫情肆虐、全球经济持续衰退和国内经济下行压力明显加大的复杂背景下，系统研究企业所得税对就业的影响及其内在影响机制，不仅具有丰富的理论意义，也有较大的现实意义。

一、理论意义

一是进一步充实和完善促进就业的税收理论，尤其是符合中国国情的税收理论。不可否认，西方就业理论和税收思想源远流长、相对比较成熟和完善，对我国就业与税收政策研究具有重要的借鉴意义。但是，我们也要看到，由于中西方政治经济体制以及社会文化背景存在很大差异，西方促进就业理论和税收理论在我国可能会存在水土不服问题。首先，表现在就业理论上，特别是中西方市场经济程度存在较大差异以及城乡劳动力二元结构差异。我国正处在二元向一元的转轨阶段，政治经济体制、产业结构的变化都为我国就业发展带来巨大影响，这也是有别于其他发达国家之处。其次，表现在税收理论上，由于中西方政治体制存在差异，税收理念和政策差异明显，税收所产生的就业效应也存在较大差异。例如，我国更关注社会民生问题，尤其重视贫困人员、残疾人就业等问题。基于此，本书从我国国情出发，研究基于我国自身特点促进就业的税收政策，将对于完善税收理论具有重要意义。

二是拓宽税收就业理论分析框架，丰富中国特色社会主义经济理论体系。我国现有的税收政策促进就业的研究视角主要集中在宏观政策层面，运用的分析方法多为定性分析。本书通过理论与实证相结合的方法，以中国宏微观经验数据研究中国企业所得税政策的就业理论问题。具体来说，首先，在理论研究方面，不仅从微观视角延伸到宏观视角，还利用马克思主义二重性分析法，将问题细化为自然属性和社会属性；其次，在实证研究方面，从内在传导机制到外部影响因素，逐层分析，力图从更宽泛的视角、更丰富的方法研究企业所得税就业效应，逐渐拓展税收就业理论分析框架，推动就业理论发展。简言之，本书采用交叉学科的研究思路，利用理论和实证多种研究方法，推动财政学、劳动经济学与政治经济学的融合发展，进一步丰富中国特色社会主义经济理论体系。

二、现实意义

目前我国的就业形势不容乐观，劳动供需总量矛盾和结构失衡问题严重，尤其是在全球新冠病毒疫情暴发和世界经济衰退之后，国际和国内经济社会环境的复杂性导致我国就业难度加大。面对如此严峻的挑战，政府部门一方面实施积极财政政策促进经济复苏，以经济增长带动就业增长；另一方面适时出台多项刺激就业的减税政策以直接促进就业。事实上，我国政府实施的企业减税政策对就业的影响效果，尤其是企业所得税在治理失业问题上发挥了作用，还有待于深入研究。

基于此，本书将系统分析企业所得税就业效应作用机理，实证检验企业所得税就业效应，并在理论分析、现状剖析及实证结论的基础上，提出促进就业的企业减税政策优化路径。这对于提高税收政策宏观调控效率，刺激经济复苏，促进社会就业，提升就业质量，实现建设社会主义现代化强国目标具有重要的实践意义。具体来说，本书具有以下几个层面的现实意义：一是推动减税降费政策更有效实施。众所周知，减少企业所得税是减税降费的重要举措，其主要目的既能为企业减负，激发市场主体活力，又能提升企业创新能力，全面推动市场经济发展，而本书恰通过分析企业所得税的就业效应，理顺其内在机制，从而便于减税降费政策更好地落地见效。二是促进社会更充分就业。基于对企业所得税就业效应的内在传导机制和外部影响因素的系统分析，本书对我国企业所得税就业效应进行综合评价，并提出相应建议，从而能通过完善企业所得税政策更好地促进社会就业。三是推动中国经济高质量发展。研究企业所得税的就业效应能扩大降低企业所得税的经济效益，有利于推动产业转型升级，促进经济高质量发展。具体来说，一方面，研究减税问题能推动创新事业的发展。创新是引领发展的第一动力，是实现高质量发展的关键所在。例如，国家不断加大研发费用加计扣除政策实施力度，有效激励企业创新发展。另一方面，研究就业问题能提高社会人力资本利用率。正如《关于2022年降成本重点工作的通知》对提高人力资源水平的要求，继续开展大规模职业技能培训，共建共享一批公共实训基地；使用1000亿元失业保险基金支持稳岗和培训，加快培养制造业高质量发展的急需人才①。总之，减税降费不仅能激发市场主体活力，提升企业创新能力，进而增加市场劳动需求，还能推动政府从管理型政府向服务型政府转变，有利于在全国范围内持续优化营商环境，促进劳动力、资本等生产要素的合理流动，进而有力推动中国经济高质量发展。

第三节 主要研究内容与研究方法

在介绍本书的主要研究内容之前，需要明确本书所涉及的基础概念，

① 王远鸿．加大纾困支持力度促进经济持续稳定恢复：《关于2022年降成本重点工作的通知》专家解读．https：//www.ndrc.gov.cn/xxgk/jd/jd/202205/t20220516_1324613.html?code=&state=123.

比如与税相关的概念，包括法定税率与有效税率、直接税与间接税、企业所得税与增值税等，再比如与就业相关的就业率与失业率、登记失业率与调查失业率、就业人数与新增就业等概念。需要说明的是，本书所使用的概念皆为传统财政学和劳动经济学的基础概念，受篇幅所限，不再对各个概念进行详细比较分析，我们仅根据研究的需要，简要介绍本书重点使用的企业所得税、直接税、有效税率与就业人数等核心概念。

一、研究内容

如图1-1所示，企业所得税政策对就业的影响经历了由微观向宏观的传导路径，并且受到多种外部因素的影响，与此同时体现出就业效应两重性，即社会属性和自然属性。企业所得税政策首先作用于微观经济主体，通过影响企业资本与劳动的相对价格及相互替代率，并且受到企业所有制、企业要素密集型和企业所在地区等因素的影响，最终展现出宏观就业效果。基于此，本书总体思路为：结合企业所得税政策对就业影响的传导途径，分别从自然属性和社会属性两个方面对企业所得税就业效应进行理论分析，同时从微观和宏观两个层面对其进行实证检验。

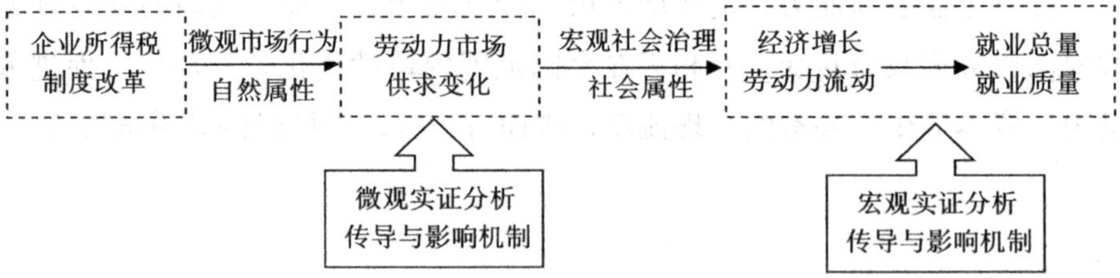

图1-1 研究主线

具体来说，本书的基本研究思路分为五步。第一步，以企业所得税制度改革为切入口，从微观层面分析企业所得税税率降低后微观市场主体的具体行为变化。例如，企业利润会因此增加，进而增加企业的创新投入、财务投资或扩大再生产。第二步，从劳动力市场的角度分析劳动力供求因此所产生的变化。例如，随着企业盈利能力提升、资产规模扩大，企业的劳动需求也因此增加，从而增加就业岗位。需要说明的是，以上这两部分同时进一步优化了劳动力要素的市场化配置，也即为企业所得税自然属性的部分表现。第三步，基于前两步的微观市场主体行为分析，开始从宏观层面将微观主体行为汇集为宏观经济现象，分析宏观社会治理问题。例如，降低企业所得税率会激发各市场主体活力，推动经济增长，不断促进社会劳动力流动，还很可能增加社会就业总量和提升社会就业质量，也即在此过程中体现出政府的宏观社会治理思想，这也就是企业所得税就业效应的社会属性的具体体现。第四步，利用我国工业企业的微观数据库，从微观层面检验企业所得税就业效应的传导机制和影响机制。第五步，利用我国省级就业和经济面板数据，从宏观层面检验企业所得税就业效应的传导机制和影响机制。

本书的结构安排和技术路线如图1-2所示。

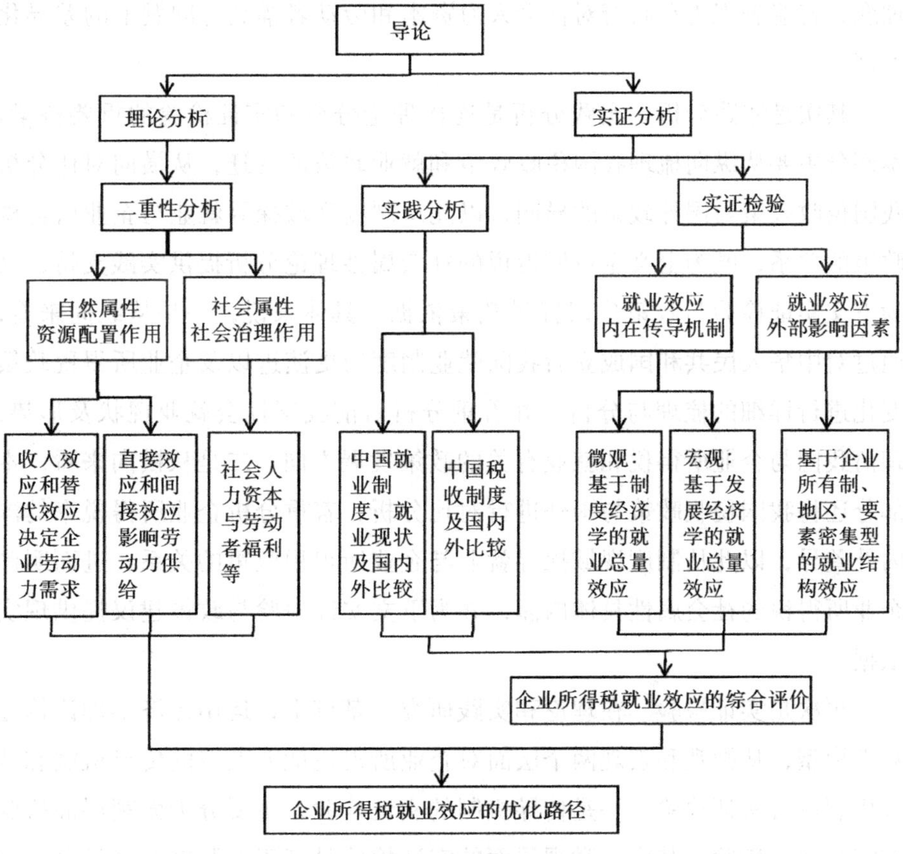

图1-2 本书研究思路和技术路线

首先是理论分析。在西方就业理论的基础上，采用马克思主义二重性分析法，将就业理论与税收政策相结合，初步构建企业所得税就业效应理论分析框架，并从自然属性和社会属性两方面系统阐述企业所得税就业效应的作用机理，以此为实证研究奠定理论基础。具体来说，企业所得税就业效应的理论分析包括两方面：一方面是自然属性，表现为企业所得税对劳动力、资本等生产要素的资源配置作用。其中，企业所得税变动后，既会产生收入效应和替代效应，从而决定着企业的劳动力需求，又会产生直接效应和间接效应，不断影响社会的劳动力供给，从而在劳动力市场中起到资源配置作用。另一方面是社会属性，表现为企业所得税政策所产生的社会就业治理作用，国内外企业所得税政策差异显著，所代表的执政理念和目标也存在差异，换言之，企业所得税政策直接关系到政府的社会治理理念，普遍表现为在政府对社会人力资本和劳动者福利等问题上的差异化处理。

其次是实践分析。实践分析是连接理论分析和实证检验的重要桥梁。本部分主要从纵向梳理我国税收政策和就业政策的变迁，从横向对比分析我国税收政策与国外政策的异同，以此从制度视域探寻就业与企业所得税政策的关系，既为上文企业所得税的社会属性理论分析提供实践支持，又为下文实证检验与政策建议提供政策依据。具体来说，一是从纵向来看，通过对中华人民共和国成立后我国就业制度历史演进以及企业所得税政策变化进行详细的梳理与分析，并着重分析目前我国社会就业现状及形势，理清我国与企业所得税和就业有关的政策发展方向。二是从横向来看，本部分还将我国税收政策与国外进行对比分析，着重分析企业所得税率的国内外差异，以此从制度视域探寻就业与企业所得税政策的关系，进而明确企业所得税的社会属性具体内涵，并为下文实证检验与政策建议提供现实依据。

再次是实证检验。在理论和实践研究的基础上，运用经济学理论构建数理模型，从微观和宏观两个层面对企业所得税就业效应的传导机制和调节机制进行实证检验。一是传导机制的实证检验，主要分为微观层面检验和宏观层面检验。其中，微观层面的实证检验是基于新制度经济学分析微观个体的市场行为，从而探究劳动力供求及均衡机制。而宏观层面的实证分析包括两部分：一部分是基于发展经济学理论分析经济增长及劳动力流动所带来的企业所得税的就业总量效应；另一部分是基于福利经济学理论的企业所得税政策的就业质量或结构效应，包括人力资本和劳动者福利提升等。二是调节机制的实证检验。本部分还有检验企业所得税就业效应的外部影响因素，即外生变量对企业所得税就业效应的调节作用，具体包括企业所有制性质、企业要素密集类型和企业所在地等外生变量。

最后是综合评价和建议。依据现实分析和实证结论，本部分对我国企业所得税政策的就业效应进行综合评价，并在此基础上，结合现阶段国家就业形势和经济目标，提出进一步促进就业的企业所得税政策优化路径。具体来说，包括综合评价和建议两部分：一是从就业总量和就业质量、自然属性和社会属性两个角度进行综合评价，较全面地评价我国降低企业所得税税率所起到的就业成效以及其内在的问题；二是基于各章关于企业所得税就业效应内在机制和外部影响因素的研究结论，针对我国企业所得税政策中存在的问题，并结合现阶段国家就业形势和国家经济发展目标，最终从促进社会就业的视角提出对应的优化原则和优化措施。

二、研究方法

（一）理论分析和实证分析相结合

本书将理论分析和实证分析相结合。具体来说，一是理论分析，先从我国税收政策、社会就业现状、经济增长等现象中剖析出我国税收政策、经济、就业的运行机制，进而从逻辑上推导出企业所得税就业效应机制。二是实践分析，随后又在详细梳理就业制度和税收政策历史演进的基础上，对社会就业现状和成因进行深入分析，得出制度视域下的理论分析框架。三是实证检验，为进一步丰富企业所得税就业效应理论，本书还利用企业微观数据和省级宏观数据，从微观、宏观两个层面对就业效应的传导机制和调节机制进行实证检验。总而言之，通过理论分析和实证分析全面阐释企业所得税与就业的关系。

（二）计量分析与经验分析相结合

本书实证分析部分采用计量分析和经验分析相结合的方法。首先，根据道格拉斯生产函数以及其他数理模型，对企业所得税税率变量和就业变量的内在关系和作用机理进行总结分析，并通过严格的数学推导，得到税收变量和就业变量之间的关系，以此为后文实证检验提供基础计量模型。其次，运用企业微观统计数据及省级宏观统计数据，结合数理分析构建的计量模型，对企业所得税就业效应进行实证检验，进一步分析其内在中介效应和调节效应，为完善促进就业的企业所得税政策提供实证经验支撑。此外，还通过梳理我国税收政策和就业政策演变，为全书研究提供更加直观的历史经验证据。

（三）自然属性分析与社会属性分析相结合

本书采用马克思主义二重性分析法从理论层面研究企业所得税的就业效应。依据马克思的世界二重性和劳动二重性的基本理念，由于资本具有自然属性和社会属性，当企业所得税变动直接影响到企业利润和资本再投资行为时，企业所得税及其就业效应也相应具有了二重性。具体来说，自然属性是指所有经济活动中普遍存在的共性，体现为政策对资源的自然调配作用，而社会属性是指政策将在不同的社会主体中具有不同的特点，体现为政策对社会和劳动者的差异性影响。本书以辩证全面的视角分析企业所得税就业效应的自然属性和社会属性，一方面剖析就业效应中对市场生产要素的资源调配作用；另一方面，分析不同的税收政策和就业政策所代表的差异化政府治理理念、社会价值和政府预期，并从这两个视角为充分发挥减税的促就业作用提出多方面建议。

（四）中介效应检验和调节效应检验相结合

本书在实证分析中采用中介效应检验与调节效应检验相结合的研究方法。首先，通过利用我国省级层面宏观面板数据和企业层面微观面板数据，从宏观层面和微观层面检验企业所得税就业效应的具体内在传导机制，即检验包括员工工资、企业资产负债率和资产收益率在内的多个中介变量。其次，通过将微观数据进行分类，检验分析企业所得税就业效应外部影响因素，即检验包括企业所有制以及企业要素密集类型在内的多个调节变量。在实证检验出就业效应的内在传导机制和外部影响因素的基础上，本书紧盯中介效应和调节效应中存在的不足，进一步有针对性地提出促进社会就业的企业所得税政策建议。

第四节 可能的创新与不足

一、创新之处

（一）研究视角的多维性

本书从微观到宏观、从自然属性到社会属性、从内在传导机制到外部影响因素、从静态模型到动态模型等多个维度对企业所得税就业效应进行系统地分析。一是微观和宏观相结合。无论是理论分析部分，还是实证部分，本书均采用先微观后宏观的研究脉络。先对企业所得税的微观就业效应进行阐释，随后结合经济发展、政府一般性公共支出等对企业所得税的宏观就业效应进行系统分析。二是自然属性与社会属性相结合。本书采用马克思主义二重性分析法，先分析国内外普遍存在的企业所得税就业效应的资源配置作用，即其自然属性，再分析中国特色社会主义市场经济下企业所得税就业效应的社会治理作用，即其社会属性。三是内在传导机制到外部影响因素结合。在实证检验部分，既分析员工工资、企业负债率与劳动边际替代率等变量对就业效应的内在传导作用，又分析企业所有制类型等因素对就业效应的外部调节作用。四是静态模型与动态模型相结合。在实证检验的计量模型选择上，本书采用动态面板模型和静态面板模型相结合的方法分析企业所得税与就业的相关性。

（二）理论分析的融合性

本书涉及的理论较多，也因此在研究中促进了多个理论相融合。首先，以马克思主义二重性为理论起点，在西方税收就业理论的基础上，从资源配置与社会治理两个维度出发，分析了资本、企业所得税政策的“二重性”，导出了企业所得税就业效应的“二重性”。其次，在具体的效应分析中，马克思政治经济学的二重性分析法始终贯穿在全书的研究范式中，并且融合了劳动经济学、发展经济学和新制度经济学的理论，这一理论融合体系将社会经济中的企业、个人和政府有机联系在一起，打通企业所得税就业效应从微观向宏观传导的实现路径，初步构建了企业所得税就业效应研究的系统分析框架。最后，本书还从税收政策角度拓展就业理论，促进了税收理论和就业理论相融合。

（三）实证分析的延展性

一是模型设定方面，以道格拉斯生产函数为出发点，推导出企业所得税对就业的影响函数，并建立出静态面板模型。为解决因就业与员工工资、资产规模等因素互为因果而导致的内生性问题，本书在静态面板模型的基础上，建立包含因变量滞后项、企业所得税税率与调节因素虚拟变量的交互项在内的动态面板模型，不仅进一步发展了实证模型，还提升了实证检验结果的准确性。二是数据来源方面，本书利用国家统计局 1998—2013 年国有工业企业及规模以上非国有工业企业数据库构造的一个包含 63 万家企业的 221 万条面板数据集——这是目前可以获得的最大的工业企业面板数据库——有效避免了因样本量小导致估计偏差问题，还能有效提升实证检验结果的可靠性。三是指标设计方面，目前学术界普遍聚焦税收与就业的相关性研究，很少关注企业所有制、企业要素密集类型等外生变量对就业效应的调节作用，而本书增加了企业所有者、企业要素密集类型和企业所在地等虚拟变量，进一步系统探究企业所得税就业效应的内在传导机制和外部影响因素。

（四）初步构建中国企业所得税就业效应的理论体系

本书在企业所得税资源配置作用研究（自然属性）的基础上，结合中国企业所得税税收实践，并经宏观数据和微观数据实证检验，初步构建企业所得税社会治理作用（社会属性）的理论体系，具体表现为：一方面是资源配置作用，以新制度经济学理论为基础，结合马克思主义的资本趋利性特性，初步构建了企业所得税变动影响企业劳动需求和社会劳动供给变化的分析框架。其中，企业劳动需求效应包括收入效应和替代效应，社会劳动供给效应包括直接效应和间接效应。企业资源配置作用分析是以资本与劳动相对价格为主线，分析税收条件下的劳动力供需变化，其运行机理为：企业所得税→企业盈利能力→企业资本结构→企业资本与劳动相对价格→社会就业数量变化。另一方面是社会治理作用，以发展经济学和福利经济学理论为基础，结合马克思主义的资本社会属性特性，初步构建了企业所得税变动影响社会人力资本和劳动者福利的分析框架。其中，社会人力资本包括社会教育和培训变化，劳动者福利包括劳动者工资和社会福利变化，其运行机理为：企业所得税→企业资本结构和政府税收→企业培训和政府社会投入→社会就业质量变化。

二、不足之处

（一）基础理论方面

第一，二重性界定问题。在税收二重性理论的基础上，如何能清晰界定我国企业所得税就业效应的自然属性和社会属性是一个难题。虽然目前相关研究较少，但本书通过利用马克思主义二重性分析法，从理论上把握自然属性和社会属性的根本差别并加以运用。具体思路如下，首先，对比分析国内外的税收制度、就业制度以及税收的就业效应等特点，并按照社会主义和资本主义两条线将这些异同点进行简单归类；其次，运用马克思主义二重性分析法，将国内外符合市场运行机制且起着资源配置作用的共性特点作为就业效应的自然属性；最后，由于社会属性是与生产关系和社会制度相联系的，本书将那些能体现国家统治者各自意志的差异性税收政策及其就业效应作为其社会属性，但具体界定标准仍有待以后进一步讨论。

第二，传导机制的合理性问题。在微观和宏观视角下，如何从理论上分析出企业所得税就业效应的内在传导机制？这也是目前研究中存在的模糊地带。本书尝试先从企业微观层面，在新制度经济学的理论基础上，充分运用交易成本及边际替代率等理论，以数学公式推导的形式分析出税收对企业劳动需求的影响机理；然后从宏观经济层面，基于发展经济学的IS－LM、AD－AS等经济模型，以道格拉斯生产函数为起点推导出政府税收对社会就业的影响机理。即便如此，本书依托基础经济学理论进行的数学公式推导分析尚存在不严谨之处，笔者未来还需继续深入推导分析。

（二）实证检验方面

第一，数据来源问题。如何获取更加准确丰富的实证数据，以便进行准确全面的微观实证检验分析？本书已获取国家统计局1998—2013年国有工业企业及规模以上非国有工业企业数据库，约包含93万家企业的400万条面板数据，已能满足微观实证检验要求，但由于微观数据只是包含工业企业数据，可能会造成实证结果与现实存在一定偏差，未来可继续丰富微观数据，提升实证检验准确性。

第二，模型内生性问题。如何解决回归模型中的内生性问题，实现更加准确无偏的实证检验分析？众所周知，内生性问题一直是困扰此类政策研究的难点所在，为解决此问题，本书主要从两个方面努力尝试：一是在静态面板回归模型的基础上建立动态面板回归模型，利用水平GMM和系统GMM动态回归分析法，力求最大限度地解决模型中的内生性问题。二是不断寻找合适的工具变量解决静态面板模型中的内生性问题，但经过多次尝试，目前仍未找到完全合适的工具变量，这也是未来此项研究的重点工作方向。

第三，研究方法局限性问题。如何更加直观地观察企业所得税率变动对企业就业人数的影响？一是从宏观层面来看，可以通过详细描述各地区、各行业和不同时间段内的税收数据和就业数据，能比较直观地观察企业所得税税率对就业的影响，但目前研究方法比较单一。二是从微观层面来看，由于缺乏对典型企业的发展，尤其是财务业务进行追踪调查，而且受限于目前的研究方法，本书缺少对财务人员的访谈和详细的案例分析，造成当前研究直观性不足。在后续的研究中，应考虑增加深度访谈、实地调研、问卷调查及案例研究等，以此提升研究针对性和科学性。

第二章

国内外研究综述

税收问题和社会就业问题一直是经济学领域研究的重点问题，而关于两者关系的研究也是财政学和劳动经济学领域学者长期讨论的问题。随着经济学各流派的快速发展以及问题讨论的日益深入，关于税收和就业之间的关系的研究已经涉及发展经济学、制度经济学、福利经济学等各个经济学分支领域。本章将从就业理论研究着手，进而梳理企业所得税就业效应的理论研究和实证研究，重点分析企业所得税就业效应的内在传导机制和外部影响因素，并在此基础上进行简要评述，形成本书的正式起点。

第一节　就业理论研究

按照涉及市场均衡范围大小可将国内外关于就业的理论研究分为五类。

一、劳动力市场均衡分析

萨伊、瓦尔拉斯、庇古、马歇尔等古典经济学家和庸俗经济学家认为不存在社会失业。他们将就业作为市场中的一个生产要素，而且主张政府不应干预市场经济运行。古典经济学派代表人物萨伊提出了“供给会自己给自己创造需求”“商品市场、货币市场、劳动力市场会自发实现均衡和充分就业”等观点①。后来新古典经济学家虽然认识到劳动力市场的不完全性，也承认工资刚性会造成劳动力市场失衡，但他们仍坚持这类失业现象只是暂时的或局部的，仅承认摩擦性失业和自愿失业。此外，庇古还认为，实际工资可以随劳动供求状况灵活改变，在充分就业水平条件下实际工资等于边际劳动产品②。

---

① 萨伊．政治经济学概论：财富的生产、分配和消费［M］．北京：商务印书馆，1997：21－25.

② 阿瑟·塞西尔·庇古．福利经济学［M］．北京：华夏出版社，2017：46－48.

二、产品市场、货币市场与劳动力市场均衡分析

代表学派有凯恩斯学派和供给学派，代表人物有凯恩斯、阿瑟拉弗、保罗罗伯茨等。1929—1933 年资本经济危机爆发，失业现象严重，凯恩斯在总结罗斯福“新政”的基础上，将产品市场、货币市场、劳动力市场结合起来，建立了一套宏观就业模型。凯恩斯否定了萨伊定理，认为产品市场和货币市场的需求不足是造成非自愿失业的主因，为缓解失业，促进经济增长，主张政府以扩大财政支出、提高税收补贴的方式刺激社会消费需求和投资需求①。20 世纪 70 年代初，西方理论界发起了反凯恩斯思潮，供给学派经济学家认为国家干预过度，企业税率过高造成的供给不足问题是抑制经济增长和加剧失业的主要因素。供给学派代表人物阿瑟拉弗主张通过减税的方式增加总供给，促进就业②。货币主义学派的“自然失业率”假说和合理预期学派都从产品市场、货币市场及劳动力市场角度对就业问题进行了深入分析，其反对政府干预的思想与凯恩斯主义的结论相反，进一步丰富了就业与政府行为的研究视域。

三、货币市场与劳动力市场关系的分析

凯恩斯认为，国家采取提高通货膨胀率增加就业的货币政策方式不如扩大政府支出增加就业的财政政策方式有效。菲利普斯曲线揭示了通货膨胀与失业的负相关关系③。货币学派对菲利普斯曲线进行修正，考虑了通货膨胀预期的影响，认为在短期中，社会经济主体来不及调整通货膨胀预期，通货膨胀与失业负相关，但长期来看，由于国家和市场主体会逐渐调

---

① 约翰·梅纳德·凯恩斯．就业、利息和货币通论［M］．北京：商务印书馆，1999：42－46.

② 阿瑟·B. 拉弗．州民财富的性质与原因研究（引进版）［M］．上海：上海财经大学出版社，2019：112－134.

③ 庞明川．长期的菲利普斯曲线与经济增长［M］．大连：东北财经大学，2002.

整自身经济预期，如此一来，造成失业率与通胀并不存在明显负相关关系①。

四、微观主体行为决定模式分析

新凯恩斯主义代表人物（索洛等）从宏观层面拓展到微观层面分析就业理论，例如隐性合同理论、效率工资及内部人—外部人理论，这些理论从风险规避、信息不对称、刚性效率工资、“内部人”与“外部人”的解雇和雇用成本差异等视角阐释失业现象②。新凯恩斯主义还提出政府可以通过降低劳动力流动成本，打破失业者再就业的相关制度障碍；不断加大职业培训投入，持续提升劳动者技能；鼓励企业与劳动者签订更加灵活自主的弹性工资契约，从而提升社会就业总量和就业质量。

五、经济增长、人力资本、二元经济结构与就业的分析

随着世界经济的发展，新的经济问题被发现又被解决，经济理论也得到了不断丰富，例如，内生经济增长、人力资本投资以及二元经济结构等理论都不断丰富着就业理论③。“奥肯定律”的提出就是基于内生理论的发展，内生理论基本观点认为经济增长是就业增长的根本原因，美国学者阿瑟奥肯在内生理论的前提下，利用美国经济增长数据和就业数据进行实证分析，发现经济增长与失业反向变动、与就业同向变动的关系。而舒尔茨提出的人力资本理论的基本观点是，单个劳动者的就业成功率与其身体健康、年龄、受教育程度等因素存在着显著相关性。除此之外，以刘易斯、费景汉、拉尼斯为代表的发展经济学派认为，社会经济存在二元经济模型，政府可以通过实施促进劳动力城乡流动的政策，不仅能够促进农村劳动力流

① Milton Friedman. The Role of Monetary Policy [J]. American Economic Review, 1968, 58 (1): 1-17.

② 哈尔·R. 范里安. 微观经济学：现代观点 [M]. 上海：格致出版社，2013.

③ 蔡昉，张车伟. 劳动经济学 [M]. 北京：中国社会科学出版社，2015.

动，还能提升工业部门劳动吸纳能力，从而能有效促进社会就业。因此，税收的就业效应将会受到经济增长、城乡收入分配差距等问题的影响。

第二节 财税理论研究

一、财政理论分析

《中共中央关于制定国民经济和社会发展第十四个五年规划和二〇三五年远景目标的建议》中明确提出，要“加快构建以国内大循环为主体、国内国际双循环相互促进的新发展格局”，促使学术界大力开展对“新发展格局”的研究。2020 年中央政治局会议首次提出注重“需求侧改革”，其中首要目标是扩大居民消费、“打通堵点”。作为政府调控经济的主要工具，财政政策对宏观经济的影响是经济增长理论和宏观公共财政理论的重要研究内容。经典财政学将财政政策主要分为以下六类：一是预算政策，根据财政收支的差额来调整预算，以刺激或抑制总需求来达到调节经济的目的。二是税收政策，一般在经济萧条时，通过降税或税收优惠等途径来刺激投资和消费需求，促进经济增长；如果经济过热，则采取相反措施。三是公债政策，主要通过发行公债来影响流动性，或通过调整国债发行利率影响金融市场，进而达到对经济运行扩张或紧缩的影响。四是公共支出政策，包括政府购买性支出和转移性支出。五是政府投资政策，通过调节政府投资规模影响总需求和供给，通过调整投资方向来调节经济结构，促进资源配置和产业结构优化。六是补贴政策，主要针对低收入的群体，通过增加财政补贴，提高其可支配收入，促进社会分配的公平，进而增加社会需求，拉动经济增长（罗森，2015）①。

① 罗森. 财政学（第十版）. 北京：中国人民大学出版社出版，2015. 09.

通过对以往财政政策研究进行梳理和简单分类，笔者认为财政政策主要从以下三个路径促进经济增长：一是财政政策通过加大人力、物质资本投资，对经济持续增长的积极推动作用（郭长林，2018①；Fan 和 Hao，2020②；李涛等，2021③），而人力资本不平等不利于经济增长（Gille，2015）④。与此同时，一些研究也表明加强研发和创新投资也是促进经济增长的重要因素（Johnson and Papageorgiou，2020）⑤。二是经典文献的经济增长核算结果表明财政政策通过影响消费、对外贸易等路径对经济增长具有重要推动作用（Munir 和 Mansur，2009⑥；刘瑞翔和安同良，2011⑦；Benmamoun 等，2016⑧）。三是财政政策通过影响经济结构改善并促进经济增长（王家庭等，2019⑨；Backhaus 和 Nadarajah，2019⑩）。

---

① 郭长林．财政政策扩张、异质性企业与中国城镇就业［J］．经济研究，2018，53（5）：88－102.

② Fan W，Hao Y. An Empirical Research on the Relationship amongst Renewable Energy Consumption，Economic Growth and Foreign Direct Investment in China［J］. Renewable Energy，2020（146）：598－609.

③ 李涛，周君雅，金星晔，史宇鹏．社会资本的决定因素：基于主观经济地位视角的分析［J］．经济研究，2021，56（1）：191－205.

④ Gille V. Distribution of Human Capital and Income：An Empirical Study on Indian States［J］. Journal of Macroeconomics，2015，43：239－256.

⑤ Johnson P，Papageorgiou C. What Remains of Cross－country Convergence？［J］. Journal of Economic Literature，2020，58（1）：129－175.

⑥ Munir Q，Mansur K. Non－Linearity between Inflation Rate and GDP Growth in Malaysia［J］. Economics Bulletin，2009，29（3）：1555－1569.

⑦ 刘瑞翔，安同良．中国经济增长的动力来源与转换展望——基于最终需求角度的分析［J］．经济研究，2011，46（7）：30－41.

⑧ Benmamoun M，Lehnert K，Kim S H. The Spillover Effect of International Trade and Investment Flows：Spotlight on Arab Unrest［J］. The Journal of Developing Areas，2016：59－76.

⑨ 王家庭，李艳旭，马洪福，曹清峰．中国制造业劳动生产率增长动能转换：资本驱动还是技术驱动［J］．中国工业经济，2019（5）：99－117.

⑩ Backhaus S K H，Nadarajah D. Investigating the Relationship between Industry 4.0 and Productivity：A Conceptual Framework for Malaysian Manufacturing Firms［J］. Procedía Computer Science，2019（161）：696－706.

二、税收理论分析

作为宏观财政政策的重要组成，税收政策是学术界的重要研究内容，主要包括从实证层面检验税收政策对宏观经济影响，其中一个重要研究方向是基于需求侧考察税收政策对经济增长、消费等宏观影响。税收政策对宏观经济的影响很大程度上取决于税收结构（刘永福，2022）①。通常，宏观公共财税理论认为，税收结构中直接税占比越大、间接税占比越小对消费激励作用越大（Luebker，2014②；岳希明等，2014③；刘元生等，2020④）。原因是从财政收入结构来看，间接税最终是由商品和劳务购买者承担的税负，而直接税的纳税人本身是税收负担人，不存在税负转移或转嫁问题。当直接税占比越大，税收政策在居民收入分配中的调节作用越直接，越能保障收入在居民中分配均等，从而有助于调节居民整体消费水平，反之则相反。但是从另一个角度来看，直接税的课税对象涉及较为广泛的财产类别，因此较高的直接税比重导致较低水平的资本收益率，对市场主体的投资决策产生不利影响并阻碍经济增长（Angelopoulos 等，2012）⑤。

需要说明的是，实证研究发现上述税收结构并不一定总能对产出、消费产生正向影响，且计量模型假设条件不同，得到的研究结论也差别较大。严成樑和龚六堂（2009）⑥ 根据中国 31 个省份 1995—2007 年的数据

---

① 刘永福．中国财政、货币政策调控效应与组合机制研究．吉林大学［D］．2022.

② Luebker M. Income Inequality，Redistribution，and Poverty：Contrasting Rational Choice and Behavioral Perspectives［J］．Review of Income and Wealth，2014，60（1）：133－154.

③ 岳希明，张斌，徐静．中国税制的收入分配效应测度［J］．中国社会科学，2014（6）：96－117.

④ 刘元生，李建军，王文甫．税制结构、收入分配与总产出［J］．财贸经济，2020，41（9）：39－54.

⑤ Angelopoulos K，Malley J，Philippopoulos A. Tax Structure，Growth，and Welfare in the UK［J］．Oxford Economic Papers，2012，64（2）：237－258.

⑥ 严成樑，龚六堂．财政支出、税收与长期经济增长［J］．经济研究，2009，44（6）：4－15.

分析了直接税和间接税对经济增长的影响，研究结论表明直接税比例对经济增长的影响不显著。刘盼和罗楚亮（2018）①在两期世代交叠模型框架下，讨论了对消费者征收工资税（直接税）和对企业征收产量税（间接税）对经济增长和社会福利的影响，研究结论表明为实现产出最大化、资本存量最大化等目标，最优的税率结构应是对企业征收税负。Boeters 等（2010）②通过对德国税收改革进行定量分析发现，如果保持财政收入不变，提升增值税补贴和减免个人所得税，则家庭消费水平将受到明显抑制。Alm 和 Alm（2013）③ 考察了 1961—2005 年期间 15 个欧盟国家增值税对总消费的影响，实证结果表明，在各种估算方法和规范中，增值税税率提高 1 个百分点会导致短期内总消费水平下降大约 1%，而长期内则下降幅度更大。Boeters 等（2012）④ 研究发现，在面临等价的所得税和消费税时，劳动者对所得税的反应对比消费税的反应要强，政策制定者应该考虑消费税的经济影响。Acosta 等（2019）⑤认为，由于短期复苏需要增加需求，而长期增长需要增加供给，所以降低所得税不利于经济长期增长，而通过逐步将税基转向消费和不动产则可以促进经济增长。

三、企业所得税理论分析

近年来，作为积极财政政策和供给侧结构性改革重要组成部分，税收政策在应对经济下行、缓解新冠病毒疫情冲击、降低实体经济企业成本、

① 刘盼，罗楚亮．代际利他主义与税收结构中性［J］．世界经济，2021，44（7）：132 - 155.

② Boeters S，Böhringer C，Büttner T. Economic Effects of VAT Reforms in Germany［J］. Applied Economics，2010，42（17）：2165 - 2182.

③ Alm J. A. Value - Added Taxation and Consumption［J］. International Tax and Public Finance，2013，20（1）：105 - 128.

④ Blumkin T，Ruffle B J，Ganun Y. Are Income and Consumption Taxes Ever Really Equivalent? Evidence from A Real - Effort Experiment with Real Goods［J］. European Economic Review，2012，56（6）：1200 - 1219.

⑤ Acosta，O. S，Sola S，Yoo J. Tax Composition and Growth：A Broad Cross country Perspective［J］. German Economic Review，2019，20（4）：70 - 106.

焕发市场主体活力、促进区域协调发展、推动产业结构升级和创新驱动战略实施等方面均发挥了重要作用。近年来国内税收理论研究取得了显著进展，税收政策研究主要聚焦于减税降费政策、应对新冠病毒疫情的税收政策和企业所得税优惠政策等领域（张斌和蒋震，2021）①，为制定适应中国经济高质量发展的税收政策提供了一定的理论支撑与实证依据。其中，关于企业所得税优惠政策的研究主要关注高新技术企业所得税优惠和研发费用加计扣除政策。例如，张广婷等（2021）② 构建了一个两期自由现金流贴现值最大化的研发决策模型，通过推导得出影响企业研发投入的三个影响因子，即代理成本因子、研发效率因子和融资约束因子，并进行了实证检验。研究表明，政府应对那些代理问题较低、研发效率较高或在金融市场上面临较强融资约束的企业给予更多企业所得税优惠政策。石绍宾等（2021b）③ 将 2018 年加计扣除比例提升政策作为一项准自然实验，采用 2013—2019 年上市公司数据构建了双重差分模型，从创新投入、创新产出和创新效率三个角度研究了提高加计扣除比例的政策效应。研究表明，加计扣除比例的提高，有利于企业加大创新投入，增加创新产出数量，并对企业的创新效率提高起到了明显的促进作用。而且在创新环境较好、财政政策扶持力度大以及执法力度大的地区，加计扣除比例的提高所激发的创新激励作用更为显著。薛薇（2021）④ 等对完善高新技术企业税收优惠政策做了研究，指出我国高新技术企业税收优惠的政策目标应由重视投入规模和速度向重视投入效率和质量转变，应提高政策精准性，探索高新技术企业分类优惠，重点高新技术企业适用力度更大的税率优惠。

---

① 张斌，蒋震. 2021 年税制改革与税收政策研究综述［J］. 税务研究，2022（03）：23－31.

② 张广婷，任斯南. 高新技术企业所得税优惠的政策效应研究［J］. 复旦学报（社会科学版），2021（4）：155－164.

③ 石绍宾，李敏. 研发费用加计扣除政策调整对企业创新的影响：基于 2013—2019 年上市公司数据［J］. 公共财政研究，2021b（3）：4－28.

④ 薛薇，张嘉怡. 高新技术企业税收优惠政策完善路径研究［J］. 税务研究，2021（7）：52－59.

第三节 关于企业所得税与就业的研究

企业税收的就业理论是经济学家在解决失业问题实践中产生发展的。19世纪，古典经济学派就业理论是以“萨伊定律”为基础，认为市场经济内部不存在生产过剩危机和失业，工资率能够有效调节就业，税收政策不宜参与就业管理。20世纪30年代经济大萧条，凯恩斯学派就业理论认为，政府通过减税等积极财政政策可以提高社会消费，扩大社会总需求，促进就业。20世纪70年代美国经济出现“滞胀”，供给学派代表人物阿瑟拉弗提出了“倒U形”拉弗曲线，认为政府更应该重视社会总供给，可以通过企业减税刺激企业投资积极性，增加社会总供给，推动经济增长，促进社会就业。20世纪后期，学术界普遍认为税收会同时影响社会需求和供给，进而影响经济增长和就业。随着研究的深入，现代税收被细分为商品税、所得税、社会保障税三类，企业所得税作为重要税种，逐渐受到关注。现有企业所得税就业效应研究主要从劳动需求侧研究和劳动供给侧展开研究。

一、理论研究视角

（一）劳动需求侧研究

学术界普遍认为减少企业所得税会同时产生正反两方面效应，主要包括收入效应和替代效应。

一方面是收入效应，即降低企业所得税税率对企业劳动需求产生正向的促进效应，促进社会就业。国外学者认为，减少企业所得税会先增加企业的利润和投资，进而对企业劳动需求产生收入效应。例如，Devereux 等（1998）① 通

① Devereux, M. P., R. Griffith. Taxes and the Location of Production: Evidence from a Panel of Usmultinationals [J]. Journal of Public Economics, 1998 (68): 335-367.

过分析企业边际成本和边际收益的相对变化，认为减少企业所得税会降低企业资本成本，从而扩大企业资本再投资，增加企业劳动力需求，特别是在企业有充足的时间对资本进行调整时更是如此。与此同时，减少企业所得税不仅会降低企业资本成本，还会因此创造更大利润，提升企业的市场活力，从而增加企业的劳动力需求（Leibfritz，1997①；Newman，1983②）。国内学者往往从企业利润和资本结构的角度进行理论分析，具体来说，减少企业所得税能提升企业净利润，降低企业资本成本，优化企业资本结构（王跃堂等，2010）③，促进企业投资和企业规模增长，从而增加企业劳动需求（王跃堂等，2012）④。因此，在收入效应作用下，企业所得税税率与企业劳动需求存在负相关关系。

另一方面是替代效应，即降低企业所得税税率对企业劳动需求产生的负向抑制效应，减少社会就业。国内外学者主要从“相互替代”和“就业税盾”⑤ 两个角度进行理论分析。首先，企业所得税变动引起生产要素相对价格变化，导致企业资本与劳动这两个重要的生产要素相互替代。例如，王娜（2018）⑥ 认为，由于资本在一定程度上可以替代劳动，减少企业所得税使得资本相对劳动的价格下降，从而增加企业对资本的需求，减少企业对劳动的需求。其次，企业所得税变动引起劳动力成本变化导致企业出现“就业税盾”现象。例如，Bassi（1985）⑦ 在构建理论模型的基础

---

① Leibfritz，W.，Thornton. J.，Bibbee，A. Taxation and Economic Performance [Z]. Working paper，OECD，1997（176）.

② Newman，R. Industry Migration and Growth in the South [J]. Review of Economics and Statistics，1983（65）：76 - 86.

③ 王跃堂，王亮亮，彭洋．产权性质、债务税盾与资本结构：基于企业所得税改革的经验证据 [J]. 经济研究，2010（9）：122 - 136.

④ 王跃堂，王国俊，彭洋．控制权性质影响税收敏感性吗?：基于企业劳动力需求的检验 [J]. 经济研究，2012（4）：52 - 63.

⑤ “就业税盾”（Employment Tax Credit），简称为 ETC，指工资薪金可在所得税前抵扣的项目，从而对企业劳动需求产生影响。

⑥ 王娜．我国企业所得税税负及效应研究 [M]. 北京：经济管理出版社，2018.

⑦ Bassi，L. J. Evaluating Alternative Job Creation Strategies [J]. Economic Inquiry，1985，23（4）：671 - 690.

上指出，“就业税盾”不仅会降低企业的劳动力总成本，还可能减少企业劳动力的边际成本，从而刺激企业的劳动力需求。Kesselman 等（1977）① 使用比较静态分析法指出，企业为了实现成本最小化，受“就业税盾”影响，较高的企业税率有助于激励企业增加就业，而降低企业所得税税率会弱化企业“就业税盾”效应，减少企业劳动需求。因此，在替代效应作用下，企业所得税税率与企业劳动需求存在正相关关系。

企业所得税对企业劳动需求的影响结果取决于收入效应和替代效应的绝对值大小（杨晓妹，2014）②。基于此，有学者认为在正反两方面效应的共同作用下，最终会导致企业所得税税率与企业劳动需求存在非线性关系，换言之，过高或过低的企业所得税税率都会对就业产生负面影响（薛凤珍，2014）③。学术界对此观点已基本达成共识，一般认为，过高的税负会增加企业成本，抑制企业投资和经济增长，不可避免地抑制社会就业，即收入效应远大于替代效应。周天勇和谷成（2009）④ 从政府的供养规模角度分析，同样认为当政府的供养负担过重时，企业税负加重，抑制了创业、企业发展以及就业。孟耀和张弥（2010）⑤ 在周天勇的分析基础上，细化了过高税负抑制创业、企业投资及企业劳动需求的作用机理。金中坤和潘镇（2016）⑥ 以福利企业为例，探究残疾人就业减免税政策的就业影响，认为过低的税率也不利于企业吸纳就业，只有恰当的税率水平才有利于促进社会就业。

（二）劳动供给侧研究

一个国家劳动供给总量是由人口数量和劳动投入时间长短决定的。在

---

① Kesselman. J. R. , S. H. Williamson, E. R. Berndt, Tax Credits for Employment Rather Than Investment [J]. American Economic Review, 1977, 67 (3): 339 -349.

② 杨晓妹. 财政政策就业效应研究 [D]. 重庆: 西南财经政法大学, 2014.

③ 薛凤珍. 企业税负、就业税盾与就业激励 [J], 现代财经（天津财经大学学报）, 2014 (12): 61 -71.

④ 周天勇, 谷成. 中央与地方: 财权再分配 [J], 南风窗, 2009 (15): 45 -47.

⑤ 杨晓妹, 尹音频. 打破城乡就业隔离: 财税政策效应的实证分析 [J]. 税务研究, 2014 (11): 16 -20.

⑥ 金中坤, 潘镇. 税收减免对福利企业用工的经济效应分析 [J]. 税务与经济, 2016 (1): 80 -85.

理论分析层面，国内外已有文献普遍认为税收对劳动力市场供给的影响主要体现在个人所得税和社会保险税等各项劳动所得课税方面（张杰等，2018）①，至于企业所得税对劳动力供给影响的研究大体从直接效应和间接效应两方面进行。

在直接效应方面，国内外学者从“不易转嫁”和“供给缺乏弹性”两个角度对劳动供给的直接效应进行理论分析。国外学者主要从“不易转嫁”的角度开展研究，认为由于企业所得税是对企业利润征税，不易直接转嫁给普通社会民众，所以，调整企业所得税无法直接影响社会劳动力供给，即不易产生直接效应（Kimberly，2016）②。国内学者对企业所得税政策劳动供给效应的研究并不多，而且与国外的研究思路不同，国内学者普遍认为我国劳动供给缺乏弹性是企业所得税对劳动力供给几乎无影响的主要原因（韩晓梅，2016）③。例如，罗宏斌和周红梅（2005）④从税收对个人、企业和产业的影响入手研究，认为我国劳动供给规模庞大，企业所得税对劳动供给的影响较弱，解决就业问题还应从增加企业劳动需求着手。以上分析思路和研究结论一直是我国促进就业的税收政策理论依据和政策方向。

在间接效应方面，学术界主要从“供给数量”和“供给质量”两个角度进行理论分析。一是减税间接影响劳动供给数量：因减少企业所得税会减轻企业财务负担，能促进经济增长和劳动力流动，提升劳动者工资福利，加快农村劳动力转移，从而间接增加企业劳动力供给数量（杨晓妹等，2014）⑤。刘广洋（2003）⑥还认为，企业减税对就业的影响不仅通过

① 张杰，庞瑞芝，邓忠奇．财政自动稳定器有效性测定：来自中国的证据［J］．世界经济，2018（5）：27－52.

② Kimberly A. Clausing. The U. S. State Experience Under Formulary Apportionment：Are There Lessons for International Reform?［J］. National Tax Journal，2016，69（2）：353－386.

③ 韩晓梅，龚启辉，吴联生．薪酬抵税与企业薪酬安排［J］．经济研究，2016（10）：140－154.

④ 罗宏斌．周红梅税收的就业效应研究［J］．北华大学学报（社会科学版），2005（5）：42－46.

⑤ 杨晓妹，尹音频．打破城乡就业隔离：财税政策效应的实证分析［J］．税务研究，2014（11）：16－20.

⑥ 刘广洋．论税收对就业的影响［J］．税务研究，2003（1）：24－27.

企业投资传导，还会通过政府公共投资和社会救济、社会福利影响社会劳动力有效供给，从而影响社会就业总水平。二是减税间接影响劳动供给质量：由于企业所得税会改变企业资本成本和资本结构，影响劳动力与资本的相对价格，减少企业所得税会促使企业增加员工教育培训投入以及员工福利，进而提升企业人力资本和员工福利，将会提升社会劳动力质量（柳光强和黄雨婷，2018）①。例如，毛德凤等（2016）② 从微观层面考察了企业所得税变化前后企业对员工教育培训投入变化情况，发现减税会促使企业通过加大企业资本投资和培训等途径提升员工人力资本。韩彬等（2019）③ 从宏观层面研究认为，我国企业所得税优惠政策提升了企业投资率和全要素生产率，虽然不直接影响劳动供给，但对经济增长有一定的正效应，也会增加社会对劳动力教育培训投入，最终影响社会劳动供给数量和供给质量。

二、实证研究视角

学术界就研究企业所得税是否会影响就业这一问题进行一系列实证分析，但目前的实证结果尚不一致，主要存在以下三类结论。

（一）企业所得税税率与就业负相关

近年来，国内外学者利用宏观经济数据、微观企业层数据检验两者相关性，大多数实证检验发现降低企业所得税税率能刺激企业劳动需求，增加社会就业（Carroll 和 Wasylenko，1994④；席小瑾，2010⑤）。

---

① 柳光强，黄雨婷．企业所得税对人力资本投资及其异质性的影响：来自我国上市公司经验证据［J］．地方财政研究，2018（2）：80－87.

② 毛德凤，彭飞，刘华．税收激励对企业投资增长与投资结构偏向的影响［J］．经济学动态，2016（7）：75－87.

③ 韩彬，吴俊培，李淼焱．我国税制结构经济增长效应研究［J］．上海经济研究，2019（1）：89－98.

④ Carroll，R.，M. Wasylenko. Do State Business Climates Still Matter?：Evidence of a Structural Change［J］．National Tax Journal，1994，47（1）：19－37.

⑤ 席小瑾．促进就业税收政策的实证分析［J］．市场论坛，2010（6）：47－48.

1. 宏观层面研究。国外学者 Leibfritz 等（1997）① 对 OECD 各国宏观数据进行研究，发现加征税收会提高企业资本成本，降低企业净利润，从而抑制企业的劳动力需求。Harden 和 Hoyt（2003）② 以 1980—1994 年美国各州为研究样本进行实证检验，发现企业所得税税率与就业增长率显著负相关。Kakpo（2018）③ 通过匹配法比较分析美国各州县税率和就业数据，同样发现企业税收增加会抑制就业增长。国内学者王建刚等（2005）④、王娜和夏杰长（2006）⑤、刘明（2007）⑥、付伯颖（2007）⑦、王跃堂等（2012）⑧ 对数年中国宏观经济、省级面板数据和就业数据进行实证回归分析，均认为企业所得税优惠政策已经对我国就业产生一定的积极作用。鲁元平（2020）⑨ 等利用双重差分方法检验中国工业企业数据，研究发现区域性税收优惠政策对就业具有显著促进作用。杨晓妹（2014）⑩ 对 1990—2011 年中国宏观税收和就业面板数据进行回归分析，不仅发现两者负相关关系，还估算出企业所得税税率每增加 1%，当期劳动需求减少 65.3 万人。

---

① Leibfritz, W., Thornton. J. Bibbee, A. Taxation and Economic Performance [Z]. Working paper, OECD, 1997 (176).

② Harden, J William & Hoyt, William H. Do States Choose Their Mix of Taxes to Minimize Employment Losses? [J]. National Tax Journal, 2003, 56 (1): 7-26.

③ Kakpo, E. In Search of the Incidence of the Corporate Tax on Employment and Wages: Evidence from U. S. State Tax Reforms [D]. US: Colorado State University, 2018.

④ 王建刚，韩毅，李中建．对再就业税收优惠政策的分析与修正［J］．税务研究，2005（11）：24-27.

⑤ 王娜，夏杰长．税收对城镇居民劳动供给影响研究［J］．经济与管理，2006（9）：5-8.

⑥ 刘明．扩大就业的税收政策取向［J］．税务研究，2007（8）：75-76.

⑦ 付伯颖．现行税制对劳动力供给影响的理论与实证分析［J］．财经问题研究，2007（9）：84-88.

⑧ 王跃堂，王国俊，彭洋．控制权性质影响税收敏感性吗?：基于企业劳动力需求的检验［J］．经济研究，2012（4）：122-136.

⑨ 鲁元平，杨芳，张静堃．区域性税收优惠政策的工资与就业效应分析：基于西部大开发的准自然实验［J］．税务研究，2020（2）：118-123.

⑩ 杨晓妹．财政政策就业效应研究［D］．武汉：西南财经政法大学，2014.

2. 微观企业层面研究。饶勇（2006）① 对青海省税务系统内企业税收数据进行统计分析，研究发现，受企业所得税优惠政策影响，企业吸收了更多的再就业人员。王跃堂等（2012）② 利用2005—2009年企业所得税改革前后中国A股上市公司的600个数据进行对比分析，发现企业所得税税率与就业数量负相关，且国有控制权企业劳动需求弹性小于非国有控股企业。王智烜（2018）③ 对中国600家上市公司微观数据进行分析，实证结果印证了降低企业所得税税率能够刺激企业劳动需求。樊美玉（2018）④ 利用对2012—2015年盐城小微企业的企业所得税和就业人数进行回归分析，发现小微企业所得税每优惠1%，就业增长率则上升1.033%。

（二）企业所得税税率与就业正相关

少部分研究却实证检验出相反的结果，即企业所得税税率与就业数量同向变化。国内外学者主要从企业要素密集因素、企业所有制因素、工会因素、就业税盾因素等多种角度给出了相应解释。

1. 国内学者主要从企业所有制、企业享有税收优惠政策差异的角度进行解释分析。例如，薛凤珍（2014）⑤ 通过回归分析2001—2009年以劳动密集型企业为主的中国非上市工业企业数据，研究表明，目前我国降低企业所得税税率会减少企业劳动需求，反而适当提高企业所得税税率有利于扩大企业对劳动力的需求，尤其外资企业的税收优惠政策会显著抑制企业劳动需求。陈永伟等（2011）⑥ 通过中国企业季度税务数据的实证分析，

---

① 饶勇．再就业税收优惠政策利弊分析及政策取向［J］．税务研究，2006（12）：20－21.

② 王跃堂，王国俊，彭洋．控制权性质影响税收敏感性吗？——基于企业劳动力需求的检验［J］．经济研究，2012（4）：52－63.

③ 王智烜，邓秋云，陈丽．减税降费与促进高质量就业：基于PVAR模型的研究［J］．税务研究2018（6）：102－110.

④ 樊美玉．企业所得税优惠对小微企业吸纳就业认识影响研究［D］．合肥：安徽大学，2018.

⑤ 薛凤珍．企业税负、“就业税盾”与就业激励［J］．现代财经（天津财经大学学报），2014（12）：61－71.

⑥ 陈永伟，徐冬林．税收优惠能够促进就业吗?：基于企业所得税分析［J］．中南财经政法大学学报，2011（11）：29－34.

同样认为以企业所得税减免为代表的税收优惠政策并没有对促进就业产生预期的积极作用，相反，由于小微企业税率已处于过低水平，进一步的税收优惠会对就业产生抑制作用。

2. 国外学者从工会因素、财税收支乘数效应、“就业税盾”效应的角度进行解释分析。例如，Lora 等（2016）① 通过研究 15 个拉美国家的数据，发现提高企业所得税税率有利于增加企业就业吸纳能力，尤其是吸纳非正式就业和低水平劳动力。Neumark 等（2015）② 认为，在财税收支乘数效应作用下，广义上的区域性财税收支政策是能提高某一地区经济效益，通常表现为增加社会就业机会和提高劳动者工资。Malcomson 和 Sartor (1987)③ 通过对有工会的企业就业情况进行研究发现，当企业税收减少时，工人工资增加，会导致企业劳动需求减少。此外，个别学者还针对特定人群的“就业税盾”④ 进行实证检验，他们经过实证研究发现，“就业税盾”在一定程度上能够促进相关群体的就业（Perloff 和 Wachter, 1979)⑤。例如，Hamersma（2008)⑥ 以 1998—2001 年劳动者就业特征为研究样本进行研究发现，受“工作机会税盾”和“福利工作税盾”影响，在短期内增加企业所得税税率对劳动者就业产生一定的促进作用，但这种效应在长期并不存在。

---

① Lora, E., González, J. F. Employment and Taxes in Latin America: an Empirical Study of the Effects of Payroll, Corporate Income and Value - Added Taxes on Labor Outcomes [J]. Cuadernos De Economía. 2016, 35 (67): 75 - 117.

② Neumark, D., Simpson, H. Place - Based Policies [J]. Handbook of Regional & Urban Economics, 2015, 12 (5): 1197 - 1287.

③ Malcomson, J., Sartor, N. Tax Push Inflation in a Unionized Labor Market [J]. European Economic Review, 1987, (31): 1581 - 1596.

④ 西方的促进就业税收优惠主要表现为对企业支付给特定群体（例如残疾人、弱势群体）的工资薪金支出，允许企业按工资薪金支出的一定比例在税前加计扣除。

⑤ Perloff, J. M., M. L. Wachter. The New Jobs Tax Credit: An Evaluation of the 1977—78 Wage Subsidy Program [J]. American Economic Review, 1979, 69 (2): 173 - 179.

⑥ Hamersma, S., The Effects of An Employer Subsidy on Employment Outcomes: A Study of the Work Opportunity and Welfare - to - Work Tax Credits [J]. Journal of Policy Analysis and Management, 2008: 27 (3): 498 - 520.

（三）企业所得税税率与就业关系不明确

还有实证研究发现，企业所得税税率变化对劳动需求的影响效果不明确。由于各地劳动供需弹性、有效税率水平等方面存在差异，造成各地企业所得税影响就业效应情况十分复杂，企业所得税变动对企业劳动需求的影响存在很大不确定性（Srensen，1997①；Fuest 和 Huber，2000②；Daveri 和 Tabellini，2000③；Brunello 和 Sonedda，2003④）。例如，Wasylenko 和 Mcguire（1985）⑤ 分析美国六大制造业税收对就业增长率的影响，没有发现企业所得税对就业的显著影响。Goss 和 Philips（1994）⑥ 检验了税收、经济发展和政府支出对美国各州就业增长的影响，同样发现企业所得税对就业的影响并不显著。Sonedda（2006）⑦ 对 6 个国家的税收与就业关系进行检验发现，税收减少对就业影响结果有负、有正还有不确定的，比如在西班牙和法国表现为负，在意大利和瑞典表现为正，但在比利时和德国则是不确定的，而且总体来看，这种影响效果的大小并不显著。Mertens 等（2013）⑧ 和 Jentsch 等（2019）⑨ 分别利用结构向量自回归模型对美国

---

① Srensen，P. Public Finance Solutions to the European Unemployment Problem [J]. Economic Policy，1997（21）：223—264.

② Fuest，C.，Huber，B. Is Tax Progression Really Good for Employment：A Model with Endogenous Hours of Work [J]. Labor Economics，2000（7）：79－93.

③ Daveri，F.，Tabellini，G. Unemployment，Growth and Taxation in Industrial Countries [J]. Economic Policy，2000（15）：47－104.

④ Brunello，G.，Sonedda，D. Progressive Taxation and Wage Setting When Unions Strategically Interact [Z]. Working Paper，University of Padua，2003.

⑤ Wasylenko，M.，T. McGuire. Jobs and Taxes：The Effect of Business Climate on States Employment Growth Rates [J]. National Tax Journal. 1985（38）：407－511.

⑥ Goss，E.，Philips，J. M. State Employment Growth：The Impact of Taxes and Economic Development Agency Spending [J]. Growth and Change，1994（25）：287－300.

⑦ Sonedda，D. A Structural VAR Approach on Labor Taxation Policies [J]. Applied Economics，2006，（38）：95－114.

⑧ Mertens，K.，Ravn，M. O. The Dynamic Effects of Personal and Corporate Income Tax Changes in the United States [J]. American Economic Review，2013，103（4）：1212－1247.

⑨ Jentsch，C.，Lunsford，K. G. The Dynamic Effects of Personal and Corporate Income Tax Changes in the United States：Comment [J]. American Economic Review，2019，109（7）：2655－2678.

1950—2006 年的季度数据进行动态分析，均未发现企业所得税税率与企业劳动需求存在显著相关性。

三、企业所得税就业效应的内在传导机制研究

国内外关于企业所得税就业效应传导机制的研究并不多，经过对国内外相关文献进行整理发现，目前关于传导机制的研究大多是些片段性研究，可按照研究对象不同简要分为两类，一类是以企业行为为研究对象的微观研究，另一类是以经济社会为研究对象的宏观研究。

（一）微观层面研究

企业微观层面的就业效应传导机制研究主要是指企业所得税税率发生变化之后，将会引起企业利润、企业资本成本、企业劳动力成本、企业资本结构等方面产生一系列变化，最终会影响到企业劳动需求和社会就业。国内外学者普遍采用科斯（R. H. Coase）① 边际交易成本的概念对传导机制进行分析，因此，可以说企业微观层面的就业效应传导机制研究是建立在新制度经济学的理论基础之上，具体的传导途径主要归为以下三类：

1. 员工工资与生产要素相对价格。由于企业所得税税率变化会直接影响企业净利润，有学者认为企业所得税本质上是针对企业资本征税（吕冰洋，2014）②。邓远军（2007）③ 还认为，税率变动实质上改变了企业的资本成本，进而影响到资本和劳动这两个重要生产要素的相对价格。在面对生产要素相对价格发生变化的情况下，厂商会首选改变资本要素投入组合（王经绫，2014）④，因此，从员工工资和资本收益角度来看，生产要素相对价格是企业所得税就业效应的重要微观传导变量（董再平，2008）⑤。此

---

① 斯蒂文·米德玛．科斯经济学：法与经济学和新制度经济学企业的性质．上海：格致出版社，2018.

② 吕冰洋．现代财政制度与国家治理［J］．中国人民大学学报，2014（5）：1－5.

③ 邓远军．课税对我国就业影响的经济分析［J］．税务研究，2006（12）：14－19.

④ 王经绫．论中国经济增长的就业效应［D］．北京：财政部财政科学研究所，2014.

⑤ 董再平．税收和就业的经济学分析税务研究［J］．税务研究，2008（2）：19－23.

外，国外学者 Llop（2020）① 通过分析企业边际交易成本变化，还提出企业资本要素和劳动要素的相互替代弹性也会影响企业生产要素的重新调整，最终影响到企业劳动需求和社会就业。

2. 资本结构与"就业税盾"。企业所得税税率变动会导致企业资本成本发生变化，根据修正的 MM 定理，企业会综合考虑成本收益后调整其资本结构，并相应调整其劳动需求（宣扬，2013）②，同时，企业劳动需求还会受到"就业税盾"效应的影响。例如，王跃堂等（2012）③ 以 2008 年企业所得税改革为背景，实证检验在企业所得税调整的情况下，当降低企业所得税税率以提升企业劳动需求时，同时也会弱化"就业税盾"，减少企业劳动需求。Bassi（1985）④ 在构建理论模型的基础上曾指出，"就业税盾"不仅会降低企业的劳动力总成本，还可能减少企业劳动力的边际成本，从而刺激企业的劳动力需求。彭洋（2012）⑤ 以 2007 年 669 家中国 A 股上市公司为样本，检验了西方企业所得税与劳动力需求关系理论在中国的适用性，同样发现了"就业税盾"在企业所得税与就业之间起着中介作用。

3. 盈利能力与生产技术。降低企业所得税税率能为企业释放更多盈余资本，同时会降低企业资本相对成本，但根据边际报酬递减规律，在技术水平不变的前提下，资本要素的边际报酬会逐渐递减（蔡昉，2020）⑥，因此，从"成本—收益"分析来看，在创新的预期净收益大于预期的成本时，企业会出台包括加大研发投入在内的新投资策略和制度安排（Leonard

---

① Llop, M. Energy import costs in a flexible input – output price model [J]. RESOURCE AND ENERGY ECONOMICS, 2020, 59, 101130.

② 宣扬. 资本结构是否影响公司雇员规模的宏观经济敏感性?: 基于 493 家上市公司的实证分析 [J]. 上海经济研究, 2013 (7): 102 – 114.

③ 王跃堂, 王国俊, 彭洋. 控制权性质影响税收敏感性吗? ——基于企业劳动力需求的检验 [J]. 经济研究, 2012 (4): 52 – 63.

④ Bassi, L. J. Evaluating Alternative Job Creation Strategies [J]. Economic Inquiry, 1985, 23 (4): 671 – 690.

⑤ 彭洋. 企业所得税改革、产权性质与企业劳动力需求 [D], 南京: 南京大学, 2012.

⑥ 蔡昉. 如何开启第二次人口红利? [J], 国际经济评论, 2020 (2): 9 – 24.

素（郭凯明等，2013）①。首先，关于企业所得税对技术进步影响的研究成果较多。国外学者大多从企业所得税对企业研发投入（R&D）的优惠政策角度来分析，普遍认为减少企业所得税能提高企业研发投入，促进社会技术进步（Ghebremichael 等，2009）②。国内关于企业所得税对技术进步影响的定量研究不多，大多属于一般规范性分析和经验性研究，同样论证出减少企业所得税有利于社会技术进步（任泽平，2014）③。例如，娄贺统和徐恬静（2008）④ 建议政府应加大对科技投入和技术创新成果企业的税收优惠力度，从而降低其技术创新投入成本，进一步促进企业技术进步和经济增长。其次，技术进步对社会就业的影响也是热点问题。何平（2007）⑤和陈泽聪（2011）⑥ 认为，技术进步一方面会减少社会就业（替代效应），另一方面又会促进经济增长和创造新岗位（创造效应）。例如，以人工智能为代表的新一轮技术进步的替代与创造效应将长期共存，但从长远来看，后者的影响会越来越明显，从而增加社会就业（杨伟国等，2019）⑦。可见，社会技术进步是企业所得税影响社会就业过程中的一项重要中介变量。

二是与城镇化有关的投资发展指标。由于国情和体制的差异，国外关于城乡就业结构的研究相对较少。城镇化程度是劳动力市场分割情况的直

---

① 郭凯明，余靖雯，龚六堂．人口政策、劳动力结构与经济增长［J］．世界经济，2013（11）：72－92.

② Ghebremichael，A.，Potter－Witter，K. Effects of tax incentives on long－run capital formation and total factor productivity growth in the Canadian sawmilling industry［J］. Forest Policy and Economics，2009，11（2）：85－94.

③ 任泽平．旧的经验与我国的选择［J］．经济纵横，2014（3）：112－116.

④ 娄贺统，徐恬静．税收激励对企业技术创新的影响机理研究［J］．研究与发展管理，2008（6）：88－94.

⑤ 颐林．技术进步对就业波动变化的影响分析［J］．统计研究，2006（6）：34－38.

⑥ 陈泽聪．我国制造业技术进步的就业效应［J］．科技进步与对策，2011（1）：20－23.

⑦ 杨伟国，邱子童，吴清军．人工智能应用的就业效应研究综述［J］．中国人口科学，2018（5）：109－119.

观表现形式，以刘易斯、拉尼斯、托达罗①、费景汉②为代表的发展经济学派普遍用二元经济模型分析社会就业。例如，刘易斯③把一国经济分为现代化的工业部门与传统的农业部门，认为农业部门蕴藏着大量的、近乎无限的劳动力供应，可以满足工业部门用工需要，当然，也会存在“刘易斯拐点现象”。可见，城镇化无论在经济发展还是在社会就业中都扮演着重要角色，代表着发展中国家的劳动力供给情况。与此同时，政府既会通过调整企业所得税税率直接影响企业投资和社会经济增长，还会通过政府公共投资和社会救济、社会福利等财政支出的方式间接影响社会总需求，从而共同影响城镇化进程和经济发展（刘广洋，2003）④，因此，企业所得税作为财政政策中的一项重要工具，在税收的收缴与支出过程中都会影响社会城镇化进程，从而影响着社会劳动供给和社会就业总量（赖德胜等，2010）⑤。国内一些学者一直致力于税收、城镇化与社会就业的实证研究。例如，邪树东和刘婷（2012）⑥ 运用全国经验数据实证发现，城镇就业对企业税率的敏感性要大于农村就业。李建民（2002）⑦ 建议政府通过企业减税推动社会城镇化进程，促进社会就业，优化城乡就业结构。

四、企业所得税就业效应的外部影响因素研究

国内外关于税收对就业影响的研究中，除了分析就业效应的内在传导

---

① A. M. Tarasyev and A. A. Usova, 2012, Construction of a regulator for the Hamiltonian system in a two - sector economic growth model [M]. Proceedings of the Steklov Institute of Mathematics.

② 费景汉·拉尼斯. 劳动力剩余经济的发展 [M]. 北京：华夏出版社，2010.

③ 阿瑟·刘易斯. 二元经济论 [M]. 北京：经济科学出版社，2006.

④ 刘广洋. 论税收对就业的影响 [J]. 税务研究，2003 (1)：24 -27.

⑤ 赖德胜，李长安. 当前我国就业领域的主要矛盾及其对策 [J]. 经济学动态，2010 (3)：68 -72.

⑥ 邪树东，刘停. 改善我国当前就业结构的税收政策建议 [J]. 经济视角，2012 (4)：88 -90.

⑦ 李建民. 中国劳动力市场多重分割及其对劳动力供求的影响 [J]. 中国人口科学，2002 (2)：1 -7.

因素之外，还会涉及许多对就业效应起着调节作用的外生变量。目前文献主要涉及企业所有制、企业要素密集类型以及企业所在地区等外部影响因素。

（一）企业所有制因素

前人研究发现，国有企业相对于非国有企业在财务和政治上得到更多的政府支持（Qian，1994①；Fan 等，2007②；吴联生，2009③），也正因为此，国有企业往往会帮助政府承担吸纳就业等社会责任，其中，政府是通过其国有控制权进而干预国有企业经营行为（Spiller，1990）④。国内外研究普遍认为国有企业往往比非国有企业雇用了更多员工（Dewenter 和 Malatesta，2001⑤；曾庆生和陈信元，2006⑥）。企业所得税政策作为一项外生的促进就业的政策措施，是政府实现就业目标的典型工具。由于体制上的差异，西方很少关注企业所有制类型与企业劳动需求的关系，而国内一些学者对此问题进行了较多研究，普遍认为在相同的税率影响下，不同所有制类型的企业的劳动力需求弹性存在差异。例如，罗宏斌和周红梅（2005）⑦ 实证检验发现，征收企业所得税对规模较小的私营企业的就业抑制效应较弱，对规模较大的私营企业和公营企业的就业抑制作用更强。王

① Qian Y. A Theory of Shortage in Socialist Economies Based on the Soft Budget Constraint [J]. American Economic Review，1994，84（1）：145－156.

② Fan J. P. H.，T. J. Wong，T. Zhang，Politically Connected CEOs，Corporate Governance and Post－IPO Performance of Chinas Newly Partially Privatized Firms [J]. Journal of Financial Economic，2007（84）：330－357.

③ 吴联生．国有股权、税收优惠与公司税负 [J]. 经济研究，2009（10）：109－120.

④ Spiller P. Politicians，Interest Groups，and Regulations：A Multiple Principles Agency Theory of Regulations，or Let Them be Bribed [J]. Journal of Law and Economics，1990（33）：65－101.

⑤ Dewenter，Kathryn L.，Paul H. Malatesta. State－owned and Privately Owned Firms：An Empirical Analysis of Profitability [J]. Leverage and Labor Intensity，American Economic Review，2001，91（1）：320－334.

⑥ 曾庆生，陈信元．国家控股、超额雇员与劳动力成本 [J]. 经济研究，2006（5）：74－86.

⑦ 罗宏斌，周红梅．税收的就业效应研究 [J]. 北华大学学报（社会科学版），2005（5）：42－46.

跃堂等（2012）[①] 对比分析中国 600 家上市公司税改前后的数据，不仅印证了减税能刺激企业劳动需求，还发现国有企业的劳动需求弹性小于非国有企业。薛凤珍（2014）[②] 通过回归分析 2001—2009 年中国非上市工业企业数据，发现减少企业所得税会抑制企业劳动需求，尤其是对外资企业的抑制作用最显著。

（二）企业要素密集因素

学术界普遍按照联合国的国际贸易标准分类法（SITC）或者按照要素密集度将企业分为劳动密集型、资本密集型、技术密集型、资源密集型等类型企业（张万里等，2018）[③]。由于各要素密集型企业对生产要素的需求敏感程度不同，企业所得税对不同要素密集类型企业产生的就业效应会存在差异（杨杨等，2009）[④]。李红松（2003）[⑤] 从理论上分析了各类要素密集型企业的就业弹性差异及其影响因素，发现由于中国经济增长方式正由劳动密集型向资本和技术密集型转变，同样的税收优惠政策对不同企业产生的就业效应也会存在差异。例如，当减少企业所得税引起企业投资扩大时，相较于其他要素密集型企业，劳动密集型企业会更倾向增加劳动力，资本密集型企业会更倾向增加资本，可以说，劳动密集型企业表现出更强的就业吸纳能力（陈永伟等，2011）[⑥]。基于此，王怡等（2006）[⑦] 建议政府应适当扩大就业税收优惠的覆盖面，将劳动密集型中小企业和吸纳就业效应较强的社会服务、金融保险等第三产业纳入税收优惠范围。

---

① 王跃堂，王国俊，彭洋．控制权性质影响税收敏感性吗?：基于企业劳动力需求的检验［J］．经济研究，2012（4）：122－136.

② 薛凤珍．企业税负、就业税盾与就业激励［J］．现代财经（天津财经大学学报），2014（12）：61－71.

③ 张万里，魏玮．制造业集聚对效率的影响研究：抑制还是促进［J］．南方经济，2018（4）：95－113.

④ 杨杨，杜剑，陈思．促进劳动密集型产业发展的税收政策思考［J］．贵州财经学院学报，2009（4）：51－53.

⑤ 李红松．我国经济增长与就业弹性问题研究［J］．财经研究，2003（4）：23－27

⑥ 陈永伟，徐冬林．税收优惠能够促进就业吗?：基于企业所得税分析［J］．中南财经政法大学学报，2011（11）：29－34.

⑦ 王怡，张松．我国的劳动就业与税收优惠［J］．税务研究，2006（1）：78－80.

（三）地区等其他因素

随着计量经济学的发展，众多国外学者实证经验分析发现受不同国家或地区的产业结构（Robert，1988）①、城市化水平（Deng 等，2008）②、劳动力流动（Marr，1994）③ 以及经济发展（Zeigler，2004）④ 等多方面差异的影响，税收政策在各地区的就业效应敏感性不同（Funderburg，2018）⑤。例如，Lars 等（2002）⑥ 以瑞士 1985—1997 年 22 个郡为样本，实证分析了税收和财政支出对企业分布和就业分布的影响效果，研究表明企业所得税的地区差异弱化了企业落户于该郡的吸引力，由此导致了该郡就业量减少。Kamps（2002）⑦ 将区域的视角拓展到世界不同国家，通过构建向量自回归模型（VAR），对 22 个国家的税收政策与就业的关系进行比较分析，实证结果表明样本中有 4 个国家的税收政策和公共投资能够显著影响就业量，但是影响方向和程度并不一致。

国内研究更关注中国地区因素对就业的影响，尤其偏向对中东西部进行对比研究（罗鸣令等，2019）⑧。为实行西部大开发战略，中央政府给予西部地区一系列税收优惠政策，税收优惠政策的多样化和差异化，导致我

---

① Robert A. Carter. Innovation in urban systems：the interrelationship between urban and national economic development [J]. Annals of Regional Science，1988，22（3）：66－79.

② Deng X.，Huang J.，Rozelle S.，Uchida E. Growth，population and industrialization，and urban land expansion of china [J]. Journal of Urban Economics，2008，63（1）：96－115.

③ Marr W. L. The link between immigration and unemployment in Canada [J]. Journal of Policy Modeling，1994，16（1）：1－26.

④ Zeigler J. Implementing Welfare Reform [J]. Policy Analysis. 2004，56（3）：529－558.

⑤ Funderburg，R. Regional employment and housing impacts of tax increment financing districts [J]. Regional Studies，2019，53（6）：874－889.

⑥ Lars P. F. The impact of corporate and personal income taxes on the location of firms and on employment：some panel evidence for the swiss cantons [J]. Journal of Public Economics. 2002，87（2）：129－155.

⑦ Kamps. The Dynamic Effects of Public Capital：VAR Evidence for 22 OECD countries [J]. International Tax and Public Finance. 2005，56（3）：533－558.

⑧ 罗鸣令，范子英，陈晨．区域性税收优惠政策的再分配效应：来自西部大开发的证据 [J]．中国工业经济，2019（2）：61－79.

国区域间包含企业所得税在内的企业税负存在严重的地区差异。周林洁和马华祥（2009）① 采用四种不同的方法计算了我国不同地区的所得税税负情况，西部地区的所得税税率明显低于中部地区。周五七等（2020）② 通过实证分析中国省际面板数据，进一步发现包括税收区域差异在内的多种原因会导致不同地区社会就业情况存在明显差异。

第四节 简要评述

以上划分的几个研究视角，并非泾渭分明、毫无关联。相反，国内外学者在研究企业所得税的就业效应时，在研究方法和研究视角上，都力图以西方经济学为基础运用多学科分析方法，以期全面呈现企业所得税就业效应的作用机制。但由于研究视角和经验数据多有差别，这些研究展现了不同理论重点和不同实证结论。虽然这种复杂性正是就业效应的重要特征之一，但是，目前学术界尚缺乏对企业所得税就业效应进行综合研究，主要体现在以下两个方面：

一、理论研究不足

一是理论研究方面存在系统性不足。现有文献虽然在理论分析上已经进行了一些片段性研究，但相关研究基本上处于孤立零散状态，尚没有从理论和实证层面将税收政策、就业与经济增长等多种因素的相互关系、影响机理及效果进行系统性研究。二是理论研究全面性不足。国内外的理论研究大都建立在西方经济学的理论基础之上，仅关注就业效应的自然属

---

① 周林洁，马华祥．企业所得税负担的经济地区分布［J］．财政监督，2009（17）：73－74.

② 周五七，陶靓．环境规制影响中国劳动力就业的区域异质性：基于产业结构门槛效应的实证检验［J］．西部论坛，2020（1）：100－110.

性，很少关注就业效应的社会属性，缺乏运用马克思主义二重性分析法来拓宽研究视野。三是立足中国国情的就业效应理论分析不足。国外学者是以发达经济为研究背景，其中税收政策往往存在高税负、高福利特点，这与我国国情存在较大差异，因此，西方就业理论和政策建议并不完全适用于我国。此外，国内大部分学者主要聚焦中国就业形势和税收政策存在的问题，虽然具有较强针对性，但仍存在巨大的继续研究空间。

二、实证研究薄弱

一是实证研究缺乏针对性。税收的就业效应一直是国内外研究的热点话题，然而，学术界大多是研究税收整体对就业的影响，少有针对企业所得税的研究。二是实证结论分歧较大。关于降低企业所得税税率是否会增加社会就业的问题，目前国内外的实证研究结论仍不一致。三是实证研究视野存在局限。现有的实证分析多集中于税收政策宏观就业总量效应的研究，在企业所得税微观就业效应和就业结构效应的实证研究方面相对匮乏。例如，受制度特殊性影响，国外学者很少关注不同所有制性质企业就业的税率敏感性差异问题，而国内学者较少关注企业要素密集类型差异引起的就业结构效应差异问题。

第三章

企业所得税就业效应的二重性分析

恩格斯说："马克思的整个世界观不是教义，而是方法。它提供的不是现成的教条，而是进一步研究的出发点和提供这种那个研究使用的方法。"① 恩格斯所说的方法就是马克思的唯物辩证法，而马克思所创造的二重性分析法实质上是马克思的唯物辩证法在经济领域的具体运用（王拴乾，1987）②。换言之，二重性方法是指在研究社会科学时要同时关注研究对象的自然属性和社会属性两方面特征，并深入探讨两者相互的关系及影响（李秀辉，2021）③。王拴乾（1987）④ 则论述道："毫无疑问，在资本主义制度下，自然的、物质的东西，一般的东西，都不是它本身的面目，而是被扭曲了的东西。反映这些经济现象和经济过程的经济范畴，就不能不具有二重性质。这种二重性质，归根到底是物与物，以及人与人之间的关系的二重性质。"马克思还在《1844 年经济学哲学手稿》中写道："正像一切自然物必须形成一样，人也有自己的形成过程即历史，但历史对人来说是被认识到的历史，因而它作为形成过程是一种有意识地抛弃自身的形成过程。历史是人的真正的自然历史。"马克思这句话是在强调二重性方法可以根植于逻辑与历史之中。可见，马克思主义二重性分析法的内涵包含现实世界实践过程中相统一的逻辑与历史、抽象与具体、自然属性与社会属性，重点运用于分析人类经济活动，特别是资本主义生产过程之中。

本书延续马克思在经济领域的思想，从认识论、方法论及具体运用三个层面利用二重性分析法剖析企业所得税的就业效应。具体来说，首先是认识论的层面，马克思主义的世界观是唯物主义，包括自然唯物主义和社会唯物主义，其中自然唯物主义是以物质为第一性的，社会唯物主义是以生产力为第一性的；其次是方法论的层面，马克思看待自然和社会事物是用辩证的和历史的方法，故马克思的唯物主义可以说是辩证的唯物主义和

---

① 中共中央马克思恩格斯列宁斯大林著作编译局．马克思恩格斯全集（第二卷）[M]．北京：人民出版社，1974（39）：406.

② 王拴乾．论马克思《资本论》中"绝对"、"相对"的辩证思想和方法 [J]．新疆师范大学学报（哲学社会科学版）．1987（2）：35－39.

③ 李秀辉．马克思货币分析的二重性方法探究．经济纵横 [J]．2021（2）：15－22.

④ 王拴乾．论马克思《资本论》中"绝对"、"相对"的辩证思想和方法 [J]．新疆师范大学学报（哲学社会科学版）．1987（2）：35－39.

历史的唯物主义，包括辩证的自然观和历史的社会观，形成系统的唯物辩证法；最后是具体运用层面，在《资本论》中，马克思以辩证唯物主义和历史唯物主义为基础，以劳动、商品、资本等为研究对象，充分运用唯物辩证法，创造性地提出了二重性分析法，可以说，二重性分析法是唯物辩证法在经济领域的具体运用。基于此，本章的研究框架是以马克思主义的世界观为出发点，充分运用二重性分析法分析世界的二重性、社会的二重性，再延伸到劳动、资本、税收政策等经济活动的二重性，最后创造性地提出企业所得税就业效应的二重性（如图 3 –1 所示）。

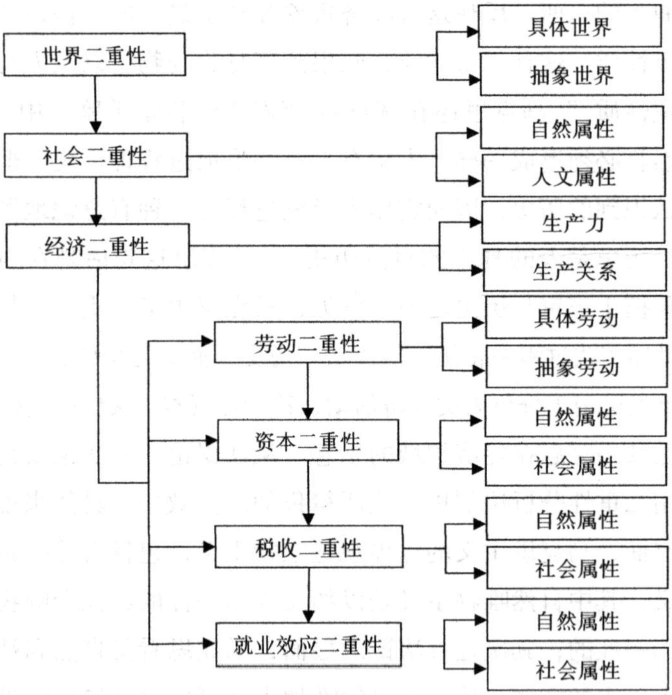

图 3 –1　马克思主义二重性分析脉络

第一节　马克思主义二重性分析法

马克思主义二重性思想不仅仅是一种经济分析方法，而且是一种哲学理念，贯穿于马克思的历史唯物主义论证逻辑之中，也是唯物史观的基本内容之一。鲁品越（2015）[①] 认为，唯物史观的基本观点包括：人的社会实践活动具有二重性，即在具有自然物质属性的同时，也具有社会关系属性，社会关系属性往往表现为现实的社会关系。基于二重性思想，仰海峰（2010）[②] 认为，历史唯物主义是对资本主义社会生产的哲学性批判，并提出历史唯物主义具有双重逻辑：一个是“人类学”意义上的一般自然物质的生产逻辑，另一个是资本主义社会中的资本逻辑。随后，他将资本逻辑与生产逻辑交织在一起分析后，提出了资本逻辑处于主导地位的观点。总之，马克思主义二重性分析思想可以从哲学思想到政治经济学批判贯穿于马克思理论分析体系，也贯穿于整个世界和社会分析系统，特别是贯穿于劳动和资本等所有经济活动。

一、世界的二重性

（一）世界二重性——具体的世界与抽象的世界

唯物主义是马克思的世界观。马克思的世界观是包括自然辨证的自然观和历史的社会观在内的历史唯物主义，马克思的方法精髓就是应用唯物辩证法解释世界普遍存在的矛盾二重性学说，即一切事物内在存在着相互矛盾着的二重属性。具体而言，在马克思的眼睛里，世界是一个充满矛盾的二重世界——抽象的世界和具体的世界，也就是说，客观事物本身固有的相互独立，但又可以相互转化、相互依存的二重属性。事实上，自然科学家的自然科学探索也在不断印证世界二重性的科学性。例如，19 世纪 70 年代数学家发现“集合论”和“集合论悖论”后，系统阐释了有限数学系统和无穷数学系统两者矛盾而又相对发展的趋势，印证了抽象世界存在二重性（潘永祥，1984）[③]。与此同时，物理学家通过量子论与相对论结合，

---

① 鲁品越．鲜活的资本论：从深层本质到表层现象［M］．上海：上海人民出版社，2015.

② 仰海峰．历史唯物主义的双重逻辑［J］．哲学研究，2010（11）：11－18.

③ 第三次数学危机［M］．成都：四川人民出版社，1985.

发现微观世界的“波粒二相性”，即粒子同时具有波动性和粒子性，由此印证了具体世界亦存在二重性①。可以说，马克思主义二重性分析法就是探索和解释二重世界的一把钥匙，就是揭示客观世界二重状态的辩证法，所以，从马克思主义哲学的角度来说，实际上，所有科学在分析客观事物发展过程的时候都在运用二重性分析法（杨志，2014）②。

（二）观察世界的二重性分析法

在马克思的世界观里，世界可以分为具体的世界和抽象的世界，这是认识论层面问题。那么，从方法论层面来看，认识主体应借助怎样的方式、通过怎样的途径、获得这样的世界观。这就是哲学上世界观与方法论的关系，也就是认识论和实践论的关系。马克思主义哲学认为，针对客观事物具有矛盾的二重性态，可以用辩证法中的二重性分析法来分析。二重性分析法的意义在于能够揭示客观事物内在矛盾在其运动变化过程中表现出来的常态，是能够揭示客观世界二重状态的具体方法，也是对立统一分析法的进一步延伸和发展，因此，几乎所有的科学在分析客观事物发展过程的时候都可以运用二重性分析法（杨志，2014）③。在自然科学领域，物理学家运用二重性分析法分析广义相对论中宏观大宇宙发生过程的二重现象（膨胀与收缩）；生物学家分析生命传递过程中遗传和变异的二重作用。在社会科学领域，历史学家可以运用二重性分析法研究社会变迁中的前进与倒退、保守与变革等；经济学家则分析经济增长过程的通胀与通缩、供给与需求、就业和失业等；以及毛泽东的前途光明和道路曲折论、邓小平的“一国两制论”等政治家经典运用。综上，在认识世界具有二重性态的基础上，马克思主义二重性分析法能够帮助人们有效实践和改造世界，在各个领域研究中具有应用普适性（杨志，2014）④。

---

① 潘永祥．自然科学发展简史［M］．北京：北京大学出版社，1984.

② 杨志．论资本二重性兼论公有资本的本质［M］．北京：中国人民大学出版社，2014：29.

③ 杨志．论资本二重性兼论公有资本的本质［M］．北京：中国人民大学出版社，2014：20－35.

④ 杨志．论资本二重性兼论公有资本的本质［M］．北京：中国人民大学出版社，2014：28－35.

二、社会的二重性

（一）社会二重性——自然属性与人文属性

在马克思看来，世界观包含抽象的世界和具体的世界。具体来说，在抽象的世界里，反映的是马克思对自然、社会和人类之间的关系、关系的结构变迁与运动规律的整体认识，那么，在具体的世界里，反映的是马克思长期实际参与和精神思考的客观世界——社会。马克思通过运用唯物辩证法观察人类社会的总观点，即用唯物史观分析认识人类与社会、人与人之间的关系的二重关系，进而分析社会的二重属性。马克思认为，社会是人类生存、繁衍和发展的环境；第一层面是表现为人类与自然之间的关系，包含物质、能力和信息的不断变换关系；第二层面是表现为人与人之间的关系，包括物质、经济、精神、意识等不断变化的关系。因此，学者普遍认为社会的二重性包括自然属性和人文属性（孟氧，1999）①。具体来说，自然属性方面，人类毫无疑问是自然界的一部分，是自然界本身合乎自身规律地发展所产生的生物，存在于自然界之中，那么，社会实实在在具有自然性和物质性；人文属性方面，社会也是人类自身交互作用的产物，并因此产生人类自身所特有的文化、精神和政治等人文产物。此外，自然属性和人文属性都对立统一于社会之中。

（二）观察社会的二重方法

著名的西方哲学家柯亨认为，人类如果想试图理解一切社会现象，前提是要先认识到社会的二重性，并用“社会的物质性和社会性”来阐释社会的二重性。马克思也曾写道：“社会是人类与自然、人类自身作用所产生的，人类与自然界之间所产生的最基本的关系，即物质能量的变换关系，都是通过社会中介以后才得以完成的。”② 无论是马克思认为的社会的自然属性和人文属性，还是柯亨提到的社会的物质性和社会性，都是在运

---

① 孟氧．经济学社会场论［M］．北京：中国人民大学出版社，1999.

② 中共中央马克思恩格斯列宁斯大林著作编译局．马克思恩格斯全集（第三卷）［M］．北京：人民出版社，1960：42－45.

用二重性分析法，将社会分为人自然物质与人类社会，进而分析社会的二重属性。因此，我们在观察人类社会中的事物时，应运用马克思主义二重性分析法剖析其自然属性和人文属性，在观察自然属性的普遍性的同时，也要看到人文属性的特殊性。

第二节 经济活动的二重性

在商品经济出现以前，人与人之间的关系和人与物之间的关系非常容易区分，界限比较明确。但在商品生产和交换产生以后，生产者之间的关系是通过商品的相互交换来实现和维系的，人与人之间的关系不仅表现为赤裸裸的物与物之间的关系，还有物的表象下遮蔽着的人与人的关系内核。但古典经济学理论将研究对象锁定为物质及其数量关系，忽略了背后的社会关系和制度条件。因此，古典经济学家及其继承者往往关注物的方面，强调经济范畴的物的属性，而忽略了物的属性背后人的关系与价值。从这个意义上看，马克思在方法论上超越了古典经济学。经济活动的二重性就是马克思运用其方法论的又一个重大发现，即经济活动是人类在认识社会的基础上的基本社会实践活动，而在任何历史发展阶段的经济活动都是生产力与生产关系二重性的统一（林岗和张宇，2000）①。具体而言，一方面，经济活动是为人类实现特定目的而产生一定形式上的耗费，反映了人与自然之间的物质变换关系，即称为生产力，表现为人类社会所具有的改造自然和创造物质财富的能力。另一方面，经济活动又是具体形式各异的不同人类活动按照统一价值尺度相互比较的过程，反映了人与人之间的经济关系，即称为生产关系，是由人类在物质资料的生产过程中而形成的，是生产方式的社会形式。在《资本论》中，生产力根据生产要素差异

① 林岗，张宇．《资本论》的方法论意义——马克思主义经济学的五个方法论命题[J]．当代经济研究，2000（6）：3－15.

简单分为“劳动生产力”“社会的劳动生产力”“劳动者的生产力”和“资本的生产力”等。鲁品越（2018）① 将生产关系分为三个层级：第一层级是“劳动价值关系”，即劳动生产过程中，劳动者对他人的生存与发展贡献出价值，从而形成了人与人的最基本的关系；第二层级是“经济权力关系”，即劳动生产过程中，由于存在生产资料的所有权问题，导致生产资料所有者通过占有由劳动者创造的价值而形成的经济权力关系；第三层级是“经济利益关系”，即在同一经济权力架构下，由于社会意识形态的不同，社会可以具有不同的利益格局，进而形成不同的社会利益关系，包括人们在利益上的竞争、合作、垄断、各种利益分配方式等一系列复杂的利益关系。此外，生产力与生产关系看似矛盾对立，但实质上，生产力决定生产关系，生产关系又会反作用于生产力，因此，两者既相互矛盾又统一于人类经济活动之中。

一、劳动与资本的二重性

根据上文分析可知，经济活动的二重性包括生产力和生产关系，如果要细化到日常经济活动中，我们就需要认真分析两大主要生产要素——劳动与资本。将资本和劳动归结为资本生产方式的制度基础是马克思的又一大贡献。在马克思以前，人们对资本主义生产方式的认识只是一个混沌的表象。马克思则用二重性分析法这把剖析刀，把资本主义生产方式内在联系一层层地剥离开，使人们看清了这个整体结构的构成要素以及其互相关联的结构关系。马克思《资本论》的整个思想主线就是从劳动二重性到社会物质的二重性，形成了贯穿着从商品到资本的物化的社会关系世界（王拴乾，1987）②。具体来说，马克思由商品二重性探究出劳动二重性（具体劳动与抽象劳动），其中抽象劳动是重点。随后，在分析抽象劳动过程中

---

① 鲁品越．《资本论》的生产力与生产关系概念的再发现［J］．上海财经大学学报，2018，20（4）：4－14.

② 王拴乾．论马克思《资本论》中“绝对”、“相对”的辩证思想和方法［J］．新疆师范大学学报（哲学社会科学版），1987（2）：35－39.

又引出两个分支：分支一是简单劳动和复杂劳动，分支二是个别劳动时间和社会必要劳动时间，其中的复杂劳动和社会必要劳动时间是重点（鲁品越，2015）①。本书的研究思路同样借鉴马克思的二重性分析思想，沿着两条线、两个分支来展开，并在两条思维进程全面铺开之后，从两条线中又引出其他两个分支，运用二重性思路一层一层地剖析下去。

（一）马克思二重性思想的古典经济学渊源

在马克思主义政治经济学中，马克思是从分析商品时开始运用二重性分析法的，即商品的两个属性包括使用价值和价值。其实，古典经济学早在马克思之前就已提出使用价值与交换价值，例如，李嘉图早在《政治经济学及赋税原理》中提到亚当·斯密认为价值具有两种不同含义，有时是指某物品的效用，有时是指以此物品购买他种财货的能力②。前者可以理解为使用价值，后者为交换价值。这些早期古典经济学家的思想影响到马克思创造政治经济学，但早期古典经济学对此的论述并不系统具体。早期的马克思在《政治经济学批判》和《资本论》中也是运用使用价值和交换价值来论述商品的二重属性，例如，“起初我们看到，商品是一种二重的东西，即使用价值和交换价值”③。后来，马克思在后续的二重性分析过程中，认为经济范畴的社会属性要比其自然属性更加重要，马克思不仅阐明“物”的特点，还重点论述其中的历史叠加的社会形式，这就是马克思的“二重性”学说与古典经济学最大不同之处，也是马克思比资产阶级古典经济学家的高明之处（刘召峰，2012）④。为了更深刻地认识资本主义生产关系的本质，凡是资产阶级经济学家认为是物与物之间关系的地方，马克思都要揭示其背后人与人之间的关系

---

① 鲁品越．鲜活的资本论：从深层本质到表层现象［M］．上海：上海人民出版社，2015.

② 斯拉法．李嘉图著作和通信集第一卷：政治经济学及赋税原理［M］．郭大力，王亚南，译．北京：商务印书馆，1962.

③ 马克思．资本论（第一卷）［M］．中共中央马克思恩格斯列宁斯大林著作编译局，译．北京：人民出版社，1975.

④ 刘召峰．《资本论》中的“二重性”学说探论［J］．教学与研究，2012（1）：19－25.

（王拴乾，1987）①。因此，马克思强调运用二重性分析法分析这些复杂关系。在古典经济学使用价值与交换价值对立的基础上，马克思运用二重性分析市场交换和资本主义制度的经济活动，认为劳动、商品和货币等已不再单纯是自然的和物质的东西，而是已被纳入资本主义生产关系中，已具有社会属性，是社会关系的具体体现（李秀辉，2021）②。马克思把所有这些经济范畴都纳入了二重性分析法的分析范围，并逐渐提出了劳动的具体劳动和抽象劳动、商品的使用价值和价值、货币的商品和一般等价物等观点。

（二）劳动二重性——具体劳动和抽象劳动

无论是“等级制”“人身依附”的封建制劳动价值论，还是“类本质”“自由劳动”的资本主义古典劳动价值论，都是用单一视角看待劳动价值，也从没有系统回答：什么劳动创造价值？劳动如何创造价值？劳动在什么条件下创造价值？因此也就算不上科学。而马克思劳动价值论则充分运用二重性分析法，辩证地提出劳动的二重性。根据马克思政治经济学的论述，劳动二重性的第一层属性：劳动是人们在社会分工中所从事的某行业的“具体劳动”，具体劳动是有差别的劳动，将物化成商品的使用价值。在世界观层面，具体劳动对应着马克思的具体的世界观；在社会层面，其对应着社会的自然属性，反映的是人类与自然的关系；在经济活动层面，其对应着社会生产力。劳动二重性的第二层属性：劳动是“社会人”集体生命的抽象劳动，抽象劳动是人类无差别的劳动，将物化为可用于等价交换的商品价值。在世界观层面，具体劳动对应着马克思的抽象世界观；在社会层面，其对应着社会的人文属性，反映的是人类相互作用的关系；在经济活动层面，其对应着社会生产关系。此外，人类的劳动过程本身就是抽象劳动和具体劳动的二重统一的过程。可以说，马克思劳动价值论在阐述劳动二重性时，也就系统回答了劳动创造价值的主体、对象和

---

① 王拴乾．论马克思《资本论》中“绝对”、“相对”的辩证思想和方法［J］．新疆师范大学学报（哲学社会科学版），1987（2）：35－39.

② 李秀辉．马克思二重性视阈下货币本质观的批判与构建．当代经济，2021（10）：56－66.

条件（刘昌用，2014）①，也为下文分析资本的二重性、政策机制及其就业效应的二重性等奠定了基础。

（三）资本的二重性——自然属性和社会属性

“资本”一词，在当代经济学中是存在歧义的。当代经济学家 Bliss (1977)② 说过：“经济学家如能在资本的理论方面取得一致意见，那么其他所有问题就将迎刃而解了。”而资本理论的争论核心是对“资本”一词的不同理解。《新帕尔格雷夫经济学大辞典》将对“资本”概念的理解分为两类：一类是“作为一种生产要素的资本”；另一类则是“作为社会关系的资本”③。西方经济学关于资本概念并没有关注资本具有二重性：既有作为社会关系的方面，又有作为生产要素的物质载体的方面，这种资本的二重性来自于劳动的二重性及其产生的商品二重性（杨继瑞，2003）④。具体来说，资本作为投入生产过程中追求自身增值的劳动价值，自然也有二重性：这是劳动的二重性的直接延伸——资本的二重性。资本的第一属性是自然属性，是生产力的体现，它具体表现为资本作为生产要素的资源配置方式。在世界观层面，自然属性对应着马克思的具体世界观；在社会层面，其对应着社会的自然属性。而资本的第二属性是社会属性，则是生产关系的体现，它具体表现为资本所有者不同的制度安排，体现着资本所有者的意志（杨志，2002）⑤。在世界观层面，社会属性对应着马克思的抽象世界观；在社会层面，其对应着社会的人文属性，反映的是人类相互作用的关系；在经济活动层面，其对应着社会生产关系。此外，特别要提的是，由于企业资本的变动往往会受到税收政策影响，而且还会影响企业劳动需求，因此，资本在政府政策和企业行为之间起着重要纽带作用。

---

① 刘昌用．国内外劳动二重性研究综述［J］．天府新论，2014（2）：49－56.

② Bliss C. J. Capital Theory and the Distribution of Income［J］．Economica，1977（44）：97－99.

③ 史蒂文·N．杜尔劳夫．新帕尔格雷夫经济学大辞典［M］．北京：经济科学出版社，1996.

④ 杨继瑞．论资本经济实现形式的二重性［J］．当代经济研究，2003（2）：8－13.

⑤ 杨志．论资本二重性［M］．北京：经济科学出版社，2002.

二、税收政策与企业所得税的二重性

（一）税收政策的二重性——自然属性和社会属性

税收政策会影响到企业资本的投入、业务运营、利益分配等多个环节，自然也有二重性：这是资本的二重性的延伸——税收的二重性。其中，自然属性是所有经济活动中普遍存在的共性，体现为对资源的自然调配作用，而社会属性将在不同的社会主体中具有不同的特点，体现为对社会和劳动者的整体影响。具体来说，首先，税收政策的第一层次是自然属性——税收的资源配置作用。马克思说："人们奋斗所争取的一切，都同他们的利益有关。"人类任何有意识的活动都是为了取得某种"利益"，这里的利益是复杂的概念，本书可以将其暂认为是经济学的资本。恩格斯就指出："革命的开始和进行将是为了利益，而不是为了原则，只有利益能够发展为原则。"① 根据利益相关者理论，企业的利益相关者之间的关系本质上是利益关系。因此，税收政策在影响企业投资经营的同时，也在影响企业不同利益相关者的资本成本，包括劳动者在内的利益相关者在追求自身利益最大化目标的驱动下，不断调整自身策略，在实现自身利益最大化的同时，实现了生产要素的最优配置（刘晔，2018）②。其次，税收政策的第二层次是社会属性——税收的社会治理作用。"税收楔子"打破市场机制运行黑箱，也是政府实施财政政策的重要收入来源，同时已被贴上了不同的社会性质标签（王海勇，2016）③。作为国家一项重要社会制度，税收政策在不同社会制度下的利益主体存在明显差异。例如，区别于资本主义国家，社会主义的税收收入所产生的收益不是为少数人服务的，它是为全

---

① 中共中央马克思恩格斯列宁斯大林著作编译局．马克思恩格斯全集（第二卷）[M]．北京：人民出版社，1995.

② 刘晔．由物到人：财政学逻辑起点转变与范式重构：论新时代中国特色社会主义财政理论创新 [J]．财政研究，2018 (8)：40－49.

③ 王海勇．自然人税收管理体系的构建：以税收本质属性为视角 [J]．税务研究，2016 (11)：118－120.

体人民服务的，尽管在原始积累阶段不可避免地会有贫富差别，但这种差别是可以控制和克服的。因此，社会主义税收的社会属性会体现在促进整体社会就业和经济发展、提升广大人民福利等社会治理工作的各个方面（高凤勤，2007）①。

（二）企业所得税的二重性——自然属性和社会属性

企业所得税作为税收政策中的一项重要企业税，自然也有二重性。在前文讨论到税收政策的自然属性和社会属性的基础上，下文将细化分析企业所得税二重性的特点。首先，企业所得税的征收对象是企业。在自然属性层面，根据企业价值理论，在追求利润最大化过程中，企业创造着充足的社会物质条件和丰富的社会服务，是创造社会财富的重要载体，促进实现社会资源的高效利用；在社会属性层面，由于企业所有制性质不同，不同类型企业对企业所得税的避税态度和动机、避税能力和风险存在差异，进而产生差异化的企业行为和利润分配效果（潘红波和吴迪倩，2019）②。其次，企业所得税的征收标的是企业所得资本。在自然属性层面，征收企业所得税作为社会财富再分配的重要途径，影响着私人财富的增减，与社会财富、私人财富紧密联系，企业所得税能有效促进财富的合理分配；在社会属性层面，由于企业所得税是根据企业盈亏情况差异化征收，对企业发展具有鼓励与约束作用，既以减免税收等方式为经营困难企业减轻负担，也可以针对特定高收益企业严格执行税收政策，因此，企业所得税具有较强的社会导向性（孙如梦，2020）③。再次，企业所得税受企业特定行为影响。在自然属性层面，征收企业所得税对企业产生普遍性的财务负担，对企业再发展具有一定抑制作用，能约束企业盲目扩张性发展。在社会属性层面，企业所得税可以对一些承担社会责任行为的企业给予一定税收优惠，如公益性捐赠、吸纳残疾人就业、社会扶贫活动等，因此，企业

---

① 高凤勤．企业税收效应研究［D］．重庆：西南财经大学，2007.

② 潘红波，吴迪倩．基于避税动机的利润转移行为研究——来自企业所得税改革的经验证据［J］．江西社会科学，2019（1）：34－45.

③ 孙如梦．论公益性捐赠的企业所得税立法变迁［J］．现代经济信息．2017（11）：295－297.

所得税体现出较明显的社会标签化（周波和张凯丽，2020）①。综合以上观点，作为第二大税种，企业所得税的自然属性和社会属性特点较为鲜明，尤其是其突出的社会属性对深入研究税收政策的社会作用具有较强的代表性。

第三节　企业所得税就业效应的二重性

在前文对企业所得税二重性分析的基础上，本部分以马克思主义的“二重性”为理论起点，就企业所得税就业效应问题，推导出企业所得税就业效应的“二重性”，并从自然属性和社会属性两个维度出发，分析企业所得税变动对就业产生的资源配置效应与社会治理效应。在具体的效应分析中，仍然坚持马克思主义辩证的“二重性分析法”贯穿前后的研究范式，从而形成企业所得税就业效应研究的分析框架，如图3－2所示。在自然属性层面，分别从劳动需求侧和劳动供给侧分析企业所得税的资源配置

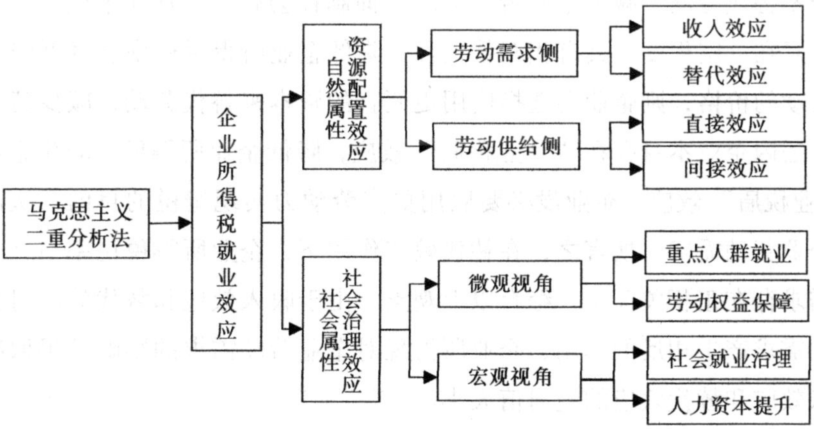

图3－2　企业所得税就业效应分析框架

① 周波，张凯丽．促进慈善捐赠的企业所得税政策探析［J］．税务研究，2020（5）：49－55.

效应，其中，劳动需求侧包括收入效应和替代效应，劳动供给侧包括直接效应和间接效应。在社会属性层面，分别从微观视角和宏观视角分析企业所得税的社会治理效应，其中，微观视角包括重点人群就业和劳动权益保障，宏观视角包括社会就业治理和人力资本提升。

一、就业效应的自然属性——资源配置效应

（一）劳动需求侧——收入效应与替代效应

从劳动需求侧来看，企业所得税变动对劳动力需求侧的影响主要存在收入效应和替代效应。如图3-3所示，一方面是收入效应。收入效应是指降低企业所得税税率能增加企业收入，刺激企业劳动需求，促进社会就业。具体来说，降低企业所得税不仅可以增加企业净利润，降低企业资本成本，使企业有更多资金雇佣更多劳动力，还可以优化企业资本结构，促进企业再投资，扩大企业规模，从而雇用更多劳动力，增加社会就业。换言之，在收入效应作用下，企业所得税税率与企业劳动需求存在负相关关系。另一方面是替代效应。替代效应是指降低企业所得税税率会促使企业用资本替代劳动，减少企业劳动需求，抑制社会就业。具体来说，由于生产要素在一定程度上具有相互替代性，降低企业所得税税率会降低资本相对劳动的价格，则企业会选择使用更便宜的资本来替代劳动，减少劳动需求；还因企业本身存在"就业税盾"效应，降低企业所得税会弱化企业的"就业税盾"效应，企业没必要雇用更多劳动力实现避税的目的，从而减少企业劳动需求。换言之，在替代效应作用下，企业所得税税率与企业劳动需求存在正相关关系。综合以上观点，由于收入效应和替代效应对企业劳动需求产生相反的作用，企业所得税对企业劳动需求的影响结果取决于收入效应和替代效应的绝对值大小。

此外，通过分析收入效应和替代效应的作用机制，我们不难发现，影响收入效应和替代效应相对大小的因素主要包括员工工资、资本与劳动的替代弹性、企业资本结构、企业"就业税盾"水平、企业资产收益率等。基于此，笔者认为，从企业微观层面来看，在正反两方面效应的共同作

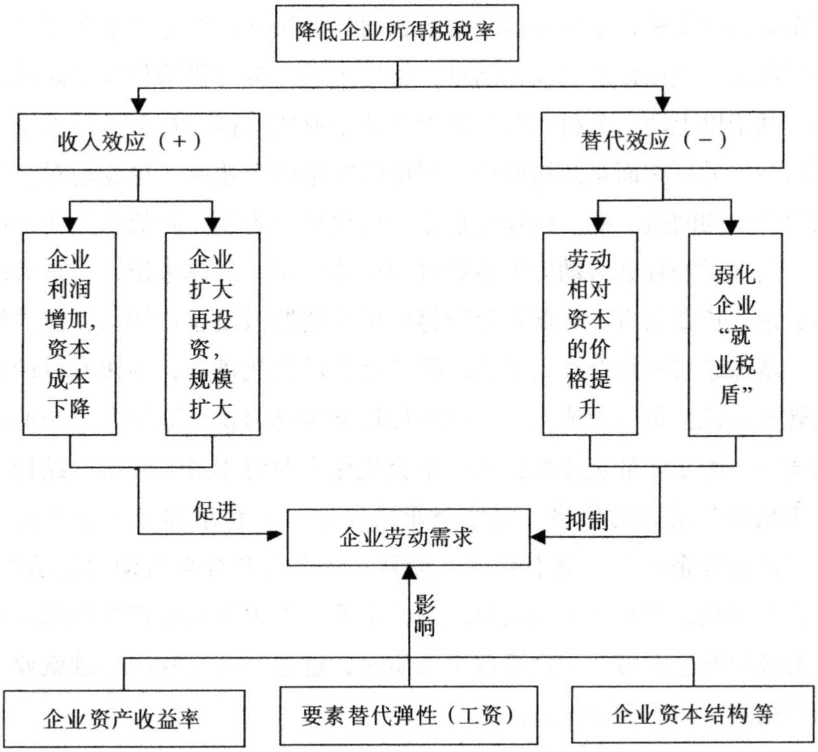

图3－3　企业所得税的劳动需求效应（微观层面）

用，以及受要素替代弹性等多种因素影响下，最终企业所得税税率与企业劳动需求之间可能存在复杂的非线性关系，企业所得税的劳动需求效应要视具体情况而定。例如，在企业本已处于较高的企业所得税税率水平，且劳动相对资本的替代弹性偏小、企业资产收益率较落后以及企业“就业税盾”水平偏低等情况下，降低企业所得税税率所产生的收入效应会大于替代效应，从而增加企业劳动需求。

（二）劳动供给侧——直接效应与间接效应

从劳动供给侧来看，社会劳动供给总量是由人口数量和劳动投入时间长短决定的，关于企业所得税对劳动力供给的影响主要存在直接效应和间接效应。如图3－4所示。一方面是直接效应。直接效应是指企业所得税变动对社会劳动供给产生的直接影响，目前研究认为这种影响微乎其微

(Kimberly, 2016①; 杨晓妹等, 2014②)。具体来说，一是由于企业所得税是对企业利润征税，不易直接转嫁给普通社会民众；二是由于我国劳动供给规模庞大，城镇化进程尚未结束，整体来看，劳动供给仍处于缺乏弹性状态。基于以上两点分析，我们认为调整企业所得税对社会劳动力供给几乎无影响。另一方面是间接效应。间接效应是指企业所得税变动对企业劳动供给产生的间接影响。以降低企业所得税税率为例，降低企业所得税税率能够间接影响社会劳动力供给数量和供给质量。具体来说，一是劳动力供给数量。长期来看，降低企业所得税税率能够激发企业活力，促进经济增长，增加政府和社会投资支出，推动社会城镇化进程，加快农村剩余劳动力转移和社会劳动力流动，从而增加社会劳动力供给数量。二是劳动力供给质量。由于降低企业所得税税率会优化企业资本成本和资本结构，降低资本相对劳动力的价格，促使企业增加员工教育培训投入以及员工福利，进而提升企业人力资本和员工福利，将会提升社会劳动力供给质量。综合以上观点，相较于直接效应，降低企业所得税税率所产生的间接效应更能有效提升企业劳动力供给数量和质量，这也一直是我国促进就业的税收政策的理论依据和政策方向。

此外，通过分析直接效应和间接效应的作用机制，我们不难发现，降低企业所得税税率所产生的间接效应的影响路径主要包括经济增长、社会城镇化程度、社会技术水平等宏观因素。基于此，我们认为，从社会宏观层面来看，为提高企业社会就业量和就业质量，结合我国城镇化进程等实际情况，应积极发挥降低企业所得税税率在劳动供给侧所产生的间接效应，促进经济增长、促进政府投资支出和提升城镇化水平，进一步释放农村社会劳动力和提高社会人力资本投资，从而为社会劳动供给“提质增量”，实现更高质量的社会就业。

---

① Kimberly A. Clausing. The U. S. State Experience Under Formulary Apportionment: Are There Lessons for International Reform? [J]. National Tax Journal, 2016, 69 (2): 353-386.

② 杨晓妹，尹音频．打破城乡就业隔离：财税政策效应的实证分析 [J]．税务研究，2014 (11): 16-20.

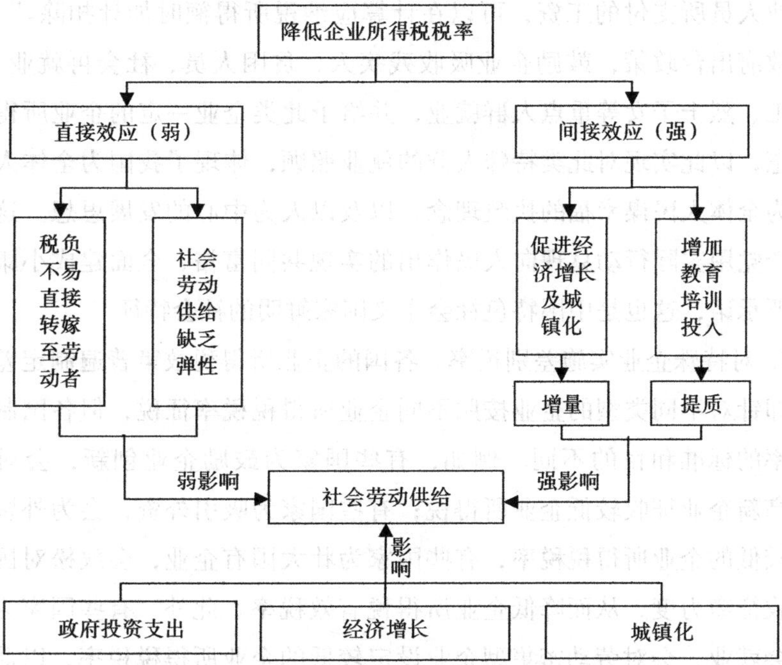

图3-4　企业所得税的劳动供给效应（宏观层面）

二、就业效应的社会属性——就业治理效应

（一）微观视角——重点人群就业与特殊企业就业

从微观层面来看，各国企业所得税政策在差别税率、税收优惠制度、征收对象等方面的差异都是企业所得税社会属性的具体体现，即被贴上了不同的社会性质标签。具体来说，企业所得税就业效应的微观社会属性包括以下两大类：

1. 对吸纳重点人群就业给予税收优惠。许多国家都会对吸纳重点人群就业的企业给予一定税收优惠或补贴，但各国重点人群的定义范围不同，有些国家侧重创新型高端人才，有些侧重国外引进的资源型人才，而有些侧重本地户籍人员，有些侧重社会底层民众就业……这些税收优惠差异就是企业所得税就业效应社会属性的具体差异体现。以我国为例，《中华人民共和国企业所得税法》明确规定："安置残疾人员及国家鼓励安置的其他就业人员所支付的工资，可以在计算应纳税所得额时加计扣除。”随后多地政府出台政策，鼓励企业吸收残疾人、贫困人员、社会再就业人员、农民工、烈士子女等重点人群就业，并给予此类企业一定的企业所得税减免优惠，以此实现对此类特殊人群的就业照顾，体现了我国为全体人民服务、为全体人民谋幸福的执政理念，以及以人为中心的发展思想。这是中国共产党用实际行动兑现向人民作出的实现共同富裕、全面建成小康社会的庄严承诺，这也是中国特色社会主义国家鲜明的社会特征。

2. 对特殊企业实施差别税率。各国的企业所得税政策普遍制定差别税率，即针对不同类型的企业按照不同企业所得税税率征税，但各国制定差别税率的标准和目的不同。例如，有些国家为鼓励企业创新，会对创新型、高新企业征收较低企业所得税；有些国家为吸引外资，会为外资企业设定较低的企业所得税税率；有些国家为壮大国有企业，会放松对国有企业税收征缴力度，从而降低企业所得税有效税率。此外，有些国家为了增加社会就业，会对劳动密集型企业设定较低的企业所得税税率，以此鼓励其多吸纳社会就业。可见，差别税率机制本身就是企业所得税就业效应社会属性的直接体现，反映了国家对社会就业问题的重视程度，直接影响企业所得税就业效应强弱。

（二）宏观视角——社会就业治理与人力资本提升

从宏观层面来看，各国企业所得税政策在差别税率、税收征收范围、计算规则等方面的差异都是企业所得税社会属性的具体体现，直接体现了政府的执政理念。具体来说，企业所得税就业效应的宏观社会属性包括以下两大类：

1. 社会就业治理。各国企业所得税政策在劳动力成本的计税规则方面存在差异，一部分国家将劳动力成本计入纳税范畴，但另一部分国家却不将劳动力计入纳税范畴，这就会造成这些国家的企业出现“就业税盾”现象，这项政策体现了国家有意通过企业所得税政策促进社会就业的目的，也是企业所得税就业效应社会属性的具体体现。此外，各国利用企业所得税在治理社会失业方面也各有特点，以中国为例，中国政府强调就业是最大的民生，重视社会就业问题，但由于企业所有制性质不同，不同类型企业对企业所得税的避税态度和动机、避税能力和风险存在差异，进而产生差异化的企业行为和社会就业承担效果（潘红波和吴迪倩，2019）①，为此，中国政府鼓励国有企业始终发挥着稳社会就业的作用，尤其是在新冠病毒疫情暴发后，国有企业承担了更多吸纳社会就业的责任。

2. 人力资本提升。在税收征收方面，由于企业所得税范围会对员工培训费用及教育费附加设定在计税范围之外，企业所得税政策的变动会影响到企业的员工培训费用及教育费附加，从而影响到员工人力资本提升。在税收支出方面，各国政府都会将部分税收收入用于社会教育投入，尤其是义务教育投入和社会技能培训。关于社会教育投入的税收占比和执行力度反映了一个国家税收就业效应的社会属性，以中国为例，中国税收收入用于社会教育投入和社会技能培训逐年增加，充分体现了政府会积极与全民分享经济发展成果。除此之外，中国政府还特别注重偏远贫困地方的教育投入，在整体提升社会人力资本的同时，坚持加大落后地区教育培训投入，提升落后地区就业率。

本章小结

本章从马克思主义二重性分析法着手，首先分析出马克思主义既是关于世界观的体系，也是关于方法论的体系。马克思强调，世界统一于客观物质，社会统一于人与自然之间和人与人之间的辩证关系体系中，经济统一于社会的生产力与生产关系相互耦合的生产方式之中，生产方式统一于人的生活方式之中，而物质、社会、经济及生产方式都统一于实践运动之中，一切事物都是辩证的和二重的。基于此，我们尝试运用二重性分析法分析社会的二重性，并延伸到劳动、资本、税收政策等经济活动的二重

① 潘红波，吴迪倩. 基于避税动机的利润转移行为研究——来自企业所得税改革的经验证据［J］. 江西社会科学，2019（01）：34－45.

性，再聚焦分析企业所得税政策的二重性，着重分析企业所得税的社会属性：一是由于企业所得税是根据企业盈亏情况差异化征收，对企业发展具有鼓励与约束双重作用，既可以以减免税收等方式为经营困难企业减轻负担，也可以针对特定高收益企业严格执行税收政策，说明企业所得税体现出较强的社会导向性特点；二是企业所得税可以对一些承担社会责任行为的企业给予一定税收优惠，如公益性捐赠、吸纳残疾人就业、社会扶贫活动等，说明企业所得税体现出较明显的社会标签化特点；三是由于企业所有制性质不同，不同类型企业会对企业所得税的避税态度和动机、避税能力和风险存在显著差异，进而产生差异化的企业行为和利润分配效果，说明企业所得税政策体现出差异化特点。

在对企业所得税二重性分析的基础上，再次运用二重性分析法，创造性地提出企业所得税就业效应的二重性，从自然属性和社会属性两个维度出发，分析企业所得税政策变动对就业产生的资源配置效应与社会就业治理效应。一是在具体的效应分析中，仍然坚持马克思主义辩证的二重性分析法贯穿前后的研究范式，从而形成企业所得税就业效应研究的分析框架。二是在自然属性层面，分别从劳动需求侧和劳动供给侧分析企业所得税的资源配置效应，其中，劳动需求侧包括收入效应和替代效应，劳动供给侧包括直接效应和间接效应。三是在社会属性层面，分别从微观视角和宏观视角分析企业所得税的就业治理效应，其中，微观视角下的就业效应包括重点人群就业和劳动权益保障，宏观视角下的就业效应包括社会就业治理和人力资本提升。

综上所述，本章充分利用马克思二重性分析法，从马克思主义哲学角度出发，层层递进，逐一分析世界的二重性、社会的二重性、经济活动的二重性、劳动的二重性、资本的二重性、税收政策和企业所得税的二重性，最后创造性地提出企业所得税就业效应的二重性，进一步拓宽了企业所得税就业效应的研究视野。

第四章

就业制度和企业所得税政策实践分析

政策实践分析是在梳理各类公共问题的政策基础上，探究问题的本质、原因以及政策实施效果的研究，梳理政策能最有效地呈现政策内容及实施效果（江渝，2011）①。因此，本章从政策实践层面开展企业所得税就业效应的研究，首先纵向分析中国就业制度的历史演进以及目前社会就业现状，再纵向分析中国税收政策历史演进及目前减税降费政策特点，然后与其他国家的政策进行横向对比分析，明晰中国就业制度和税收政策的特色，为企业所得税就业效应的社会属性研究提供政策论据。

第一节　就业制度与就业状况分析

就业制度作为一项重要宏观经济政策，关系到国家经济社会发展和社会民生，一直是中国政府长期关注的社会问题，尤其是时任总理李克强在十二届全国人大二次会议上所作的《政府工作报告》中指出："就业是民生之本。坚持实施就业优先战略和更加积极的就业政策。"更是把就业优先政策提升到国家战略的高度（李月田，2014）②。实际上，中国就业制度随着中国经济体制、社会制度的转变也在不断地发展完善。

一、我国就业制度的历史演进

（一）改革开放前我国的就业制度

自 1949 年中华人民共和国成立至 1978 年改革开放，在计划经济体制下，中国就业制度大的主题是"统包统配"。大致可分为以下三个时期：

1. 第一阶段（1949—1954 年）："统包"与自行就业相结合。中华人民共和国成立伊始，劳动就业制度比较宽松，劳动力可以跨城乡、跨地区

① 江渝．政策分析方法：视角、路径、工具［M］．成都：四川大学出版社，2011.
② 李月田．坚持实施就业优先战略［M］．北京：中国言实出版社，2014.

流动。1954 年之前，国民经济恢复初期，国家将原国民党时期的公职人员统一安排工作，国家规定国有单位按照“统一介绍就业”的方式统一由劳动部门介绍、选择和录用职员，企业可以自行招聘临时工和合同工，其他社会人员可以自行就业，在社会上营造了能进能出的就业环境。

2. 第二阶段（1955—1957 年）：“统包统配”与固定工就业制度。在第一个五年计划期间，各企事业单位的用人自主权逐渐被削弱，企业招聘员工也须交由劳动部门统一管理，并逐渐扩大企事业单位的固定工占比，明确要求企业不能辞退员工。而且临时工也开始由国家统一管理，并逐渐扩大劳动部门对各类社会人员就业的管辖权，逐步形成“统包统配”的就业制度。

3. 第三阶段（1958—1978 年）：“统包统配”“上山下乡”与“人民公社”的城乡就业制度。自 1958 年“大跃进”起，为支持快速社会生产，国家实施“亦工亦农”的用工政策，并逐渐形成了城乡二元的就业制度。一方面，针对城镇人员就业，政府通过开拓新的社会生产和公共服务的方式增加社会就业岗位，并继续实行严格的“统包统配”的就业制度，除此之外，政府鼓励青年人“上山下乡”，接受贫下中农的再教育。另一方面，针对农村地区的人民，政府建立了人民公社制度。在“政社合一”的组织管理体制下，广大农村地区逐步实行农村集体就业制度。此外，政府严格限制农村人口向城市流入。

在计划经济的大背景下，政府实行越来越严格的劳动就业制度。无论是“统包统配”，还是“上山下乡”，抑或是“人民公社”政策，都在严格限制社会劳动力自由流动，这样既剥夺了企事业单位的用人自主权，也损害了劳动者的择业权利。表面来看，计划经济下的城乡二元劳动就业制度短期解决了社会失业问题，但实质上，严重压低了人员工作积极性和社会生产效率，造成劳动力资源浪费。社会存在着大量的隐形失业，而且长期来看，城乡二元格局长期制约着中国经济社会快速发展。

（二）改革开放后中国的就业制度

自 1978 年改革开放以来，中国经济体制的转型要求就业制度也发生巨大改变。在市场经济体制下，为了提高劳动力市场效率，遵循市场机制，弥补市场缺陷，中国就业制度由紧缩的“统包统配”制度快速解绑，不断深化市场性就业政策，从传统的行政管制逐渐走向市场深化，即从“管束之手”到“放任之手”再到“扶持之手”（杨伟国，2007）①。具体来说，改革开放以来，中国就业制度转型过程可分为调整期、探索期、市场导向期和城乡统筹建设期四个阶段（杨晓妹等，2014）②。

1. 调整期（1978—1983 年）：调整就业制度，重点解决城镇就业。长期计划经济下的“统包统配”就业制度存在着巨大的隐形失业风险，改革开放初期，这种风险集中爆发，比如大量“返城知青”带来的城镇就业压力和农村富余劳动力带来的全社会的就业压力。面对严峻的社会就业形势，政府集中力量解决城镇就业问题（蔡昉，2008）③，1980 年出台政策，在城镇地区实施介绍就业、自愿组织起来就业和自谋职业三种方式相结合的就业制度，从“统包统配”的单一渠道安置就业模式拓宽为国有、集体、个体多渠道的就业模式。至于广大农村地区，国家开始实施农村家庭联产承包责任制，取消人民公社集体就业制度，取而代之的是包产到户的生产责任制，快速调动起农民的生产积极性，但是，政府在这一时期仍然严格限制农民向城镇流动就业，对农民流动就业实施清退、收容遣送等管制措施。

2. 探索期（1984—1992 年）：探索就业制度，重点改革企业用工制度。这一时期，改革开放的力度进一步加大，整体来看，国家改革重心仍是城镇企业，而在农村劳动力流动问题上出现摇摆。在城镇就业方面，1986 年国家允许多种经济成分并存，赋予企业用人自主权，国有企业开始招聘劳动合同制员工；1992 年，全面取消固定工制度，实行全员劳动合同制，有力促进了劳动生产要素合理流动分配。在农村劳动力就业方面，1984 年，国家开始对限制农村劳动力向城镇流动就业的政策略有松动，适度允许农民进城解决就业，鼓励乡镇企业就地解决农民就业；但到 1989 年，明确强调农村劳动力必须就地消化或转移，不允许大量农村劳动力盲

---

① 杨伟国．转型中的中国就业政策［M］．北京：中国劳动社会保障出版社，2007.

② 杨晓妹．财政政策就业效应研究［D］．重庆：西南财经政法大学，2014.

③ 蔡昉．中国就业制度改革的回顾与思考［J］．理论前沿，2008（11）：5－8.

目流向城市工作。这一时期虽然是就业制度探索期，但为后来的用人单位和劳动力双向选择机制奠定了坚实基础。

3. 市场导向期（1992—1999 年）：加速市场经济就业制度，重点改革国有企业。这一时期，市场经济体制转型加快推进，重点是进行国有企业改革。随着国有企业市场化改革力度加大，城市就业面临农民进城务工就业、城镇新增劳动力就业、下岗失业人员再就业“三峰”叠加的严峻形势（杨伟国和高文书，2018）①。为解决复杂的就业压力，国家出台一系列政策。其中，城镇就业方面，自 1992 年起，国家以“企业内部消化为主，社会调剂为辅”为原则，对城镇单位富余人员安置就业，到 1993 年又实施“减员增效”政策，进一步鼓励职工下岗自主就业，再到 1994 年出台《中华人民共和国劳动法》，标志着开始建设市场化的劳动就业法律体系，随后，在全国范围内推广实施再就业工程，逐步建立市场化的劳动力市场体系。在农村劳动力就业方面，1992 年邓小平同志南方讲话后，农民外出就业出现了新的高潮，在中央肯定市场经济发展目标和民营经济的基础上，地方政府鼓励和引导广大农村剩余劳动力向非农产业有序流动，但难免仍然在部分地区存在对农村进城务工人员采取一定管理限制措施。总体而言，以市场为主的市场就业制度开始建立，劳动力市场也从无到有开始发展。

4. 城乡统筹发展期（2000 年以来）：全面建立市场经济就业制度，重点统筹城乡就业。为进一步促进社会主义市场经济建设，需要释放更多农村剩余劳动力，而城乡二元经济结构和城乡二元就业制度严重制约着经济发展，基于此，国家开始重视城乡一体化和一体化的劳动力市场建设。具体来说，国家自 2000 年开始清理对农民工的不合理收费和歧视性政策，不断推进户籍改革，逐步放宽农村剩余劳动力向城市转移的限制。自 2003 年起，建立社会保障体系，维护农民工的合法权益，如将农民工纳入工伤保险范围。自 2004 年起，“中央一号文件”每年都有涉及农民工就业问题。

---

① 杨伟国，高文书．中国劳动经济学 40 年［M］．北京：中国社会科学出版社，2018.

例如，改善农民工进城务工环境，建立规范的人力资源市场，扶持农民工返乡创业等。2008 年国际金融危机给我国中小企业带来了冲击，造成农民工大量失业，国家高度重视，出台一系列政策，加强对农民工专业就业和培训工作，并进一步完善农民工社会保障制度和公共就业服务体系。2013 年后，国家提出走新型城镇化道路，并出台实施新型城镇化规划，积极推进土地管理制度改革，全面稳步推进农民工市民化。2017 年，党的十九大提出实施乡村振兴战略，是新时代“三农”工作的总抓手，进一步关注城乡一体化就业制度。2020 年，为应对新冠病毒疫情带来的社会就业冲击，国家在“六稳”基础上，又提出“六保”新任务，始终把稳就业和保居民就业放在首位。

二、现阶段我国劳动就业面临的严峻形势

改革开放以来，中国经济快速发展，就业制度也在逐渐放开，中国就业总量稳步扩大、产业就业结构和城乡就业结构持续优化、就业支出规模不断提高，总体来看，我国经济和就业始终保持着长期向好趋势。“十三五”期间，全国累计实现城镇新增就业 5378 万人，到 2019 年末，全国就业人员总量达 77471 万人，其中城镇就业人员 44247 万人，失业率保持低位运行，低于 5.5% 的控制目标，就业方式更加多元，空间更加广阔，结构更加优化。2019 年末，全年就业人员中，第一产业占比 25.1%，第二产业占比 27.5%，第三产业占比 47.4%。第三产业吸纳就业能力显著增强，“倒金字塔形”就业结构形成，养老保险 9.68 亿人，失业保险 2.05 亿人，工伤保险 2.55 亿人，我国建立起世界上规模最大的基本医疗保障网，2016 年至 2019 年全国累计有 2209 万人城镇失业人员实现再就业，帮扶建档立卡贫困劳动力就业 1213 万人。截至 2020 年 6 月末，全国外出务工贫困劳动力 2830 万人，超过 2019 年全年的总数，就业位于“六稳”“六保”之首，就业创业环境不断优化。特别是疫情期间推出的一系列减税降费举措，仅 2020 年全年减税 2.6 万亿元，不断增强人民群众对就业的获得感、幸福感、安全感。但是，我们也应该清晰地看到，进入新常态以来，

中国经济下行压力持续加大、经济结构处于深度调整期，同时在全球疫情暴发、世界经济衰退等因素的共同作用下，中国的就业形势更加严峻，劳动力市场供需矛盾更加突出。首先是就业总量矛盾。主要表现为人口红利逐渐消失、社会失业率高企和社会就业稳定性差三个方面。其次是就业结构矛盾，主要表现在产业就业结构失衡、职业及技术职称供需不对称、社会群体就业矛盾。由此可见，未来一段时间，缓解就业压力、实现充分就业和高质量就业仍是我国经济高质量发展进程中的一项艰巨的任务。

（一）就业总量矛盾

1. 人口红利逐渐消失。自 2012 年以来，我国劳动年龄人口出现绝对下降，我国人口红利逐渐消失，劳动力供给出现了刘易斯拐点，但劳动供需缺口仍然较大。据统计，从 2010 年到 2018 年劳动供需缺口逐年增加至 3000 万人，尤其是新冠病毒疫情更是加剧了劳动供需矛盾，未来一段时间内就业总量压力很难得到实质性缓解①。可见，一边是人口供需缺口短期内难以得到解决，一边是人口红利对于经济增长的贡献日渐式微，未来，从经济发展和劳动供需情况两方面来看，中国人口就业总量矛盾仍然长期存在，而且呈复杂化发展趋势。

2. 人口老龄化问题日益突出。人口老龄化问题为未来劳动力供给和社会就业带来新的压力。我国的人口老龄化具有非常明显的特点，主要表现在以下三个方面：第一，老年人口众多，人口老龄化快。我国 60 岁以上老年人的数量非常庞大，长期以来，我国的老年人总数都居于世界首位。与此同时，我国的老龄化速度也远远高于世界平均水平。第二，人口老龄化起步晚，未富先老。不同于西方国家在人口老龄化发生时，它们的经济发展已处于较高程度，生活水平也处于较高水准。而我国在出现人口老龄化的时候，还只是发展中国家，经济发展水平还不高，物质条件更是较低。因此，我国和西方国家的“先富后老”不同，我国是“未富先老”。第三，我国人口老龄化分布是不平衡的。尽管我国幅员辽

---

① 资料来源：2006—2020 年《中国统计年鉴》。

阔，但是人口数量多，且东西部地区经济发展差距非常大，这就使得人口老龄化的分布受地区影响也非常大。我国经济发达的东部地区老龄化程度最高，例如我国的上海地区，早在20世纪70年代末就已经出现老龄化问题，相比而言，经济欠发达的中西部地区，老龄化程度就较低。

3. 社会失业率高企。从国家统计局公布数据看，在新冠病毒疫情暴发之前，中国调查失业率处于5%左右的相对较高位置。疫情暴发后，城镇调查失业率激增6.2%。得益于我国政府控疫措施有效，2020年12月城镇调查失业率回落至5.2%，但2020年第一季度城镇新增就业下滑29%，2020年2月末外出农民工较2019年末减少超5000万人，就业形势十分严峻。受新冠病毒疫情冲击，2020年第一季度GDP实际同比增长－6.8%，为1992年实施季度GDP核算以来首次负增长。就业是经济的滞后反映，从失业率看，新冠病毒疫情初期，2020年3月全国城镇调查失业率为5.9%，较2月的6.2%回落0.3个百分点，但仍处高位；2020年3月31个大城市城镇调查失业率为5.7%，与2月持平，但仍低于整体；2022年上半年全国调查城镇失业率仍高居5.7%，16—24岁人口城镇调查失业率19.3%，表明我国失业率仍然较为严峻①。同时，从政府就业目标及实际完成情况对比来看，2015—2019年，我国城镇登记失业率目标均为4.5%，城镇调查失业率目标为5.5%（2018—2019年），城镇新增就业为1000万人以上（2015—2016年）、1100万人以上（2017—2019年）。城镇净增就业等于本期末城镇就业人员减去上期末城镇就业人员；而城镇新增就业等于期末城镇累计新就业人数减去自然减员人数，其中存在一人多次新就业的重复统计。2017—2019年末我国城镇调查失业率分别为5.0%、4.9%、5.2%，意味着基本实现充分就业，但2020年起，受疫情冲击和经济下行压力加大的影响，整体来看，我国的就业完成情况不容乐观（见表4－1）。

---

① 资料来源：国新办就2022年上半年国民经济运行情况举行发布会. http://cn.chinagate.cn/webcast/2022－09/30/content_78446990.htm.

表 4－1　　2009—2019 年中国政府就业目标和实际完成情况

年份	目标 1：城镇新增就业（万人）	结果 1：城镇新增就业（万人）	目标 2：城镇登记失业率（%）	结果 2：城镇登记失业率（%）	目标 3：城镇调查失业率（%）	结果 3：城镇调查失业率（%）
2009	900	1102	4.60	4.30	—	—
2010	900	1168	4.60	4.10	—	—
2011	900	1221	4.60	4.10	—	—
2012	900	1266	4.60	4.10	—	—
2013	900	1310	4.60	4.05	—	—
2014	1000	1322	4.60	4.09	—	—
2015	1000	1312	4.50	4.05	—	—
2016	1000	1314	4.50	4.02	—	—
2017	1100	1351	4.50	3.90	—	—
2018	1100	1361	4.50	3.80	5.50	4.90
2019	1100	1352	4.50	3.62	5.50	5.20
2020	900	1186	5.50	4.24	6.00	5.60
2021	1100	1269	—	4.00	5.50	5.10

资料来源：历年政府工作报告、国家统计局。

（二）就业结构矛盾

1. 就业产业结构失衡。多数研究采用服务业比重作为产业结构高级化指标。考虑到产业结构高级化趋势主要体现为服务业的增长率快于第二产业增长率，产业结构高级化水平越高则表示服务业拉动经济增长的作用更强；产业高级化水平越高，社会吸纳就业能力就越强。如表 4－2 所示，纵向来看，我国产业高级化程度在不断提升，从 2001 年的增长 41.22% 至 2019 年的增长 53.92%，但横向来看，相较西方发达国家，我国的产业高级程度较低，产业结构失衡造成我国就业结构失衡，制约着中国就业质量提升。尤其是新冠病毒疫情暴发以后，以住宿和餐饮业为代表的现代服务业受到严重冲击。商务部监测显示，截至 2020 年底，餐饮、住宿企业疫后恢复情况明显低于其他行业。美团研究院数据显示，一方面，疫后社会消费恢复情况不理想，另一方面，由于生活服务业中个体就业占比很高，抗风险能力很弱，而且 2018 年第四次经济普查数据显示，批发零售业、住宿餐饮业、居民服务业中个体就业占比均超60%，占比分别为76.0%、75.1%、61.6%，三大行业个体就业合计占非农个体就业的约2/3，这些因素将导致就业结构失衡问题在后疫情时代很难短期内得以解决。此外，恒大研究院的报告显示，受新冠病毒疫情影响，我国就业结构还存在行业结构问题，如就业吸纳大户住宿餐饮、批发零售等生活服务业增加值快速下滑，失业率飙升，而且在后疫情时代的恢复前景不乐观。

表4-2　2019年各国产业高级化水平　单位:%

国家	第一产业占比	第二产业占比	第三产业占比
中国	7.11	38.97	53.92
美国	0.86	22.04	77.10
英国	0.61	28.11	71.28
法国	0.16	29.65	70.19
德国	0.72	36.65	62.63

资料来源：世界银行。

2. 职业及技术职称供需不对称。目前，我国就业结构矛盾主要表现为产业就业结构失衡、职业及技术职称供需不对称、社会群体就业矛盾。特别是高校毕业生就业难和“民工荒”问题。由此可见，在目前和今后一段时间内，促进就业仍然是我国一项重要任务。缓解就业总量压力、实现充分就业、提升社会就业质量始终是我国经济社会发展中需长期关注并要尽力解决的重大问题，也是一道社会难题。

3. 社会群体就业矛盾。近年来，受经济下行压力持续加大，经济结构转型、人口城镇化等多种因素影响，高校毕业生和农民工等特殊群体的就业问题是我国长期存在的问题。尤其受突如其来的新冠病毒疫情影响，造成了大量的高校毕业生就业困难。据北京大学发布的《全国高校毕业生就业调查报告（2021）》显示，2021年全国高校毕业生共909万人，毕业生的单位就业比例为32.1%，比2019年降低了5.3个百分点。硕士生的毕业落实率最高（82.2%），本科生的落实率最低（74.4%），专科生的落实率为80.6%，博士生的落实率为77.9%。2021年被媒体称为“史上最难就业季”。2022年高校毕业生快速增至1076万人，与此同时，受全球疫情影响，国际劳动力市场就业机会骤降，海外留学生只能选择国内就业，造成高校毕业生就业压力持续增大。此外，当经济发展困难时，农民工等弱势群体就业是最易受到冲击，就业保障也是最薄弱的，可以说，当前特殊社会群体就业矛盾日益突出，社会就业质量和就业结构亟待优化。

（三）就业促进政策

实现充分就业是各国经济发展的重要目标之一，失业问题是工业革命后随雇佣劳动而产生的复杂社会经济现象。由于青年失业隐含多重危机，直接关系着国家的经济发展、社会稳定，世界各国政府都将促进青年就业作为政策重点，但各国对青年的就业扶持措施侧重不同。当前，由于新冠病毒疫情的全球蔓延，加之经济下行和高校毕业生求职规模增加等，各国就业面临前所未有的严峻挑战，尤其是中国 2022 年中的 16—24 岁人口城镇调查失业率将近 20%。考虑到就业政策的可借鉴性、信息可收集性原则，笔者借鉴鲍威等人（2020）① 的国内外政策比较思路，选择以能力发展、机会提供与资源补给政策比较框架，从院校就读期间、求职期间及职业发展初期三个比较时期，分别对 2008 年全球金融危机后美、英、德、法、日等 7 个发达国家的高校毕业生就业扶持政策进行分析，然后与中国新冠病毒疫情暴发后高校毕业生就业扶持政策进行对比分析，结果如表 4－3 所示。

表 4－3　　各国青年就业扶持政策概览

		能力发展	机会提供	资源补给
院校就读期间	国外政策	［英］职业教育改革：学徒制计划 ［法］创业教育实践平台 ［德］创业教育案例：青年职业辅导 ［日］职业指导和生涯教育的系统化发展：创业教育	［俄］就业信息分配平台：定向培养计划	［美］就业训练团 ［俄］青年实践项目
	中国政策	• 扩大教育机会供给 • 全称性、系统性生涯规划教育 • 创业教育功能的再定义	• 搭建劳动力供求信息沟通平台	• 为就业困难学生提供精准化就业服务支持

① 鲍威，陈得春，岳昌君．青年就业扶持政策的国际比较：对后疫情时代中国高校毕业生就业政策的启示．教育发展研究 2020. 23：55－75.

续表

		能力发展	机会提供	资源补给
求职期间	国外政策	［英］学徒制计划	［美］十万机会计划 ［韩］绿色新政	［美］就业训练团：十万计划 ［英］社区行动计划：个案后续管理项目
	中国政策	• 职场提前体验的精准对接	• 推动基层就业："三支一扶"等 • 调整产业结构 • 培植新兴产业	• 为失业毕业生提供失业补贴 • 通过财政补贴机制，鼓励企业吸纳就业困难学生 • 提供自主创业群体启动资金
职业发展初期	国外政策	［法］学生创新、转化和创业中心 ［德］后续帮扶：个别辅导	［俄］战略创新规划署 ［法］"国家学生—创业者"身份	［日］毕业前后集中支援 ［韩］税收减免优化：海外就业
	中国政策	• 持续性、全方位发展支持	• 系统统一创业支持体系 • 创业担保贷款贴息支持 • 青年创业咨询服务体系	• 完善社会保障体系 • 企业税收优惠

囿于篇幅，为专注分析税收与就业的关系，本部分重点分析各国在税收、财政及社保等方面的资源补偿取向政策。所谓资源补偿取向政策，主要以就业困难的弱势青年为施政目标，通过提供就业培训、个性化帮扶、财政补贴、完善社会保障体系等一系列途径，帮助该群体摆脱就业困境。具体包括以下三个阶段：一是院校就读期间，针对长期失业或低学历的青年特困群体，各国通过强化职业教育与培训力度，提供实习机会、丰富职前体验等方式，为该群体提供针对性的指导帮扶，提升其可就业能力。美国方面，就业训练团（Job corps）项目是由劳工部负责的就业训练团项目，也是全美规模最大的青年职业培训与技术教育项目。该项目主要为来自低

收入弱势阶层的16—24岁美国公民提供免费的职业教育、培训和咨询，使其更有责任感、就业力、创造力，促进社会就业。研究显示，该项目在提升青少年技能、降低犯罪发生率，提升就业薪资收入等方面有显著成效（Schochet和Mcconnell，2008）①。俄罗斯方面，政府凭借就业信息平台数据优势，实施了国家“青年实践”项目，旨在为失业青年提供实习、培训资源，强化青年和企业之间的相互了解，提升双方就业签约成功率（雷丽平和朱红琼，2014）②。二是求职期间，各国政府主要从经济与非经济层面为弱势群体提供针对性扶持。以德国为例，针对青年求职和失业期间需求差异，联邦就业局提供差异性的财政补贴，如为青年提供职业培训津贴、为实习试用期后未能顺利入职的青年提供失业津贴；对于在失业后选择自主创业的青年，则提供相应的创业启动资金。英国政府则启动社区行动计划和个案后续管理项目，包括为青年提供实习机会和个性化培训等措施，旨在提升青年就业竞争力，为就业困难青年群体提供长期扶持方案（Mahy等，2011）③。三是职业发展初期。职业生涯的成功开始是降低失业的最佳途径。为帮助青年初入职场时发展顺利，各国政府普遍向雇用失业青年或高校毕业生的单位提供财政补偿或税收优惠政策。例如，2008年金融危机后，日本文部科学省、经济产业省、厚生劳动省协作出台《毕业前的最后集中支援》，包括赋予毕业后3年学生与应届毕业生同等待遇、向聘用未签约应届毕业生的企业提供雇佣奖励金等一系列就业扶持政策（寺崎里水，2011）④。韩国政府则向在中小企业就业的青年提供入职3年所得税50%的减免优惠政策。此外，韩国雇佣劳动部还为在海外求职成功的青年提供高达300万韩元的奖金，帮助其适应海外职场生活（雷丽平和朱红

① Schochet P Z, Mcconnell B S. Does Job Corps Work? Impact Findings from the National Job Corps Study [J]. American Economic Review, 2008, 98 (5): 1864 - 1886.

② 雷丽平，朱红琼．俄罗斯高校毕业生就业现状透视 [J]. 人口学刊，2014，36 (6)：41 - 47.

③ Mahy B, Rycx F, Volral M. Wage Dispersion and Firm Productivity in Different Working Environments [J]. British Journal of Industrial Relations, 2011, 49 (3): 460 - 485.

④ 寺崎里水．大学独自のキャリア形成支援の必要 [J]. 福岡大学研究部論集，2011 (4)：55 - 61.

琼，2014）①。

与其他国家就业政策相对应，我国从20世纪90年代末起逐步实施就业优先政策，从出台支持下岗工人再就业到支持农民工就业，再到支持高校毕业生就业等一系列扶持政策，经过多年发展，已经逐步形成以就业促进政策为核心、以劳动就业法律法规为保障、以实现充分就业为社会经济发展目标的中国特色就业优先政策体系。新冠病毒疫情暴发以来，党和国家高度重视就业问题，积极出台稳就业政策。为应对疫情冲击，中央在"六稳"基础上又提出"六保"，形成"六稳"+"六保"的工作框架。"六稳六保"是疫情下保持国民经济发展和社会稳定的基本方针，将"稳就业""保就业"置于各项工作首位的做法为疫情下就业政策的制定和实施奠定了基本思路和政策框架。"六稳六保"之所以把就业放在第一位，就是因为倘若就业问题无法解决，则社会稳定的底线就会失守。而要保居民就业，则须保企业、保市场，加大对企业的扶持力度和拓展稳定就业渠道。可以说，"六稳六保"为保障居民收入、促进经济增长、维护社会稳定发挥了重要作用。具体来说，新冠病毒疫情防控期间中国政府为促进就业出台了一系列政策文件（见表4－4），这些政策文件有力地推动了就业优先政策的实施。

表4－4　　新冠病毒疫情早期中国政府促进就业政策文件（部分）

发布日期（2020年）	发文单位	政策文件	内容
3月20日	国务院办公厅	关于应对新冠肺炎疫情影响强化稳就业举措的实施意见（国办发〔2020〕6号）	加快恢复和稳定就业
4月9日	中央应对新型冠状病毒感染肺炎疫情工作领导小组	关于在有效防控疫情的同时积极有序推进复工复产的指导意见（国发明电〔2020〕13号）	加快恢复生产生活秩序、积极有序推进复工复产

① 雷丽平，朱红琼．俄罗斯高校毕业生就业现状透视［J］．人口学刊，2014，36（6）：41－47.

续表

发布日期（2020年）	发文单位	政策文件	内容
4月26日	人力资源和社会保障部办公厅、财政部办公厅、民政部办公厅	关于加大湖北地区和湖北籍劳动者就业支持力度的通知	加大对湖北地区和湖北籍劳动者就业支持力度，维护劳动者合法权益
5月9日	人力资源和社会保障部、财政部	关于实施企业稳岗扩岗专项支持计划的通知（人社部发〔2020〕30号）	有效应对国内外疫情形势和经济下行压力对就业的影响，做好常态化疫情防控中的稳就业工作
5月20日	人力资源和社会保障部办公厅	关于大力开展以工代训工作的通知（人社厅明电〔2020〕29号）	开展以工代训有关工作
5月28日	人力资源和社会保障部	关于印发农民工稳就业职业技能培训计划的通知（人社部函〔2020〕48号）	提升农民工职业技能和就业创业能力
5月29日	人力资源和社会保障部、财政部	关于扩大失业保险保障范围的通知（人社部发〔2020〕40号）	扩大失业保险保障范围、保障失业人员基本生活
6月17日	人力资源和社会保障部、财政部、国务院扶贫办	关于进一步做好就业扶贫工作的通知（人社部发〔2020〕48号）	进一步做好就业扶贫工作
7月21日	国家发展和改革委员会	关于全力做好下半年稳就业保就业有关工作的通知（发改办就业〔2020〕557号）	进一步做好下半年稳就业保就业工作
7月8日	人力资源和社会保障部、教育部、财政部、商务部、国资委、共青团中央、全国工商联	关于进一步加强就业见习工作的通知（人社部函〔2020〕66号）	进一步加强就业见习工作

续表

发布日期（2020年）	发文单位	政策文件	内容
7月30日	国务院办公厅	关于提升大众创业万众创新示范基地带动作用　进一步促进改革稳就业强动能的实施意见（国办发〔2020〕26号）	进一步提升“双创”示范基地对稳就业的带动作用
7月31日	国务院办公厅	关于支持多渠道灵活就业的意见（国办发〔2020〕27号）	全面强化稳就业举措，落实保居民就业任务
9月24日	人力资源和社会保障部	关于开展就业创业服务攻坚季行动的通知（人社部函〔2020〕99号）	集中攻坚稳就业

资料来源：《中国人权事业发展报告 No. 11（2021）》。

为缓解日益增长的社会就业压力，国家坚持推进就业优先政策，并将就业摆在“六稳六保”大局首位。国内学者普遍建议应进一步加大减税降费增信等力度，帮助市场主体纾难解困，并确保落实到位，特别是对民营中小微企业和个体户、生活服务业行业和出口企业。一方面，进一步出台对重点行业、中小微企业和个体户的金融、财政、社保等支持政策，缓解企业资金流压力、经营压力。包括减免增值税和企业所得税，提高出口退税率，增加信贷，加大失业保险稳岗返还，暂时取消一些合理但不合时的收费，降低人工、物流、水电气、房租、资金等成本，对困难企业贷款本息实行延期，延长部分行业企业亏损结转年限等。另一方面，对已经出台的纾困政策要抓好落实，避免层层甩锅或层层缩水、以文件落实文件，导致政策“看得见摸不着”。比如，根据新华社2020年初调研文章可知，中部某省为鼓励业主为租户减免租金，省级政府提出“属地政府可采取适当方式给予补贴”，市级政府表示“县区政府可采取适当方式给予补贴”，但到县里只剩“鼓励”、无具体补贴方式。可见，虽然政府出台的一系列助企纾困政策正在逐渐发挥效果，也会在一定程度上逐渐缓解社会就业压力，但仍要做到更加精准、更加有效地推进各项政策。

第二节　我国企业所得税政策及减税降费政策

中华人民共和国成立 70 多年以来，税收制度在不同历史时期经历了一系列变迁，不仅反映了我国社会政治经济发展的内在流变，体现了政府与市场关系的深层变革，更为社会主义市场经济的培育壮大提供了深远动力。其中，企业所得税作为一项重要的税种，企业所得税政策的演变在一定程度上代表着我国税收政策的变迁。

一、我国企业所得税政策的历史演进

（一）改革开放前我国企业所得税政策

自 1949 年中华人民共和国成立至 1978 年改革开放，在社会主义改造阶段和高度计划经济体制时期下，我国企业所得税政策是以“上缴利润”和“税利合一”的征缴模式。

1. 第一阶段（1949—1958 年）：工商业税。1950 年，政务院发布《中国税政实施要则》和《工商业税暂行条例》，规定全国暂定统一征收 15 种税，涉及企业所得税征税的是工商业税和存款利息所得税，尚缺乏独立完整的企业所得税。这一时期，国家根据企业所有制性质区别对待不同征收对象，对私营企业、个体工商户等私营经济政策征收工商业税，对集体企业等合作经济照顾性征收工商业税，对国有企业等国有经济不征收工商业税，而是实行上缴利润制度。

2. 第二阶段（1958—1977 年）：工商所得税。社会主义改造完成之后，国内经济主要包括国有经济和集体经济。1958 年，为满足第二个五年计划实施需要，政府本着“简化税制”的方针，将工商业税中的部分规定细化设置为独立税种——工商所得税，征税对象和税源也由资本主义工商业变为社会主义经济主体。1973 年再次简化税制改革，明确集体经济只需

缴纳工商税和工商所得税，国营企业只需缴纳工商税。这一时期，国家税收主体在国内销售环节征税（占70%以上），包括货物税、劳务税及流通税，而工商所得税收入占全国税收总额比较很小，对国家经济影响较弱。

（二）改革开放后我国企业所得税政策

改革开放后，为了更好地激活市场经济活力、增加国家财政收入、有力调控国民经济发展，企业所得税政策经历了从先多税分散制，到内外两税分税制，再到两税合并统一的过程，企业所得税收入也逐渐成为我国重要税收来源。

1. 第一阶段（1978—1990年）：多税分散制。

国营企业方面，1983年，国务院决定在全国分两步实行“利改税”政策。1984年，国务院发布了《中华人民共和国国营企业所得税条例（草案）》和《国营企业调节税征收办法》，企业所得税的纳税人为实行独立经济核算的国营企业，国营企业所得税的纳税人仅是大中型国有企业。并根据企业规模大小设定不同企业所得税税率，其中，大中型企业实行55%的比例税率，小型企业等实行10%—55%的8级超额累进税率。1987年，承包责任制改革后的国营企业实行10%—35%的5级超额累进税率，进一步降低了所得税税率。

集体企业方面，1985年，国务院发布《中华人民共和国集体企业所得税暂行条例》，明确集体企业实行10%—55%的8级超额累进税率，取代原来的工商税，纳税人为从事工商、建筑、服务、交通等行业独立核算的集体企业，并规定了私营企业若能在从事行业和所在地区方面满足条件，可享受相应税收优惠政策。

私营企业方面，1988年，国务院发布了《中华人民共和国私营企业所得税暂行条例》，规定从事工业、建筑业、交通运输业等行业的私营企业应按照35%的税率缴纳企业所得税，并同样明确了私营企业若能在从事行业和所在地区方面满足条件，可享受相应税收优惠政策。

涉外企业方面，改革开放初期，为满足我国对引进外资、技术和人才的需要，政府在“七五”期间实施了一系列涉外税制改革。1980年，国家出台了第一部企业所得税法——《中华人民共和国中外合资经营企业所得税法》，明确规定对在中国境内的中外合资经营企业征收30%的企业所得税，并附征收10%的地方所得税。1981年，第五届全国人民代表大会通过了《中华人民共和国外国企业所得税法》，明确规定对在中国境内取得生产、经营所得和其他所得的外国企业征收20%—40%的企业所得税，并附征10%的地方所得税。

2. 第二阶段（1991—2007年）：内外分税制。

外资企业方面，为进一步扩大改革开放，更好地利用外资发展，推进国内企业与世界接轨，我国开始了企业所得税“两法合并”改革。1991年，全国人民代表大会将《中华人民共和国中外合资经营企业所得税法》与《中华人民共和国外国企业所得税法》合并，出台《中华人民共和国外商投资企业和外商企业所得税法》，明确外商投资企业的企业所得税的税率标准为30%，附加3%的地方企业所得税，并细化规定了外国企业和外商企业在沿海经济开发区、城市老市区等地区以及能源、交通等行业分别能享受的税收优惠。

内资企业方面，为了适应社会主义市场经济体制的需要，公平税负，促进竞争，国家对内资企业进行合并改革。1993年，国务院将《中华人民共和国国营企业所得税条例（草案）》《国营企业调节税征收办法》《中华人民共和国集体企业所得税暂行条例》以及《中华人民共和国私营企业所得税暂行条例》整合后，出台了《中华人民共和国企业所得税暂行条例》，纳税人包括在中国境内的国有企业、集体企业、私营企业、联营企业、股份制企业和其他组织，并设定一般企业税率为33%，微利企业享受较低税率（18%或27%），金融保险业较高税率（55%），后降低为33%，并规定了企业若能在从事行业和所在地区方面满足优惠条件，可享受相应税收优惠政策。

3. 第三阶段（2008年至今）：两税合并统一制。随着经济快速发展，我国内外资分税制带来的问题越来越突出，主要表现为：一是直接加大内资企业的生产成本，降低其盈利能力和市场竞争力，进而影响其创新力和国际竞争力；二是无法体现中国的产业政策，造成产业结构失衡状态却又无法及时有效调整，例如普遍存在针对研发费用的税费扣除优惠政策落实不到位的问题，造成高新技术产业扶持力度不足；三是税法过于复杂，助长了税收侵蚀活动，造成劣币驱逐良币现象频发，影响了市场经济配置资源的效率；四是税率差异造成我国引进的外资大都集中在劳动密集型企业，处在价值链低端，不利于我国经济长远健康发展。基于以上多种原因，我国税制改革迈出了坚实的第二步——内外资企业所得税税率统一。2007 年初，第十届全国人民代表大会第五次会议通过了《中华人民共和国企业所得税法》，2007 年末，国务院常务会议通过了《中华人民共和国企业所得税法实施条例》，并于 2008 年 1 月 1 日起施行。

合并后的《中华人民共和国企业所得税法》规定纳税人包括中国境内的企业和其他取得收入的组织，应纳所得税额为企业每一纳税年度的收入总额，减去不征税收入、免税收入、各项扣除以及允许弥补的以前年度亏损后的余额。企业所得税税率统一为 25%；非居民企业在中国境内所得收入，应按照 20% 的税率缴纳；国家重点扶持和鼓励发展的项目和产业，给予相应的所得税优惠；符合条件的小微企业，按照 20% 税率缴纳企业所得税；还规定了民族自治地方企业的税收优惠政策。

二、现阶段我国企业减税降费政策分析

（一）我国减税政策的基本逻辑

减税作为一项重要的财政政策，一直是政府刺激经济增长，促进社会就业的“灵丹妙药”。为减轻企业负担，激发市场活力，拉动经济增长，优化产业结构和促进地区平衡发展，中国政府将减税降费作为宏观政策支持稳增长、保就业、调结构的重要举措之一①。减税让利是我国税制改革的重要方式。党的十八大以来，党中央始终将减税降费作为税制改革的一项重要举措，通过改革税制与降低税负相结合，定向型和普惠型的税制让利始终相伴税制改革。《国民经济和社会发展第十四个五年规划和 2035 年

① 国家税务总局，关于深入贯彻落实减税降费政策措施的通知［Z］. 税总发（2019）13 号，2019 - 01 - 21.

远景目标纲要》提到，要继续实施更大规模减税降费，将继续加大聚焦创新的企业所得税税收优惠等一揽子税制改革，这些举措不仅顺应了世界减税浪潮，还将继续促进经济发展。与此同时，也要关注到以减税为主旋律的税制改革还需要平衡政府、企业和个人三方利益，不仅要使得收入分配逐渐向企业和居民倾斜，还要不断为经济解困、保经济稳定发展。尤其是进入新时代，党和国家不断推动构建“市场机制有效、微观主体有活力、宏观调控有度”的经济体制建设，确保减税降费政策措施能够落地生根，进一步促进经济高质量发展。

（二）我国促进就业的税收优惠政策

早在2002年，中央提出的全面建设小康社会的奋斗目标中，就把社会就业比较充分地列入其中，确立了做好21世纪新阶段就业再就业工作的方针政策。随后，党中央、国务院于2002年颁发了《关于进一步做好下岗失业人员再就业工作的通知》（中发〔2002〕12号），政府做出了一系列促进下岗失业人员再就业工作的决策，包括通过一系列税收优惠措施促进就业政策（莫荣等，2015）①。例如，自谋职业和自主创业的税费减免政策。中发〔2002〕12号文件明确规定，鼓励下岗失业人员自谋职业和自主创业。对下岗失业人员从事个体经营（国家限制的行业除外）的，3年内免征营业税、城市维护建设税、教育费附加和所得税，并免收属于管理类、登记类和证照类的所有各项行政事业性收费。再如，鼓励企业吸纳再就业的税收优惠政策。此政策可追溯到20世纪90年代鼓励劳动就业服务企业的“免三减二”政策，即对新办的劳动就业服务企业，吸纳安置失业人员和企业富余职工达到企业职工总数60%的，可以享受企业所得税免征3年、减半征收2年的优惠政策。但这一阶段的政策门槛较高，范围过窄，企业招用下岗失业人员的积极性不高。在总结以往经验的基础上，为激发企业招收下岗失业人员的积极性，积极的就业政策不断扩大范围，降低门槛，改进程序，加大政策扶持力度。政策扶持对象范围包括国有企业下岗

① 莫荣等．中国积极就业政策：形成、发展和完善［M］．北京：社会科学文献出版社，2015.

失业等四类人员，即：国有企业的下岗职工；国有企业的失业人员；国有企业关闭破产需要安置的人员；享受最低生活保障并且失业1年以上的城镇其他失业人员。中发〔2002〕12号文件规定，凡安置下岗失业人员并签订1年以上期限劳动合同的，每吸纳1名下岗失业人员，每年可享受企业所得税2000元定额税收扣减优惠。当年不足扣减的，可结转至下一年继续扣减，但结转期不能超过2年。此外，中发〔2002〕12号文件还首创了对国有大中型企业吸纳就业的税收优惠政策，即国有大中型企业通过主辅分离和辅业改制分流安置本企业富余人员兴办的经济实体（国家限制的行业除外），凡符合条件的，经有关部门认定，税务机关审核，3年内免征企业所得税。

（三）我国减税政策措施及力度

近年来，随着国际减税浪潮的来临，我国也出台了一系列普惠性减税降费政策，使大部分企业切实享受到减税带来的福利，降低了企业税负，提高了企业的市场竞争力和市场活力。具体减税措施包括以下几类：一是针对不同规模的企业减税。以小微企业减税为例，2019年我国大力推行小微企业减税政策，根据《国家税务总局关于实施小型微利企业普惠性所得税减免政策有关问题的公告》（国家税务总局公告2019年第2号）规定，自2019年起的3年内，小微企业年应纳所得税额不超过100万元的部分，按20%的税率缴纳企业所得税；对年应纳所得税额超过100万元但不超过300万元的部分，按20%税率缴纳企业所得税。二是针对不同产业的企业，国家对高新技术、技术先进性服务、集成电路生产、污染防止、西部鼓励类等产业给予税收优惠，按照15%税率缴税。三是针对重点战略性企业。为进一步鼓励软件和集成电路产业发展，国家规定在国家规划布局内的重点软件企业和集成电路设计企业，可按10%的税率缴纳企业所得税。

2019年《政府工作报告》多次提到减税降费，2019年全国企业和个人减税总规模达到2.36万亿元。我国政府正在继续出台一系列减税降费的新举措，促进经济发展，增加社会就业。此外，为应对新冠病毒疫情影响，帮助企业复工复产，尽快恢复经济秩序正常运行，稳定社会就业，2020年4月，中央经济工作会议强调要以更大的宏观政策力度对冲疫情影响，政府正在陆续出台包括企业减税降费、地方债、转移支付等一揽子积极财政政策。其中，企业所得税作为重要的税种，约占国家税收收入的22.6%，减少企业所得税将缓解国内经济下行压力，对拉动经济发展和促进社会就业具有重要作用。

第三节 国内外比较

一、国内外企业所得税政策比较

由于我国与OECD主要国家的政治体制机制和经济发展水平存在较大差异，造成我国在企业所得税政策的征收对象、税率设置、征收范围以及优惠政策等多个方面会存在较大差异，这些差异既体现了政府的执政理念差异，也体现出经济发展水平差异。本部分将对比分析国内外企业所得税政策，详见表4－5。

整体来看，除少数国家和地区免税外，大多数国家（如中国、法国、德国、韩国、日本和英国等）的企业所得税征收逻辑基本是一致的。税率水平方面，征收企业所得税的国家征收税率范围基本在15%—30%；税率设置方面，中国采用单一税率，而发达国家（如法国、韩国等）设置不同梯次的企业所得税税率，即根据企业盈利收入、已缴纳税额等情况调整税率等级；税收权限分配方面，大多数国家（如中国等）是由中央政府征税，而少数国家（如德国和美国等）采用分税制，即由中央政府和地方政府分别征税；征税标准方面，法国、日本等国家将企业营业收入金额作为征税标准，而中国等国家又将企业分为居民企业及非居民企业，并以此设置不同的企业所得税税率。

（一）中外企业所得税政策比较分析

由表4－5可知，各国征收企业所得税的主要区别包括：一是征税对象区别。各国将征收权限分为属地原则和属人原则，即属地原则根据纳税人的收入来源归属地进行征税，而属人原则根据纳税人所属国籍进行征税。中国与美、德、韩、日、英等 OECD 国家普遍采用属人和属地双重原则，以此提升税收公平性，但法国等少数国家仅采取属地原则。二是税负水平区别。若以企业所得税收入占总税收额为标准衡量各国企业所得税水平，2011—2020 年，韩国、日本企业所得税占比（12%—15%）高于美国和英国企业所得税占比（7%左右），此外，因法国、德国以流转税为主体，其企业所得税占比仅5%左右。而我国企业所得税占比维持在20%左右，且呈逐年上升趋势。

表4-5　　各代表国家企业所得税基本情况①

国别	征税对象	基本税率
中国	居民企业、非居民企业在华机构的生产经营所得和其他所得（包括非居民企业发生在中国境外但与其所设机构、场所有实际联系的所得）	对一般企业的基本税率为25%，内资企业和外资企业一致，优惠税率包括国家重点扶持的高新技术企业为15%，小型微利企业为20%
美国	对美国公司的国内外所得和外国公司来源于美国境内的所得征收，上述所得主要包括：经营收入、资本利得、股息、租金、特许权使用费、劳务收入和其他收入等	《减税与就业法案》自2019年1月1日开始生效，联邦企业所得税税率将从目前的35%一次性降至20%，“过渡法人企业”的税率降至23%
法国	法国主要是采用地域原则征税，即法国税法只适用于法国地理区域以内的地方，主要包括法国的居民和非居民公司，但非居民公司只有在法国经营业务时才需缴纳企业所得税，否则他们只需对某些资本利得缴纳预提税，以及对持有的不动产纳税	法国政府在2017年财政预算案中提到要新推出28%的中档企业所得税税率，这一税率适用于38120欧元至75000欧元年收入区间。法国政府还在预算案中申明承诺，到2020年将把所有企业的所得税税率从33.33%降至28%。目前，企业年收入在38120欧元以下的适用15%的所得税税率，收入超过38120欧元的部分按照33.33%的税率征收所得税

① 秦海林，张淑翠，李佳璐．优化我国制造业税收制度的政策建议：中外增值税、企业所得税比较与启示［J］．开放导报，2018（5）：67-71.

续表

国别	征税对象	基本税率
德国	德国公司所得税的纳税人包括居民公司（居民有限责任公司和居民无限责任公司）和非居民公司，居民公司就其来源于德国境内、境外的全部所得纳税，非居民公司只就其来源于德国境内的所得纳税。对合伙制企业不征收公司所得税，而是对合伙人在分得利润时征收个人所得税	德国按15%的税率征收企业所得税，另外还对企业所得税额征收5.5%的团结附加税；各地方市政府还会对企业收入征收贸易税，最终合并后的企业所得税税率在23%—33%。一些特定企业，如特定银行和房地产公司，可以享受贸易税法规定的特权待遇
韩国	在韩国境内设置总机构或主要机构的公司、法人协会属于应纳税国内公司，国内公司就其全球所得征税；总机构或主要机构设在国外但有来源于韩国境内所得的公司为外国公司，外国公司仅就其在韩国境内取得的所得征税	纯盈利在2亿韩元以下，按照纯利润的10%征税；纯盈利超过2亿韩元，在2亿韩元之内部分按纯利润的10%征收，超过2亿韩元部分，按纯利润部分的20%征收；纯盈利超过200亿韩元，税率为22%；其中2亿韩元部分为纯利润的10%征收；超过2亿韩元低于200亿韩元部分按纯利润的20%征收，超过200亿韩元部分按纯利润的22%征收
日本	日本企业所得税又称为法人税，日本法人税税法规定，国内法人应就其境内外的全部所得缴纳法人税；外国法人只就其来源于日本境内的所得缴纳法人税	资本额在1亿日元以下的中小企业，年应纳税所得额在800万日元以下的部分，适用税率为22%；超过800万日元的部分，税率为30%；资本额超过1亿日元的大中型企业，税率为30%
英国	企业所得税的纳税人包括英国居民企业和在英国形成常设机构的非居民企业。居民企业指在英国境内成立的企业，或其管理、控制机构在英国境内的企业。居民企业应就其全球所得以及利得在英国缴纳企业所得税	自2015年4月1日起，大型企业（应纳税所得额超过150万英镑的企业）适用的企业所得税一般税率降为20%，并将在2017年4月1日起降低至19%，在2020年4月1日起降低至18%；特定企业取得的特殊利润（即企业开采英国境内和英国大陆架内的原油所取得的利润，以及因拥有开采权而取得的利润）适用的税率为30%

（二）相关启示

通过简要对比分析国内外税收政策，我们可以得出如下启示：

一是分档税率能够促进实现更公平的税收。一些国家（如法国、韩国、日本等）主要参照企业的税收基数、利润收入等对企业所得税率进行分档，并以收入总额为参考设置不同超额累进税率，如此一来，不仅减轻了中小企业税收负担，还能避免对大中型企业实施“一刀切”，在一定程度上保障了企业税负公平。

二是多元化的税收优惠政策能够有效降低企业税收负担。近年来，为了促进经济发展，保住市场主体，各国纷纷实施减税降费政策，以美国《减税与就业法案》为例，美国政府为联邦企业大幅降低了企业所得税税率，其他 OECD 国家也纷纷降税，如英国、法国等国。这些国家主要采取直接降低税率、对企业海外所得和对外投资税收减免等措施，以求制造业回流、进一步吸引外资，从而保证本国经济利益。

二、国内外促进就业的企业所得税政策比较

各国结合自身情况出台相应促进社会就业的税收政策，通过梳理部分国家促进就业的税收优惠政策梳理发现以下几方面特点。

（一）各国企业所得税税率呈下降趋势

整体来看，全球各国普遍实施减税政策以促进社会就业。首先是企业所得税法定税率方面，如图 4－1 所示。2011—2020 年，为促进经济发展和增加社会就业，各国企业所得税法定税率普遍呈下降趋势。其中，OECD 国家的法定税率高于非 OECD 国家，而中国自 2008 年企业所得税改革以来，企业所得税法定税率始终是 25%，高于 OECD 国家平均税率和全球国家平均税率，从侧面反映我国税率仍有下降空间。其次是企业所得税有效税率方面，如表 4－6 所示，2017—2019 年，整体来看，各国企业所得税平均有效税率下降 0.4 个百分点。其中，OECD 国家平均有效税率下降 0.5 个百分点，非 OECD 国家平均有效税率下降 0.3 个百分点，中国也出台一系列减税政策，有效税率也有所下降。

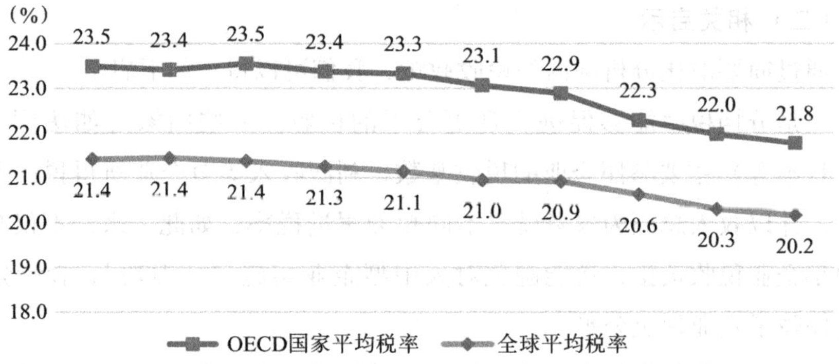

图 4-1 OECD 国家和全球平均企业所得税法定税率变化趋势

资料来源：OECD 税收数据库①。

表 4-6 2017—2019 年各国企业所得税有效税率变化趋势 单位:%

类别	2017 年	2018 年	2019 年
OECD 国家平均税率	22.4	22.2	21.9
非 OECD 国家平均税率	19.6	19.3	19.3
全球平均税率②	21.0	20.7	20.6

资料来源：OECD 税收数据库③。

（二）各国结合自身情况调整税率

如表 4-7 所示，为促进社会就业，虽然整体而言各国普遍降低企业所得税税率，但由于各国财政状况、经济状况、社会就业状况不同，OECD 国家结合自身情况调整企业所得税税率。首先，49% 的国家实施降低企业所得税税率政策，其中，美国的税率降幅最大，法定税率从 35% 降至 21%，而哥伦比亚和以色列等国家降幅仅为 1 个百分点；32% 的国家未变动企业所得税税率，例如澳大利亚、德国等国家在 21 世纪初将税率下调后，近十年税率稳定不变；尚有 19% 的国家调高企业所得税法定税率，例如，希腊在财政危机、欧债危机的大背景下，不得不提升税率，增加国家

① OECD 税收数据库，https：//stats. oecd. org/Index. aspx?DataSetCode = TABLE_I1#.

② 根据 OECD 税收数据库统计的 73 个国家计算而得。

③ OECD 税收数据库，https：//stats. oecd. org/Index. aspx?DataSetCode = TABLE_I1#.

财政收入。而中国自2008年企业所得税基本税率下调后，始终保持在25%的税率水平，但出台了一系列税收优惠政策，实际降低了企业所得税有效税率。

表4-7 2011—2020年OECD各国企业所得税法定税率变化趋势 单位:%

国家	2011年	2012年	2013年	2014年	2015年	2016年	2017年	2018年	2019年	2020年
美国	35.0	35.0	35.0	35.0	35.0	35.0	35.0	21.0	21.0	21.0
匈牙利	19.0	19.0	19.0	19.0	19.0	19.0	9.0	9.0	9.0	9.0
比利时	33.0	33.0	33.0	33.0	33.0	33.0	33.0	29.0	29.0	25.0
英国	26.0	24.0	23.0	21.0	20.0	20.0	19.0	19.0	19.0	19.0
日本	30.0	30.0	28.1	28.1	23.9	23.4	23.4	23.2	23.2	23.2
芬兰	26.0	24.5	24.5	20.0	20.0	20.0	20.0	20.0	20.0	20.0
挪威	28.0	28.0	28.0	27.0	27.0	25.0	24.0	23.0	22.0	22.0
西班牙	30.0	30.0	30.0	30.0	28.0	25.0	25.0	25.0	25.0	25.0
瑞典	26.3	26.3	22.0	22.0	22.0	22.0	22.0	22.0	21.4	21.4
法国	36.1	36.1	38.0	38.0	38.0	34.4	44.4	34.4	34.4	32.0
卢森堡	22.1	22.1	22.5	22.5	22.5	22.5	20.3	19.3	18.2	18.2
意大利	27.5	27.5	27.5	27.5	27.5	27.5	24.0	24.0	24.0	24.0
丹麦	25.0	25.0	25.0	24.5	23.5	22.0	22.0	22.0	22.0	22.0
加拿大	16.5	15.0	15.0	15.0	15.0	15.0	15.0	15.0	15.0	15.0
哥伦比亚	33.0	33.0	34.0	34.0	39.0	40.0	40.0	37.0	33.0	32.0
爱沙尼亚	21.0	21.0	21.0	21.0	20.0	20.0	20.0	20.0	20.0	20.0
以色列	24.0	25.0	25.0	26.5	26.5	25.0	24.0	23.0	23.0	23.0
斯洛文尼亚	20.0	18.0	17.0	17.0	17.0	17.0	19.0	19.0	19.0	19.0
澳大利亚	30.0	30.0	30.0	30.0	30.0	30.0	30.0	30.0	30.0	30.0
奥地利	25.0	25.0	25.0	25.0	25.0	25.0	25.0	25.0	25.0	25.0
捷克共和国	19.0	19.0	19.0	19.0	19.0	19.0	19.0	19.0	19.0	19.0
德国	15.8	15.8	15.8	15.8	15.8	15.8	15.8	15.8	15.8	15.8
冰岛	20.0	20.0	20.0	20.0	20.0	20.0	20.0	20.0	20.0	20.0
爱尔兰	12.5	12.5	12.5	12.5	12.5	12.5	12.5	12.5	12.5	12.5
立陶宛	15.0	15.0	15.0	15.0	15.0	15.0	15.0	15.0	15.0	15.0
墨西哥	30.0	30.0	30.0	30.0	30.0	30.0	30.0	30.0	30.0	30.0
荷兰	25.0	25.0	25.0	25.0	25.0	25.0	25.0	25.0	25.0	25.0

续表

国家	2011年	2012年	2013年	2014年	2015年	2016年	2017年	2018年	2019年	2020年
新西兰	28.0	28.0	28.0	28.0	28.0	28.0	28.0	28.0	28.0	28.0
波兰	19.0	19.0	19.0	19.0	19.0	19.0	19.0	19.0	19.0	19.0
瑞士	8.5	8.5	8.5	8.5	8.5	8.5	8.5	8.5	8.5	8.5
斯洛伐克共和国	19.0	19.0	23.0	22.0	22.0	22.0	21.0	21.0	21.0	21.0
土耳其	20.0	20.0	20.0	20.0	20.0	20.0	20.0	22.0	22.0	22.0
韩国	22.0	22.0	22.0	22.0	22.0	22.0	22.0	25.0	25.0	25.0
葡萄牙	27.0	30.0	30.0	30.0	28.0	28.0	28.0	30.0	30.0	30.0
希腊	20.0	20.0	26.0	26.0	29.0	29.0	29.0	29.0	24.0	24.0
智利	20.0	20.0	20.0	21.0	22.5	24.0	25.0	25.0	25.0	25.0
拉脱维亚	15.0	15.0	15.0	15.0	15.0	15.0	15.0	20.0	20.0	20.0

资料来源：OECD税收数据库①。

（三）企业所得税优惠方式差异

税收优惠是指国家对某一部分特定行业和课税对象给予减轻或免除税收负担的一种措施，企业所得税优惠方式包括免税、减税、加计扣除、加速折旧、减计收入、税额抵免等。各国根据自身情况，所采用的优惠方式存在差异，其中关于促进社会就业方面的优惠方式也会存在差异②，本部分将对比分析中美两国企业所得税优惠方式，具体如表4-8所示。

表4-8　　中美两国企业所得税优惠方式比较

优惠方式	相同之处	差异之处
税基计算扣除方式	中美企业所得税的税基均是企业收入减去直接成本，都允许对企业的某些经济行为进行减免或抵扣	两国对扣除项的折旧处理方式不同：美国允许企业加速折旧扣除，而中国仅允许企业进行直线折旧扣除

① OECD税收数据库，https://stats.oecd.org/Index.aspx?DataSetCode=TABLE_I1#.

② 孙简．中美企业税制比较与借鉴［J］．现代管理科学，2015（12）：76-78.

续表

优惠方式	相同之处	差异之处
税收抵免范围	共同抵免项：两国均允许抵免项包括针对小微企业、购买国债的利息收入、企业研发费用、控制污染和节能环保设备的费用等	存在较多特色抵免项： 美国：特色抵免项包括历史建筑和公共建筑的维修费用；出口贸易公司；经济落后地区企业；跨国公司；美国境内制造企业等。 中国：特色抵免项包括持有超过12个月权益性投资收益；农、林、牧、渔业项目，国家重点公共基础设施项目；高新技术企业优惠10%；民族自治等“老少边穷”地区企业等①
有关就业的税收优惠	为促进社会就业，中美两国均出台有针对性的税收优惠政策	针对就业的特色税收优惠政策： 美国：一是规定若公司雇佣员工达到“目标”人数②，可享受税收抵免，缺乏对特定人群就业税收优惠③；二是《减税与就业法案》旨在通过减税刺激经济增长，进而增加就业④。在此基础上再参考《促进就业的财政政策》第五章。 中国：一是对吸纳残疾人、失业再就业人员、贫困人员、退伍军人、毕业年度内高校毕业生、零就业家庭、享受城市居民最低生活保障家庭劳动年龄内的登记失业人员等特

① 丁芸．中国税制［M］．北京：中国财政经济出版社，2017：252－260.

② 资料来源：美国《2014财年财政收入计划的总体说明》。

③ 各州、各郡县和市地方政府基本都有针对企业创造就业岗位的税收减免政策。地方政府通常会要求企业承诺创造一定数量的就业岗位，并将企业能否兑现其所承诺的就业岗位目标作为是否向企业兑现有关优惠政策的前提条件。密苏里州就出台过对投资500万美元以上且创造不低于25个就业岗位的企业提供长达10年税收减免的政策。

④ William G. Gale，Hilary Gelfond，Aaron Krupkin，Mark J. Mazur，and Eric Toder. EFFECTS OF THE TAX CUTS AND JOBS ACT：A PRELIMINARY ANALYSIS［R］. Urban institute & Brookings institution：Tax policy center，2018.

续表

优惠方式	相同之处	差异之处
有关就业的税收优惠		定人群就业的企业给予一定税收优惠①；二是对劳动者自谋职业和从事个体经营、创办企业给予税收优惠支持②；三是对劳动密集型企业实施差异化税费政策③

通过对比分析发现，上述抵免项的设置反映了中美两国不同的政策目标，也反映了中美两国税收政策的社会属性差异。虽然美国政府高度关注就业，对雇佣人员多、出口、制造和贫困地区企业给予税收优惠政策扶持都是保就业的重要举措，但更主要的目标是资本增值和富人阶级利益。以2017年《减税与就业法案》为例，是一次以企业所得税改革为核心的减税改革，也是美国近30多年来最大规模的减税改革，得到了美国商界的普遍支持。虽然此次改革确实促进了美国海外资本回流、刺激投资、提振美国制造业、经济增长和就业规模扩大，但由于此政策出发点是片面追求资本增值和维护富人阶级利益，必然带来了一系列负面影响：一是美国债务和预算赤字增加；二是低收入人群的最低税率上升，高收入人群得到更多税收减免，造成贫富分化加剧；三是给各国带来一定的竞争压力，或将引起全球竞争性减税，引发国际的不公平竞争（李旭红，2018）④。反观中国的减税降费政策是以促进经济高质量发展和社会稳定为目标，并坚持以“与人民群众共享发展成果”为社会发展观的核心理念，这是社会制度的本质

① 资料来源：《关于进一步支持和促进重点群体创业就业有关税收政策的通知》（财税〔2019〕22号），自2019年1月1日起，升级重点群体创业就业税收优惠政策；其后，国家税务总局、人力资源和社会保障部、国务院扶贫办、教育部联合印发《关于实施支持和促进重点群体创业就业有关税收政策具体操作问题的公告》（国家税务总局公告2019年第10号）；《国家税务总局发布支持脱贫攻坚税收优惠政策指引》等。

② 莫荣．多措并举，实施好就业优先战略和政策［J］．中国政协，2019（19）：26－27.

③ 资料来源：李克强总理在经济形势专家和企业家座谈会的讲话，2020－7－13.

④ 李旭红．美国减税与就业法案的影响．中国社会科学院网，http：//ex. cssn. cn/jjx/jjx_gd/201802/t20180211_3848305_1. shtml. 2018－2－11.

体现，也是税收政策社会属性的具体体现。基于“共享”的发展理念，我国政府在减税降费政策中特别出台一系列关于贫困人口、失业人员特殊人群就业的税收优惠政策，有力推动了社会就业数量和就业质量提升。综上所述，国家是否会针对重点人群的就业出台一些减税政策，在一定程度上是统治阶级意志和政府执政思想的体现，是国家政治体制和社会属性的体现。

本章小结

本章从就业制度、税收制度和国内外比较三个层面对就业制度和企业所得税政策进行实践分析。

首先，在就业制度方面，我国就业制度随着国家经济体制、社会制度的转变也在不断地发展完善，从紧缩的“统包统配”逐渐发展到以市场经济为主导的宽松的就业制度，极大地提高了劳动力市场效率，促进了我国社会主义市场经济高速发展。随着我国经济发展进入新时期，经济下行压力逐渐增大，尤其是新冠病毒疫情暴发，我国社会就业形势愈发严峻，无论是社会就业总量还是就业稳定性都面临着巨大挑战。

其次，在税收政策方面，中华人民共和国成立70余年来，税收制度在不同历史时期经历了一系列变迁，为社会主义市场经济的培育壮大提供了深远动力。其中，作为一项重要税种的企业所得税也经历了改革开放前的工商税、工商所得税等称呼变迁，并随着改革开放后社会主义市场经济的发展，企业所得税从细化的多税分散制，到内外分税制，再发展到两税合并统一制，逐渐形成了较完善的社会主义税收制度，尤其是近年来的减税降费政策更是为企业减轻税负和为市场注入活力，有力地推动了经济发展和扩大社会就业。

最后，在国内外比较方面，先对国内外企业所得税征收的基本情况进行对比分析发现，受国际经济形势下滑影响，虽然国际各国企业所得税税率整体呈下降趋势，但我国企业所得税的法定税率和有效税率尚高于全球平均水平，仍有一定的减税空间。然后我们仔细对比分析 OECD 国家税收政策发现，因各国经济社会情况不同，各国在当前阶段的税收政策和改革方向均存在较大差异。随后，进一步对比分析中国与美国近年来的税收优惠政策发现，虽然中国的减税降费政策和美国的《减税与就业法案》均是为了刺激经济发展和促进社会就业，但税收优惠方式、税收优惠对象和社会发展理念迥异，这本质上体现了统治阶级意志、政府执政思想和国家政治体制的差异，也体现了税收政策和税收就业效应的社会属性差异。

综上所述，本章从历史发展的纵向视角分析了就业制度和税收政策的历史演变，也从国内外对比的横向视角分析了税收政策和就业制度之间的共性和特性，更是在对比中发现企业所得税就业效应社会属性的具体体现，从实践分析角度印证了马克思主义二重性分析法所推导的结论，为下文实证分析奠定了理论和实践基础。

第五章

就业效应的实证分析

第一节　问题的提出

学术界就企业所得税是否会影响就业这一问题进行过一系列实证分析，但目前的实证结果尚不一致，还存在以下研究不足之处：一是实证研究缺乏针对性。税收的就业效应一直是国内外研究的热点话题，然而，学术界大多是研究税收整体对就业的影响，少有针对企业所得税的研究。二是实证结论分歧较大。关于降低企业所得税税率是否会增加社会就业的问题，目前国内外的实证研究结论仍不一致。三是实证研究视野存在局限。现有的实证分析多集中于税收政策的宏观就业总量效应研究，在企业所得税微观就业效应和就业结构效应的实证研究方面相对匮乏。例如，受制度特殊性影响，国外学者很少关注不同所有制性质企业就业的税率敏感性差异问题。基于以上分析，本章重点从微观层面和宏观层面研究我国企业所得税就业效应的具体影响方向。

第二节　微观视角下就业效应的实证分析

一、数理模型的构建

（一）理论基础

微观经济学中，企业所得税通过影响企业净利润，进而影响企业再生产，因此我们可以从经济学中道格拉斯生产函数、企业利润函数推导出企业所得税的劳动需求理论模型。假设企业的生产函数为 $Y = AK^{\alpha}L^{\beta}$，其中 Y 表示产出；K 表示资本投入；L 表示劳动投入；A 表示综合技术水平；α

和 β 分别表示投资资本和劳动的产出弹性。企业生产成本 $C = rK + wL + tax$，其中 r 表示资本利率；w 表示劳动工资；tax 表示除企业所得税以外的税费支出（增值税、营业税、消费税等）。企业收入减去成本，再扣除企业所得税（税率为 T_π），最终得到税后净利润，则净利润函数为：

$$\pi = (1 - T_\pi)(Y - rK - wL - tax) \tag{5-1}$$

企业追求利润最大化，也就是追求税前利润总额（π′）最大，利润最大化则可表示为：

$$\pi'_{max} = \max(Y - rK - wL - tax) \tag{5-2}$$

根据企业利润最大化的一阶条件，可得出企业劳动和资本的最优价格：

$$\frac{\partial \pi'_{max}}{\partial L} = 0 \Rightarrow w = \frac{\beta Y}{L} \tag{5-3}$$

$$\frac{\partial \pi'_{max}}{\partial K} = 0 \Rightarrow r = \frac{\alpha Y}{K} \tag{5-4}$$

将企业对劳动的需求函数（5－3）带入企业生产函数，整理可得：

$$L = \left(\frac{\beta A K^{\alpha}}{w}\right)^{\frac{1}{1-\beta}} \tag{5-5}$$

上期的企业所得税直接影响上期盈余，进而影响当期的资本再投资 K，因此，可以将式（5－5）中 K 看作企业所得税税率 $T_{\pi,t-1}$ 的函数，求导可得：

$$\frac{\partial L}{\partial T_\pi} = \frac{\alpha}{1-\beta}\left(\frac{\beta A}{w}\right) K\,(T_{\pi,t-1})^{\left(\frac{\beta}{1-\beta}+\alpha-1\right)} \frac{\partial K}{\partial T_\pi} \tag{5-6}$$

式（5－6）中，等号右边前三项的符号均为正数，最后一项 $\frac{\partial K}{\partial T_\pi}$ 的符号决定了 $\frac{\partial L}{\partial T_\pi}$ 的符号。当 $\frac{\partial K}{\partial T_\pi} < 0$ 时，则 $\frac{\partial L}{\partial T_\pi} < 0$，即当企业所得税税率与资本投资负相关，则企业所得税税率与劳动需求负相关，劳动需求效应为负，反之，劳动需求效应为正。因此，征企业所得税就是对企业的资本征税，从理论上看，无法确定企业所得税对劳动需求的影响结果。

究其原因，企业所得税是对资本投资（K）进行征税，企业无法直接转嫁给消费者，全部税负直接由企业承担，税负会对企业劳动需求产生替代效应和规模效应。一方面，在古典主义投资模型中，征企业所得税不会影响企业投资（余永定等，1997）①，而现实经济中，征企业所得税会增加企业资本再投资成本，减少研发投资，减缓技术进步速度，同时，由于劳动一定程度上可以替代资本，征税会造成企业使用更多劳动力替代资本投入，增加劳动需求，即企业所得税税率与劳动需求正相关，这就是替代效应。另一方面，征收企业所得税会减少企业利润，降低企业再投资意愿，进而会减少企业未来的劳动需求，除此之外，根据修正的 MM 理论（Modigliani 和 Miller，1963）②，受"税盾"效应影响，企业所得税负会影响企业资本结构，提高企业所得税税率会提高其财务杠杆（王娜，2018）③。长期来看，征企业所得税会增加企业融资成本和破产风险，抑制企业投资和企业规模增长，减小劳动需求，即企业所得税税率与劳动需求负相关，这就是收入效应。综上所述，替代效应和收入效应对企业劳动需求的影响方向相反，因此，企业所得税的劳动需求效应取决于其替代效应和收入效应的大小④。

（二）模型构建

企业的当期资本投入主要来自两方面，一是企业上期的盈余，可以用于当期再投入，与企业所得税税率 $T_{\pi,t-1}$ 有关；二是来自外部资本投入，与资本实际利率 r 有关，因此，可以将资本 K 看作 $T_{\pi,t-1}$ 和 r 的复合函数，即 K（$T_{\pi,t-1}$，r）。方程式（5－5）为劳动需求函数，对该方程两边取对数，可得：

$$\ln L=\frac{1}{1-\beta}\ln\beta+\frac{\alpha}{1-\beta}\ln K(T_{\pi,t-1},r)+\frac{1}{\beta-1}\ln w+\frac{1}{1-\beta}\ln A \qquad (5-7)$$

假定资本和劳动的产出弹性 α 和 β 为常数，根据以上理论分析可知，企业所得税税率和利率通过影响资本投入，对劳动需求产生影响，因此，

① 余永定，张宇燕，郑秉文．西方经济学［M］．北京：经济科学出版社，1997：134－157.

② Modigliani，F.，Miller，M. H. Corporate Income Taxes and the Cost of Capital：A Correction［J］. Journal of Finance，1963（53）：433－443.

③ 王娜．我国企业所得税税负及效应研究［M］．北京：经济管理出版社，2018.

④ 鉴于前文理论分析发现，企业所得税主要是通过影响劳动需求侧进而影响社会就业总量，故本章重点讨论企业所得税的劳动需求效应。

可以将 $T_{\pi,t-1}$ 和 r 作为解释变量代入回归模型。此外，相较于截面数据模型和时间序列模型，面板数据可以控制不可观测的“个体效应”，有效处理遗漏变量的模型错误设定问题。基于此，对以上方程进行变形，可以构建出静态面板模型：

$$\ln L_{it} = \lambda_0 + \lambda_1 T_{i,t-1} + \gamma X_{it} + \mu_i + \sigma_t + \varepsilon_{it} \tag{5-8}$$

方程（5－8）中，劳动需求（$\ln L_{it}$）与企业所得税税率（$T_{i,t-1}$）有关，X_{it} 为包含企业人均工资（w）、企业的资本使用成本（利率 r）等解释变量。虽然国内名义利率都相同，但因不同企业的资金获取途径不同，所以实际利率有差别（方明月等，2010）①。λ_1 表示微观意义上的企业所得税税率的劳动需求弹性，即企业的所得税税率每增加 1%，所引起的就业人数变动率。除了以上主要解释变量，还需要考虑资产规模、资产负债率、资产收益率等其他控制变量，企业所处时期的经济环境以及个体特征也会影响企业劳动需求，因此还须控制时间固定效应 σ_t 和个体固定效应 μ_i。ε_{it} 表示误差项。

二、数据来源及指标设计

（一）数据来源

本章的微观数据来源于国家统计局 1998—2013 年中国工业企业数据库，包括全部国有工业企业和规模以上的非国有工业企业②，是由 90 多万家企业在 16 年观测期内产生的 400 多万条企业信息所构成的非平衡面板数据库。该数据包括了企业的注册信息、所有制类型、职工人数、工资、应交税费等基本指标。笔者按照 Brandt 等（2012）③ 的方法将每年数据进行

① 方明月，聂辉华，江艇，谭松涛．中国工业企业就业弹性估计［J］．世界经济，2010（8）：3－14．

② 规模以上企业是指主营业务收入在 500 万元以上的工业企业，2011 年起，“规模以上”标准上调至 2000 万元以上。

③ Brandt，L.，Biesebroeck，J. V.，Zhang，Y. Creative Accounting or Creative Destruction? Firm－level Productivity Growth in Chinese Manufacturing［J］. Journal of Development Economics，2012，97（2）：339－351.

精准匹配，再借鉴 Cai 和 Liu （2009）① 的方法剔除掉逻辑错误和不合理的异常数据，并使用对数线性插值法（ipolate）② 补充了2009 年和2010 年的人均工资缺失数据。在此基础上，考虑到企业所得税税率变动的可观察性，笔者借鉴王娜（2018）③ 对税率的剔除方法，先剔除当年利润总额为负和零的企业，因为亏损企业不需缴纳所得税，不存在实际税收负担问题；再剔除由于税收优惠或收到所得税返还导致当年所得税费用为负的企业；又剔除所得税税率出现异常值的公司，其中包括企业数据确实而导致税率极少（小于 0.001%）以及所得税有效税率大于 66% 的极端值的企业，因为在通常的税收环境下，不太可能出现有效税率超过法定税率两倍的情况。最后构建了一个观察期长达 16 年的非平衡面板数据集，包括 63 万家企业的 221 万个观测值，这是目前可获得的范围最广的工业企业样本。该样本所处的年份是 1998—2013 年，这一时期中国经济正好包括一个完整的经济波动周期。根据国家统计局数据，GDP 的增长率在 1998 年从 7.8% 开始逐渐上升，2007 年上升至最高点 14.2%，然后开始下滑，直到 2013 年又跌回 7.8%。因此，该样本具有较好的代表性，能够控制经济周期所带来的冲击。

（二）指标设计

企业所得税税率理论上分为法定税率与有效税率。在现实经济中，受税收抵扣、税收优惠、亏损弥补、周期结转以及税收执法力度等情况影响，有效税率很难达到法定税率。学界普遍使用有效税率进行研究，本书也采用企业所得税的有效税率，即应交所得税额除以利润总额。根据前文理论分析，本书选择企业职工人数作为因变量，以企业所得税有效税率的一阶滞后项作为自变量。同时，为了更准确地考察有效税率变动对企业劳

---

① Cai, Hongbin., Liu, Qiao. Competition and Corporate Tax Avoidance: Evidence from Chinese Industrial Firms [J]. Economic Journal, 2009 (119): 764 - 795.

② 原数据库缺失 2009 年和 2010 年企业应付工资和应付福利，我们在 stata 中使用 ipolate 命令根据企业前后年份信息填充缺失年份的人均工资对数，这样做的优点是使样本时间趋势不改变一致性。

③ 王娜，我国企业所得税税负及效应研究 [M]. 北京：经济管理出版社，2018：117 - 126.

动需求的影响，又将企业真实利率、资产规模对数、人均工资对数、资产收益率以及资产负债率作为控制变量。此外，为进一步丰富企业所得税就业效应的实证分析内容，本书细化研究不同所有制企业的企业所得税就业效应，增加了企业所有制类型的虚拟变量。根据工业统计口径，企业的所有制类型包括国有、集体、私营、港澳台、外商、联营、股份有限、股份合作以及其他企业等9种，简便起见，本书将后面4种成分不是很明显的类型合称为“其他企业”，这样共划分6种企业所有制类型，如表5－1所示。

表5－1　变量指标名称及含义

类型	名称	符号	计算方法
因变量	企业职工人数对数	lnL	企业职工人数的对数
自变量	企业所得税税率的一阶滞后	L1. T	应交企业所得税/利润总额
控制变量	真实利率	rate	财务费用/负债
	资产规模	lnasset	资产总额的对数
	人均工资对数	lnwage	（工资＋福利）/职工人数取对数
	资产收益率	ROA	净利润/资产总额
	资产负债率	DAR	负债/资产总额
	企业所有制类型	D	国有、集体、私营、港澳台、外商、其他

（三）描述性统计

1. 整体描述性统计如表5－2所示。

表5－2　整体描述性统计

VarName	Obs	Mean	SD	Median	Min	Max
lnlabor	2218906	4.922	1.165	4.898	0.000	13.253
in_tax	2218906	0.221	0.120	0.248	0.000	0.660
lnwage	2017957	2.790	0.834	2.747	－6.657	13.506
rate	1940478	0.046	0.093	0.020	0.000	1.000
lnasset	2218843	10.016	1.557	9.842	0.000	20.672
DAR	2218262	0.738	127.635	0.563	0.000	1.90000
ROA	2218844	0.159	5.737	0.067	－5.111	6205.000

由表5－2结果可知，整体上，数据样本总量为2218906，因变量企业职工人数取对数后最大值为13.253，最小值为0，核心解释变量企业所得税有效税率最大值为0.66，最小值为0，不同企业之间税率差别较大，此外，控制变量中的企业资产收益率存在负值，代表着企业亏损。

2. 企业所得税税率与企业职工人数变化情况。图5－1描述了1998—2013年，企业所得税税率均值与企业职工人数均值的变化情况。总体来看，在一个完整的经济波动周期内，企业所得税有效税率总体比较稳定，受2008年企业所得税制度改革影响，法定税率从33%降到25%，有效税率从23.8%显著下降至17.6%。相较于企业所得税有效税率的变化情况，受经济环境、税收政策等多方面影响，企业职工人数波动较大。从图5－1中很难直观地看出有效税率与企业职工人数之间关系，需要对数据进一步深入计量分析。

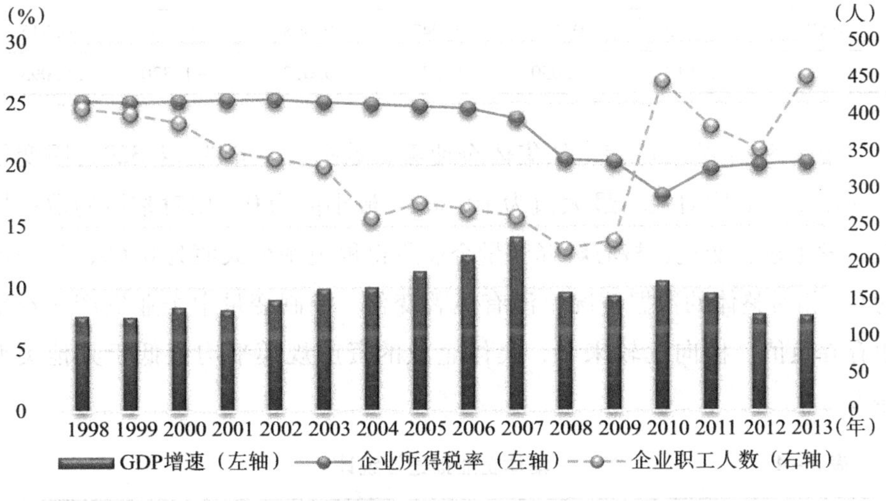

图5－1　GDP增速、企业所得税税率与企业职工人数变化情况（1998—2013年）

3. 各类所有制企业描述性统计。按照企业所有者性质差异，可将企业分为国有企业、集体企业、私营企业、外商企业、港澳台企业、其他企业等6类企业。本章将分别对这6类企业进行微观模型回归，并且在进行整体回归分析的基础上，结合各企业的异质性进一步细分讨论企业所得税税率对企业职工人数的影响。以下是6类所有制性质企业的各变量描述性统计。

由表5－3结果可知，从国有企业看，数据样本量为91819，因变量企业职工人数取对数后最大值为13.253，最小值为0；核心解释变量企业所得税有效税率最大值为0.66，最小值为0，相对整体数据情况，两者均没有显著变化。控制变量中企业资产收益率也存在负值。此外，在6类企业中，国有企业的平均职工人数最多，而且企业所得税有效税率也最高。

表5－3　　国有企业描述性统计

VarName	Obs	Mean	SD	Median	Min	Max
lnlabor	91819	5.592	1.569	5.591	0.000	13.253
in_tax	91819	0.258	0.131	0.273	0.000	0.660
lnwage	86912	2.766	1.100	2.636	－5.697	13.506
rate	73395	0.027	0.046	0.017	0.000	1.000
lnasset	91818	10.958	2.168	10.929	1.946	20.672
DAR	91813	0.698	1.047	0.598	0.000	40.315
ROA	91818	0.059	0.223	0.022	－1.370	35.093

由表5－4结果可知，从集体企业看，数据样本量为148329，因变量企业职工人数取对数后最大值为10.861，最小值为0，相对整体的数据情况，发生显著变化；核心解释变量企业所得税税率最大值为0.66，最小值为0，相对整体的数据情况，没有显著变化。控制变量中企业资产收益率也存在负值。横向比较来看，集体企业的资产规模平均值低于其他类型企业。

表5－4　　集体企业描述性统计

VarName	Obs	Mean	SD	Median	Min	Max
lnlabor	148329	4.778	1.070	4.745	0.000	10.861
in_tax	148329	0.251	0.121	0.292	0.000	0.660
lnwage	140522	2.271	0.768	2.242	－5.849	10.942
rate	132741	0.057	0.106	0.025	0.000	1.000
lnasset	148318	9.364	1.286	9.254	0.000	18.364
DAR	148302	0.611	0.690	0.580	0.000	39.626
ROA	148318	0.169	0.458	0.071	－0.388	120.000

由表5－5结果可知，从私营企业看，数据样本量为1084723，因变量企业职工人数取对数后最大值为10.585，最小值为0，相对整体的数据情况，发生显著变化；核心解释变量企业所得税税率最大值为0.66，最小值为0，相对整体的数据情况，没有显著变化。控制变量中企业资产收益率也存在负值。此外，横向比较得知，私营企业的资产收益率最小值明显小于国有和集体企业，且私营企业的企业职工人数平均值最小。

表5－5　　私营企业描述性统计

VarName	Obs	Mean	SD	Median	Min	Max
lnlabor	1084723	4.651	1.024	4.644	0.000	10.585
in_tax	1084723	0.224	0.119	0.249	0.000	0.660
lnwage	966885	2.740	0.745	2.720	-6.526	11.932
rate	983551	0.050	0.102	0.020	0.000	1.000
lnasset	1084705	9.602	1.290	9.498	3.638	18.112
DAR	1084361	0.670	1.036	0.581	0.000	71.123
ROA	1084706	0.173	0.360	0.075	-5.111	154.813

由表5－6结果可知，从港澳台企业看，数据样本量为92155，因变量企业职工人数取对数后最大值为11.739，最小值为0，相对整体的数据情况，发生显著变化；核心解释变量企业所得税税率最大值为0.66，最小值为0，相对整体的数据情况，没有显著变化。控制变量中企业资产收益率也存在负值。此外，横向比较得知，港澳台企业的资产收益率最小值明显小于国有和集体企业，且港澳台企业的企业所得税税率明显低于国有企业、集体企业和私营企业。

表5－6　　港澳台企业描述性统计

VarName	Obs	Mean	SD	Median	Min	Max
lnlabor	92155	5.489	1.189	5.509	0.000	11.739
in_tax	92155	0.177	0.109	0.153	0.000	0.660
lnwage	84487	3.046	0.794	3.023	-5.894	10.571
rate	72639	0.035	0.077	0.013	0.000	1.000
lnasset	92150	10.581	1.432	10.476	0.693	18.491

续表

VarName	Obs	Mean	SD	Median	Min	Max
DAR	92130	0. 570	1. 022	0. 459	0. 000	43. 177
ROA	92150	0. 166	16. 097	0. 054	-2. 614	4878. 400

由表5-7结果可知，从外商企业看，数据样本量为87791，因变量企业职工人数取对数后最大值为12.316，最小值为0，相对整体的数据情况，发生显著变化；核心解释变量企业所得税税率最大值为0.66，最小值为0，相对整体的数据情况，没有显著变化。控制变量中企业资产收益率也存在负值。此外，横向比较得知，外商企业的企业所得税税率最低。

表5-7　　　　外商企业描述性统计

VarName	Obs	Mean	SD	Median	Min	Max
lnlabor	87791	5. 436	1. 230	5. 447	0. 000	12. 316
in_tax	87791	0. 174	0. 103	0. 150	0. 000	0. 660
lnwage	80572	3. 307	0. 848	3. 269	-5. 372	11. 932
rate	64293	0. 038	0. 079	0. 017	0. 000	1. 000
lnasset	87787	10. 983	1. 520	10. 891	0. 000	18. 217
DAR	87775	0. 513	0. 754	0. 432	0. 000	40. 306
ROA	87787	0. 224	21. 046	0. 087	-0. 583	6205. 000

由表5-8结果可知，从其他企业看，数据样本量为712551，因变量企业职工人数取对数后最大值为12.288，最小值为0，相对整体的数据情况，发生显著变化；核心解释变量企业所得税税率最大值为0.66，最小值为0，相对整体的数据情况，没有显著变化。控制变量企业资产收益率也存在负值。此外，横向比较得知，其他企业的资产收益率最小值明显小于国有和集体企业。

表5-8　　　　其他企业描述性统计

VarName	Obs	Mean	SD	Median	Min	Max
lnlabor	712551	5. 142	1. 186	5. 124	0. 000	12. 288
in_tax	712551	0. 217	0. 119	0. 242	0. 000	0. 660

续表

VarName	Obs	Mean	SD	Median	Min	Max
lnwage	657041	2.881	0.864	2.813	-6.657	13.462
rate	612549	0.040	0.078	0.021	0.000	1.000
lnasset	712527	10.468	1.640	10.282	1.609	19.437
DAR	712344	0.924	225.229	0.560	0.000	1.90000
ROA	712527	0.138	3.763	0.064	-2.732	3155.025

从以上数据的描述性统计中，可以发现以下几点：一是自变量方面，1998—2013年企业所得税有效税率整体呈下降趋势，尤其是2008年税制改革后，税率出现明显下降；此外，受税收政策影响，不同所有制企业的法定税率和实际税率差别均较大，例如，外商企业的有效税率明显低于国有企业。二是因变量方面，企业职工人数代表实际就业规模，虽然1998—2013年上涨趋势不明显，但2008年税制改革后，企业就业规模明显上涨。此外，受企业规模和企业社会责任等多方面因素影响，不同所有制企业的吸纳就业能力存在显著差异，例如，国有企业平均吸纳就业人数明显高于私营企业的就业人数。三是控制变量方面，由于企业所有制性质差异，企业的职工工资、企业融资利率、资产规模、资产结构及盈利能力都存在较大差异。例如，国有企业的融资利率明显低于私营企业，外商企业的资产规模明显高于集体企业，外商企业的职工工资明细高于集体企业，外商企业的盈利能力明显高于国有企业、集体企业等其他类型企业。

三、模型检验以及回归结果

（一）共线性检验

一般来说，较多的解释变量可能会出现较严重的共线性现象，为防止回归效果的虚伪性，需要保持变量之间不存在较为严重的相关性，因此本书使用方差膨胀因子（VIF）对各变量进行共线性检验。若VIF取值大于10说明变量之间存在较严重的共线性，若小于10则表示不存在严重的共线性。共线性检验结果如表5-9所示，模型变量之间的平均VIF均小于

5，单个变量的VIF小于10，说明变量之间不存在较严重的多重共线性。

表5－9　　　　共线性检验结果

Variable	VIF	1/VIF
lnasset	1.23	0.811062
lnwage	1.19	0.840862
ROA	1.08	0.927711
rate	1.07	0.932370
DAR	1.04	0.961428
L1. in_tax	1.03	0.969164
Mean VIF	1.11	

（二）相关性检验

当变量之间存在严重的相关性时，一个变量的解释能力会被其他变量替代，因此，笔者使用Person相关性检验，分析变量之间的相关系数，如表5－10所示。除了取对数的企业职工数和企业总资产之间相关性系数为0.649，其他变量的相关系数均低于0.4，检验结果表明变量之间不存在严重的相关性。

表5－10　　　　相关性检验结果

	lnlabor	L. in_tax	lnwage	rate	lnasset	DAR	ROA
lnlabor	1.000						
L. in_tax	-0.082***	1.000					
lnwage	-0.003***	-0.124***	1.000				
rate	-0.027***	-0.025***	-0.047***	1.000			
lnasset	0.649***	-0.127***	0.370***	-0.069***	1.000		
DAR	0.000	-0.002***	0.005***	-0.001	-0.003***	1.000	
ROA	-0.000	-0.004***	0.006***	0.028***	-0.013***	0.369***	1.000

注：括号里为t值，*** 表示 $p<0.01$，** 表示 $p<0.05$，* 表示 $p<0.1$。

（三）异方差检验

当模型存在异方差时，虽然参数估计量仍然是线性无偏的，但回归结果并不是有效的，因此，笔者使用BP和White检验方法检验模型是否存在异方差。由表5－11可知，两种检验的P值为0，均显著拒绝了不存在异方差的原假设，因此可以判定模型存在异方差。为了解决这一问题，本书的回归结果均使用稳健标准误回归结果。

表5－11　　异方差检验

方法	统计量	P值	结论
BP检验	6791.09	0.0000	拒绝原假设
White检验	472662.17	0.0000	拒绝原假设

（四）模型筛选

笔者又对此面板模型进行了一系列的筛选工作。首先根据F检验结果选择固定效应与混合回归，再根据LM检验结果选择随机效应还是混合回归，然后根据Hausman检验结果选择固定效应与随机效应模型，各检验及回归结果如下。

表5－12分别为整体、国有企业、集体企业、私营企业、港澳台企业、外商企业、其他企业的模型筛选结果，六种不同类型企业三项检验的P值均为0，均显著拒绝了原假设，因此，本章所使用的最终模型均为面板固定效应模型。

表5－12　　模型选择

地区	检验	统计量	P值	结果
整体	F检验	7.35	0.0000	拒绝原假设
	LM检验	8.90000	0.0000	拒绝原假设
	Hausman检验	3356.70	0.0000	拒绝原假设
国有	F检验	8.15	0.0000	拒绝原假设
	LM检验	26020.57	0.0000	拒绝原假设
	Hausman检验	2390.05	0.0000	拒绝原假设
集体	F检验	9.88	0.0000	拒绝原假设
	LM检验	53451.92	0.0000	拒绝原假设
	Hausman检验	1574.59	0.0000	拒绝原假设
私营	F检验	5.97	0.0000	拒绝原假设
	LM检验	3.40000	0.0000	拒绝原假设
	Hausman检验	2325.56	0.0000	拒绝原假设

续表

地区	检验	统计量	P值	结果
港澳台	F 检验	8.14	0.0000	拒绝原假设
	LM 检验	31905.48	0.0000	拒绝原假设
	Hausman 检验	154.56	0.0000	拒绝原假设
外商	F 检验	7.94	0.0000	拒绝原假设
	LM 检验	27471.08	0.0000	拒绝原假设
	Hausman 检验	179.30	0.0000	拒绝原假设
其他	F 检验	7.72	0.0000	拒绝原假设
	LM 检验	2.90000	0.0000	拒绝原假设
	Hausman 检验	1651.92	0.0000	拒绝原假设

（五）模型回归结果

笔者按照企业所有制性质将中国工业企业数据分为六个部分，分别实证检验整体数据以及六类不同性质企业数据。在实证建模中，笔者又分别建立最小二乘法、不含控制变量的面板固定效应、面板固定效应、面板随机效应模型，但由于上文模型筛选结果为面板固定效应，因此，最终以添加控制变量的面板固定效应检验结果为准，如表5-13所示。

表5-13　全部回归结果

	(1) 整体	(2) 国有	(3) 集体	(4) 私营	(5) 港澳台	(6) 外商	(7) 其他
L. in_tax	-0.166*** (-24.08)	-0.098*** (-3.40)	-0.154*** (-6.28)	-0.276*** (-30.08)	0.210*** (6.09)	0.501*** (12.55)	-0.090*** (-7.79)
lnwage	-0.457*** (-163.30)	-0.454*** (-28.96)	-0.282*** (-29.55)	-0.480*** (-151.25)	-0.416*** (-31.85)	-0.429*** (-30.38)	-0.437*** (-83.21)
rate	0.142*** (8.90)	-0.761*** (-4.36)	0.163*** (4.15)	0.166*** (8.60)	-0.016 (-0.24)	0.097* (1.66)	-0.050 (-1.85)
lnasset	0.525*** (174.83)	0.352*** (23.24)	0.356*** (42.76)	0.545*** (233.44)	0.473*** (37.08)	0.552*** (42.53)	0.495*** (85.49)
DAR	0.163*** (42.48)	0.145*** (14.57)	0.119*** (15.51)	0.168*** (110.39)	0.160*** (26.40)	0.189*** (23.26)	0.167*** (27.33)

续表

	(1) 整体	(2) 国有	(3) 集体	(4) 私营	(5) 港澳台	(6) 外商	(7) 其他
ROA	0.248*** (7.22)	0.412*** (3.12)	0.260*** (13.77)	0.319*** (14.55)	0.354*** (3.91)	0.432*** (8.51)	0.121** (2.34)
_cons	0.899*** (27.11)	3.094*** (18.86)	2.066*** (25.65)	0.699*** (28.67)	1.678*** (11.99)	0.642*** (4.34)	1.199*** (18.59)
N	1032106	37666	66876	508810	40057	35008	343689
r2	0.372	0.351	0.209	0.406	0.276	0.313	0.329
r2_a	0.372	0.351	0.209	0.406	0.276	0.313	0.329
rmse	0.364	0.306	0.266	0.351	0.353	0.334	0.337
控制时间	是	是	是	是	是	是	是

注：括号里为 t 值，*** 表示 $p<0.01$，** 表示 $p<0.05$，* 表示 $p<0.1$。

由整体模型稳健标准误回归结果可得，滞后一阶的企业所得税有效税率（L. in_tax）对企业职工数量具有明显的反向影响，滞后一阶的企业所得税有效税率每提升1%平均使得企业职工数量下降0.166个百分点①。员工工资也对企业职工数量产生显著的负向影响，实际利率、资产负债率等其余变量对企业职工数量均产生显著的正向影响。整体来看，在1998—2013年，降低中国工业企业企业所得税有效税率能整体提升企业的吸纳就业能力，其内在基本逻辑是降低企业所得税税率对就业所产生的收入效应大于替代效应，即降低企业所得税税率能减轻企业的财务负担，提升企业盈利能力，促进企业扩大再生产，从而增加企业就业人数。与此相对应的是替代效应，即企业选择资本替代劳动的负向效果相对较弱，则降低企业所得税税率的最终效果是增加社会就业。此外，从马克思主义二重性的理论角度来看，降低企业所得税税率对就业的促进效应不仅充分印证了企业所得税的资源配置作用，也再次证明了企业所得税就业效应的自然属性，即降低企业所得税税率能促进劳动力资源和资本资源的流动与整合。

① 此处指每提升税率的1%，并非指税率每上升一个百分点。

从各类所有制企业的回归结果来看，整体的企业所得税就业效应显著为负向效应。其中，国有企业、集体企业、私营企业和其他企业的就业效应显著为负向效应，而港澳台企业的就业效应显著为正向效应，其他控制变量的影响方向基本一致。可见，在固定效应的初步回归分析下，本章不仅发现企业所得税就业效应普遍显著为负向效应，还发现可能存在企业所有制性质的异质性，第七章将深入分析该问题。

从各控制变量的回归结果来看，所有类型企业的工资对数（lnwage）与就业显著负相关，即增加工资会降低企业劳动需求。而资产规模对数（lnasset）、资产负债率（DAR）和资产收益率（ROA）与就业显著正相关，即提高资产规模、资产负债率和资产收益率会增加企业劳动需求，这些实证结论与前文理论分析以及社会实践一致，也再次互相验证了研究结果的可靠性。此外，值得注意的是，真实利率（rate）在整体企业的回归结果是显著正相关，表明当利率上升，企业资本成本提升，企业会选择用雇佣更多劳动者来替代资本，这也是符合相关理论和现实情况的。但是，在不同所有制企业类型的回归结果中，国有企业的真实利率（rate）的相关系数显著为负值，真实利率与企业劳动需求负相关，这与整体企业的回归结果刚好相反，上文关于国有企业实际利率最低的描述性统计（见表5－3）也许能给出一个解释：由于国有企业与政府、银行具有良好的关系，往往享有较低的融资成本，国有企业反而对利率上升更敏感，一旦利率上涨稍有波动，将会对企业的经营情况产生较大影响，进而对企业劳动需求产生较大负向影响。不可否认，也可能会是因为工业企业数据库是非平衡的薄面板数据所造成的回归偏差，此问题还有待以后进一步研究和解释。

（六）稳健性检验

为了进一步验证模型结果的稳健性，本书使用工具变量法处理模型存在的内生性，从而对模型结果进行验证，表5－14展示的是工具变量为滞后一阶的员工工资和总资产的回归结果，表5－15展示的工具变量均为滞后二阶的员工工资和总资产的回归结果，并且模型Hansen J检验P值均为0，说明不存在过度识别问题，工具变量选择合适。

表 5-14　　稳健性回归结果一

	(1) 整体	(2) 国有	(3) 集体	(4) 私营	(5) 港澳台	(6) 外商	(7) 其他
lnwage	-0.678*** (-145.26)	-0.677*** (-37.19)	-0.601*** (-12.66)	-0.701*** (-98.46)	-0.702*** (-26.00)	-0.682*** (-22.26)	-0.669*** (-77.44)
lnasset	0.806*** (234.15)	0.753*** (24.82)	0.715*** (21.88)	0.834*** (173.50)	0.986*** (27.73)	1.072*** (28.77)	0.803*** (113.96)
L. in_tax	-0.061*** (-8.91)	-0.110*** (-3.38)	-0.167*** (-6.06)	-0.134*** (-13.36)	0.211*** (5.38)	0.452*** (10.11)	-0.006 (-0.49)
rate	0.218*** (12.87)	-0.448*** (-3.09)	0.362*** (7.99)	0.191*** (10.17)	0.330*** (4.41)	0.356*** (4.95)	0.081*** (2.89)
ROA	0.322*** (8.06)	0.626*** (5.07)	0.443*** (14.02)	0.411*** (21.82)	0.516*** (4.65)	0.691*** (10.54)	0.161** (2.42)
DAR	0.241*** (61.88)	0.252*** (20.47)	0.222*** (15.93)	0.249*** (112.29)	0.297*** (25.14)	0.338*** (23.19)	0.252*** (38.57)
N	914761	31357	53965	433711	34165	29093	293798
r2	0.275	0.221	-0.025	0.305	0.056	0.122	0.218
r2_a	0.041	-0.056	-0.469	0.052	-0.295	-0.230	-0.050
rmse	0.478	0.428	0.404	0.480	0.511	0.490	0.456

注：括号里为 t 值，*** 表示 $p<0.01$，** 表示 $p<0.05$，* 表示 $p<0.1$。

表 5-15　　稳健性回归结果二

	(1) 整体	(2) 国有	(3) 集体	(4) 私营	(5) 港澳台	(6) 外商	(7) 其他
lnwage	-0.984*** (-86.64)	-0.857*** (-25.47)	-1.238*** (-5.61)	-1.080*** (-48.26)	-1.192*** (-14.03)	-1.061*** (-11.15)	-0.986*** (-50.20)
lnasset	1.048*** (117.29)	1.028*** (15.55)	1.282*** (6.81)	1.088*** (82.64)	1.505*** (12.28)	1.648*** (13.31)	1.065*** (61.34)
L. in_tax	-0.024** (-2.17)	-0.068 (-1.33)	-0.248*** (-3.75)	-0.068*** (-4.02)	0.271*** (3.84)	0.488*** (6.29)	0.008 (0.43)
rate	0.047* (1.81)	-0.570** (-2.38)	0.522*** (4.40)	-0.045 (-1.43)	0.554*** (3.84)	0.538*** (3.88)	-0.048 (-1.08)

续表

	(1) 整体	(2) 国有	(3) 集体	(4) 私营	(5) 港澳台	(6) 外商	(7) 其他
ROA	0.352*** (5.77)	0.813*** (4.64)	0.749*** (6.05)	0.480*** (16.47)	1.038*** (8.27)	0.946*** (7.02)	0.147 (1.55)
DAR	0.313*** (60.90)	0.320*** (14.76)	0.402*** (6.72)	0.326*** (71.35)	0.437*** (12.32)	0.522*** (13.17)	0.331*** (36.33)
N	548188	18930	29495	254926	20573	17010	184873
r2	-0.105	-0.017	-1.608	-0.165	-0.756	-0.730	-0.188
r2_a	-0.434	-0.372	-2.732	-0.554	-1.346	-1.370	-0.570
rmse	0.572	0.497	0.641	0.593	0.707	0.664	0.547

注：括号里为 t 值，*** 表示 $p<0.01$，** 表示 $p<0.05$，* 表示 $p<0.1$。

表 5-14 和表 5-15 为整体和分企业性质的稳健性回归结果，可知，滞后一阶的企业所得税税率对整体、国有企业、集体企业、私营企业均存在着显著的负向影响，对港澳台、外商、其他企业存在着正向影响，与上文回归结果系数一致，说明本研究模型结果稳健。与此同时，我们也不难发现，从微观企业层面的两处稳健性回归结果来看，企业资产规模和职工工资收入可能会对企业所得税的就业效应产生一定的叠加积累效应，换言之，前几期企业的资产、职工工资也在一定程度上影响着当期企业的就业人数，这有待以后继续深入研究。

第三节　宏观视角下就业效应的实证分析

一、数理模型的构建

（一）理论基础

在宏观经济学中，收入决定模型是均衡状态下国民收入决定的最基本分析方法，其主要功能在于分析财政政策如何通过影响总需求来影响就业。该模型假设价格固定，同时，总供给曲线是完全平坦的。也就是说，厂商愿意在既定价格水平上出售任何数量的产品以及经济活动中存在的闲置资源。该模型的基础逻辑是产出与支出之间存在相互依存的关系，即支出决定产出和收入，而产出和收入又决定支出。

从总需求和均衡产出来看。总需求（AD）指经济中所需求的商品总量。在开放经济中，总需求由四部分构成即消费支出（C）、投资支出（I）、政府支出（G）、净出口（EX），用公式可表示为：

$$AD = C + I + G + EX \tag{5-9}$$

均衡产出（Y）是与商品总需求相等的产出水平。由于总产出恒等于总收入，因此，均衡收入水平就是总需求等于产出时的收入水平。可以得出产品市场的均衡条件是：

$$Y = AD \tag{5-10}$$

按照凯恩斯主义的观点，消费函数可以表示为：

$$C = C_0 + c\,(Y + TR - TA) + I + G + EX \tag{5-11}$$

其中，C_0 为收入等于零时的消费水平；TR 代表转移支付；TA 表示税收；则（Y + TR − TA）表示消费者的可支配收入。TA = tY，t 为平均税率。将式（5-9）、式（5-10）、式（5-11）结合起来，可以得到：

$$Y_0 = C_0 + c\,(Y + TR - TA) + I + G + EX \tag{5-12}$$

通过整理，我们得出均衡收入水平 Y_0，即：

$$Y_0 = (C_0 + cTR + I + G + EX)/[1 - c(1 - t)] \tag{5-13}$$

在该模型中，财政可以从政府财政支出和税收两方面对均衡收入产生影响，财政支出由购买支出和转移性支出两部分构成。这样，我们可以假设在其他财政政策变量不变的情况下，考察某一个财政政策变量对均衡收入及就业的影响。

为了便于分析，这里只考察企业所得税的影响。企业所得税的变化会影响企业的投资需求，比如，在其他条件固定的情况下，降低企业所得税税率，企业的收入和投资需求增加，会扩大生产规模，从而增加社会总供给，增加就业。通过对式（5-13）求导，可以得出：

$$dY_0/dt = -cY_0/[1-c(1-t)] \tag{5-14}$$

由此可见，企业所得税税率降低一个单位，将使均衡产出水平增加 $cY_0/[1-c(1-t)]$，税率对产出水平的影响，也将直接影响社会就业，基于此，基于 IS－LM 模型和 AD－AS 模型，我们可以从理论上探究企业所得税税率对均衡产出水平和社会就业的影响。

首先，从 IS－LM 模型着手分析。IS－LM 模型可同时分析产品市场均衡（IS）与货币市场均衡（LM），在 IS－LM 原均衡状态中，其他条件不变的情况下，当企业所得税税率 t_π 下降时，即属于采取积极财政政策，IS 曲线右移，社会产出 Y 增加，对社会就业起到促进作用，但同时利率 r 会因此上升，对私人支出产生挤出效应，反过来会对社会就业产生负面作用。因此，企业所得税税率 t_π 的变动对社会就业的最终影响，还需要综合考虑 LM 曲线对利率 r 变化的弹性大小。简言之，无法通过 IS－LM 模型从理论上确定企业所得税税率变动对社会就业的最终影响结果。

其次，从社会需求和供给两侧来看，在宏观经济运行中，总需求不足和总供给疲软都会影响充分就业的实现。从总需求角度看，总需求不足的原因可能包括：一是消费者需求的产出水平不足。比如，嗜好的改变、实际收入和财富的减少以及利率的上升等都会导致消费者需求降低。二是投资支出水平降低。比如，预期利润率的下降和利率提高都会导致企业投资支出水平下降。三是政府支出的减少或抑制私人支出的税收增加等。四是出口减少，而进口水平相对较高等。从总供给角度看，总供给实质上取决于资源价格和生产技术两个因素。如果一种资源的价格，如劳动力的价格上升，而且没有被生产率的提高所抵消，那么，在其他条件不变的情况下，总供给将会减少，并导致失业。

最后，从 AD－AS（总供给—总需求）模型角度来看。在 AD－AS 原均衡状态中，其他条件不变的情况下，当企业所得税税率 t_π 下降时，从社会需求侧来看，AD 曲线右移，短期内能扩大社会总需求，提升社会总产出，物价 P 上升，促进社会就业。但长期来看，当达到社会潜在总产出时，若继续通过降税扩大社会总需求，不仅不会增加社会总产出，反而会导致物价上涨，容易引起通货膨胀，甚至是滞胀状态。与此同时，从社会供给侧来看，企业所得税税率 t_π 下降，还会降低企业成本，提高企业盈利能力，增加社会总供给，从而促进社会就业。因此，若想通过降税增加社会就业，需要同时做好需求侧和供给侧综合管理，即短期内从需求侧扩大社会总需求，关键还要重视长期供给侧管理，通过提升企业技能，扩大社会总供给，促进经济长期发展，从而促进社会就业，这就要求，要结合不同时期的实际情况，寻找总需求不足和总供给疲软的原因，采取有针对性的企业所得税政策，从社会供需两侧有效地促进就业。

（二）模型构建

上文的数理模型分析从理论上阐释了税收与就业之间的关系，由于经济环境的复杂性，政府实施的税收政策对就业的影响效果如何，还需要从宏观层面进一步实证研究。因此，本章继续以中国的经验数据为样本，采用面板数据分析方法实证检验我国企业所得税的就业效应。

基于前文理论分析，本部分采取如下一般化的面板回归模型：

$$y_{it} = \alpha + \beta_i x_{it} + \sum_{i=1}^{n} \alpha_i Control_{it} + \mu_i + d_t + \varepsilon_{it}$$

其中，x_{it}是自变量；Control 代表控制变量；n 为控制变量个数；μ_i 代表个体效应；d_t 代表时间效应；ε_{it}是随机扰动项。

二、数据来源及指标设计

根据面板数据模型的需要，我们选取 2003—2019 年的全国各省、自治区、直辖市（西藏除外）的年经济变量进行研究，各变量含义及数据来源如表 5－16 所示。

由于我国农村存在大量的隐性失业，而且农村劳动力非农就业的不稳定性较大。因此，本书采用各省市的城镇从业人员总数作为解释变量，用以反映各地区的就业状况。年就业数据来源于中经网统计数据库，宏观经济数据由《中国统计年鉴》计算整理得到。企业所得税（tax）、商品税和个人所得税这三项数据来自各年份《中国税务年鉴》。其中，商品税收入包括增值税、消费税及营业税等税收收入，企业所得税也包括“外商投资企业和外国企业所得税”。从2008年开始，由于内外资企业的企业所得税合一，年鉴中的企业所得税数据就直接可用。此外，笔者还用各省社会固定资产投资中的政府预算支出作为代理变量，具体数据来源于《中国财政年鉴》。但是《中国财政年鉴》中2008年只有全国社会固定资产投资的政府预算支出数据，缺乏分地区数据。因此，笔者根据各地区的“基本建设、房地产和更新改造”支出中的政府预算支出数据近似推算出各地区政府投资性支出。

表5-16　　变量指标含义及数据来源

变量类型	指标类型	变量名称	变量符号	数据来源
因变量	就业指标	城镇单位就业人数	Labor	中国统计年鉴
自变量	企业所得税	企业所得税收入	tax	中国税务年鉴、中国统计年鉴及其他地方年鉴
控制变量	其他税收收入	其他税收收入（增值税、个人所得税等）	t	
	经济总量	GDP	GDP	中国统计年鉴、中国财政年鉴等
		人均GDP	pGDP	
		二产增加值	V2	
		三产增加值	V3	
	社会投资	社会固定资产投资（不含农户）	I	
		一般性公共预算支出	G	
	进出口	进出口总额（人民币）	XM	

三、模型检验以及回归结果

（一）描述性统计

表5-17报告了宏观模型所有的变量统计信息，总体样本量为527，就业人数最大值为2064.59，最小值为17.37，企业所得税收入最大值为5929.809，最小值为2.201。为更直观地描述各变量在不同时间段的变量均值，各变量平均值如表5-18所示。

表 5－17 整体描述性统计

VarName	Obs	Mean	SD	Median	Min	Max
Labor	527	472. 633	341. 725	406. 390	17. 370	2064. 590
tax	527	514. 391	854. 559	265. 301	2. 201	5929. 809
pGDP	527	3. 90000	2. 70000	33479. 760	5429. 400	1. 49000
XM	527	6697. 906	12000	1511. 514	0. 022	74719. 609
V2	527	7597. 156	7831. 192	5204. 110	47. 990	44270. 510
V3	527	7698. 933	8828. 190	4897. 750	95. 890	59773. 380
t	527	880. 366	995. 320	589. 609	4. 861	6755. 960
I	527	9287. 382	9440. 430	6170. 610	200. 650	49370. 850
GDP	527	1. 70000	1. 70000	12153. 030	290. 760	93207. 550
G	527	3099. 075	2627. 858	2347. 589	123. 020	13446. 090

表 5－18 按年份描述性统计（平均值）

年份	Labor	tax	pGDP	XM	V2	V3	t	I	GDP	G
2003	353. 9	70. 56	12000	2265	2159	1799	208. 6	1531	4511	557. 4
2004	358. 0	94. 67	14000	3073	2674	2080	406. 0	1936	5412	664. 7
2005	367. 9	132. 0	16000	3784	3127	2525	487. 9	2469	6404	810. 3
2006	377. 8	168. 4	19000	4567	3734	2952	489. 5	3054	7487	982. 2
2007	387. 9	231. 1	22000	5454	4476	3575	447. 8	3847	9028	1237
2008	393. 3	366. 6	26000	6013	5395	4181	470. 3	4824	11000	1589
2009	405. 6	364. 7	28000	4853	5790	4892	584. 2	6278	12000	1969
2010	421. 0	431. 5	33000	6523	7072	5725	714. 2	7751	14000	2383
2011	464. 9	584. 5	39000	7743	8470	6826	861. 4	9597	17000	2991
2012	491. 5	659. 1	43000	7816	9182	7738	1012	12000	19000	3458
2013	584. 1	716. 1	47000	8387	9880	8640	1193	14000	20000	3863
2014	589. 6	786. 0	51000	8461	10000	9860	1313	16000	22000	4177
2015	582. 7	806. 2	53000	7895	10000	11000	1406	18000	23000	4850
2016	577. 0	837. 1	57000	7852	11000	12000	1431	19000	25000	5173
2017	569. 2	941. 7	61000	8695	11000	14000	1465	20000	27000	5536
2018	556. 7	1038	65000	10000	12000	16000	1597	9309	29000	5997
2019	553. 6	516. 4	68000	10000	12000	17000	880. 4	9309	31000	6446
Total	472. 6	514. 4	39000	6698	7597	7699	880. 4	9287	17000	3099

表5-18描述了2003—2019年各变量的变化情况，首先，整体来看，城镇单位就业人数（Labor）、企业所得税收入（tax）、GDP、人均GDP（pGDP）、二产增加值（V2）与三产增加值（V3）、其他税收收入（t）、一般性公共预算支出（G）和进出口总额（XM）等变量整体呈上升趋势，这与中国经济的稳步持续增长有着重要关系。其次，受2008年税收制度改革的影响，2009年的企业所得税收入有所降低，增速明显放缓，但与此对应的其他税收收入却明显增长21%。此外，社会固定资产投资（I）呈现出先增长后下降的特点，这从一定程度上反映出国家在实施积极的财政政策时更加注重政策内部结构的调整。总之，本章所选取的宏观样本数据能准确反映出中国近17年的经济形势变化和税收政策变化，对研究企业所得税与社会就业的关系具有较好的代表性。

（二）平稳性检验

根据经济计量分析经验，宏观数据建立计量模型之前需要进行变量的平稳性检验，以防止出现伪回归的情况，笔者使用面板数据的ADF方法进行单位根检验。

由表5-19可知，单位根检验P值均小于0.1，因此模型使用的变量具有同阶平稳性，不会存在伪回归的情况。

表5-19　　　　平稳性检验

变量	XM	G	lntax	t	I	Labor	pGDP	V2	GDP	V3
统计量值	93.3315	78.1725	81.3053	122.2537	222.6007	85.8586	270.1766	251.1762	243.5567	135.4091
P值	0.0062	0.0806	0.0506	0.0000	0.0000	0.0241	0.0000	0.0000	0.0000	0.0000

（三）共线性检验

本部分继续沿用微观模型的检验方法，对宏观数据进行共线性检验，表5-20为分别加入某一个中介变量的检验结果。由观察结果可知，由于宏观统计数据内在经济相关性较强，相较于微观企业数据，宏观经济数据会更容易存在严重的共线性问题，但本研究的宏观数据VIF平均值仍然远低于10，说明各变量之间不存在严重的共线性，因此保证了后文回归模型结果的有效性。

表 5－20　　共线性检验结果

第三产业占比			GDP			一般性公共预算支出		
Variable	VIF	1/VIF	Variable	VIF	1/VIF	Variable	VIF	1/VIF
t	8.16	0.122599	GDP	8.32	0.120141	t	7.67	0.130329
V3	6.41	0.155973	t	7.91	0.126502	G	4.00	0.250203
XM	4.11	0.243079	XM	4.64	0.215527	lntax	3.94	0.253751
lntax	3.81	0.262778	I	4.41	0.226774	XM	3.35	0.298282
I	2.68	0.373760	lntax	3.82	0.261465	I	2.99	0.334340
Mean VIF	5.03		Mean VIF	5.82		Mean VIF	4.39	

（四）异方差检验

此外，为保证宏观数据检验的准确性，笔者又对宏观数据进行了异方差检验（见表 5－21），检验结果显示显著拒绝了不存在异方差的原假设，因此，与微观数据回归类似，本书宏观数据回归分析仍将继续使用稳健标准误模型。

表 5－21　　异方差检验

方法	统计量	P 值	结论
BP 检验	3.65	0.0562	拒绝原假设
White 检验	28.78	0.0112	拒绝原假设

（五）模型筛选

根据计量分析经验，笔者又对面板数据模型进行模型筛选，同样使用 F 检验、LM 检验、Hausman 检验，同时考虑到不同时期的企业所得税政策和数据存在着明显差异性，笔者最后将数据时间区间分成三个时间段，对三个时间段内数据分别做模型选择检验，如表 5－22 所示，所有检验均显著拒绝了原假设，基于此，下文的宏观数据回归分析均应选择面板固定效应模型。

表 5-22 模型选择

区间	检验	统计量	P 值	结果
整体	F 检验	68.63	0.0000	拒绝原假设
	LM 检验	1570.77	0.0000	拒绝原假设
	Hausman 检验	61.94	0.0000	拒绝原假设
2003—2007 年	F 检验	575.90	0.0000	拒绝原假设
	LM 检验	23.33	0.0000	拒绝原假设
	Hausman 检验	47.54	0.0000	拒绝原假设
2008—2013 年	F 检验	216.75	0.0000	拒绝原假设
	LM 检验	83.57	0.0000	拒绝原假设
	Hausman 检验	69.76	0.0000	拒绝原假设
2014—2019 年	F 检验	125.08	0.0000	拒绝原假设
	LM 检验	61.63	0.0000	拒绝原假设
	Hausman 检验	43.55	0.0000	拒绝原假设

（六）模型回归结果

为更清晰地对比多种回归结果，本部分分别报告最小二乘法回归结果、固定效应回归结果、随机效应回归结果，基于上文的检验结果，最终回归结果应以固定效应结果为准。

表 5-23 为整体样本的稳健标准误回归结果，我们重点分析自变量（lntax）对城镇单位就业人数（Labor）的影响，无论是最小二乘法回归法（OLS），还是固定效应回归法（FE），抑或者是随机效应回归法（RE），企业所得税收入对就业人数具有明显的负向影响，即企业所得税收入每下降一个百分点，就业人数增加 0.048%。一是从宏观社会产出角度分析，当税率降低一个单位，将使均衡产出水平增加 $cY_0/[1-c(1-t)]$，换言之，在其他条件不变的情况下，减少企业所得税收入能提升社会产出水平，从而促进 IS 曲线和 AD 曲线向右平移，推动均衡产出水平靠近潜在均衡产出水平，能够有利于社会实现充分就业。二是从宏观劳动需求角度分析，企业所得税就业效应的内在逻辑是降低企业所得税收入将会降低实体经济运营成本，增加社会劳动需求。三是从宏观劳动供给角度分析，在其他条件不变的情况下，减少企业所得税收入，虽然不会对劳动力供给产生

直接影响，但随着政府转移支付及人力资本投入降低，可能会降低劳动力的保留工资，从而间接增加劳动力供给。此外，其余变量对就业人数均存在显著的正向影响，这也再次印证税收作为有力的财政政策，对社会经济发展和社会就业的影响。例如，根据 IS - LM 模型和 AD - AS 模型可知，当进出口总额（XM）和社会固定资产投资（I）增加时，IS 曲线向右移动，从而扩大均衡产能，而且，AD 曲线也会因此向右移动，从短期来看，能够有效扩大社会产出水平，推动经济发展，进而创造更多就业机会。

表 5 - 23　　整体模型回归结果

	(1) OLS	(2) FE	(3) RE
lntax	-0.057*** (-5.81)	-0.048* (-1.73)	-0.049** (-2.05)
XM	0.440*** (10.50)	0.639*** (8.85)	0.613*** (10.85)
I	0.331*** (14.41)	0.163*** (5.04)	0.173*** (5.62)
t	0.437*** (9.14)	0.280** (2.71)	0.292*** (2.93)
_cons	-0.068*** (-2.75)	-0.009 (-0.11)	-0.011 (-0.17)
N	527	527	527
r2	0.822	0.806	
r2_a	0.821	0.804	
rmse	0.064	0.028	0.030
控制时间	否	是	是

注：括号里为 t 值，*** 表示 $p<0.01$，** 表示 $p<0.05$，* 表示 $p<0.1$。

根据前文税收和就业政策变化情况，本章将宏观数据分为三个阶段进行区间回归分析。其中，2003—2007 年是税收制度改革之前；2009—2013

年是税收制度改革后的变动调整期；2014—2019 年为税收制度改革变动调整期后情况。表 5 - 24 为不同时间段的稳健标准误回归结果。首先，在 2003—2007 年间自变量（lntax）系数并不显著，说明企业所得税收入对就业人数没有影响；其次，2008—2013 年间自变量（lntax）系数显著为负，说明企业所得税收入对就业人数具有明显的负向影响，即企业所得税收入每上升一个百分点，社会就业人数将下降 0.083%；最后，在 2014—2019 年间自变量（lntax）系数显著为负，说明企业所得税收入对就业人数具有明显的负向影响，即企业所得税收入每上升一个百分点，社会就业人数将下降 0.037%。

表 5 - 24　　分年份区间回归结果

	(1) 2003—2007 年	(2) 2008—2013 年	(3) 2014—2019 年
lntax	-0.016 (-1.24)	-0.083* (-1.47)	-0.037* (-2.03)
XM	0.305*** (5.02)	0.378** (2.20)	0.014 (0.14)
I	0.161* (1.82)	0.183 (1.41)	0.061*** (2.77)
t	-0.030 (-0.93)	0.603** (2.13)	0.082 (1.06)
_cons	0.157*** (4.18)	-0.099 (-0.74)	0.233*** (4.81)
N	155	186	186
R^2	0.567	0.729	0.234
Adj. R^2	0.555	0.723	0.217
rmse	0.008	0.023	0.013

注：括号里为 t 值，*** 表示 $p<0.01$，** 表示 $p<0.05$，* 表示 $p<0.1$。

综上所述，2008 年“两税”合并后，企业所得税税收收入与社会就业人数显著负相关，可能的内在原因既包括企业所得税变动直接产生的就业效应，还包括税收与经济发展内生性问题造成复杂的间接就业效应。鉴于后者较为复杂，且目前宏观数据存在时间局限性和统计准确性等问题，本书在宏观视角下重点研究直接就业效应。

基于第三章的理论分析，笔者尝试做出一些简单解释：从宏观经济角度来看，税收优惠政策对就业会产生直接效应和间接效应。直接效应是指税收优惠政策对纳税人和财政收入所产生的最直接影响。从纳税人的角度看，那些享受到税收优惠的企业，可能会由于税负减轻而降低其企业成本，从而增加税后利润和增加产量，最终扩大企业就业人数。从财政收入的角度看，税收优惠短期内最直接的影响是财政收入减少，如果政府实行旨在总体收入水平不变的前提下的优惠政策，就必然会增加其他纳税人的税收负担，这可能会对某些未能享受到税收优惠政策的企业或个体产生新的税收扭曲，从而有悖于税收的中性原则。间接效应是指由于实施税收优惠政策而对纳税人及整体经济所带来的间接影响。一方面，若促进就业税收定向优惠政策得到有效落实，下岗再就业问题在一定程度上会得以有效解决，这不仅有助于促进劳动力资源合理配置，也有利于构建良好的社会环境与和谐社会，还会因降低企业劳动力成本从而促进企业扩大生产，增加未来的财政收入。另一方面，由于税收优惠政策使不同，纳税主体的税负产生差异，也可能会导致许多企业为享受相关税收优惠而有意识地进行筹划，这不仅会助长企业短期逐利行为，还会加大税收征管成本。因此，从理性的角度看，政府在采取旨在促进就业的优惠税收政策时，不仅要简单地降低税率，还要测算由此带来的成本和产生的收益，综合分析当时复杂经济现状，最终有针对地实施综合的税收优惠措施。

（七）稳健性检验

有别于前文稳健性检验，此部分通过处理模型内生性作为稳健性检验。首先使用 Hausman 检验方法判断计量分析中是否存在内生性问题，其检验结果中卡方统计量为 2005.25，P 值为 0，说明模型存在内生性。随后又使用滞后一阶的因变量作为工具变量，得到稳健性检验的回归结果，如表 5－25 所示。

表 5 - 25　　稳健性回归结果

	(1) 整体	(2) 2003—2007 年	(3) 2008—2013 年	(4) 2014—2019 年
L. Labor	0.659 *** (21.97)	0.992 *** (84.22)	0.487 *** (2.98)	0.701 *** (8.73)
lntax	-0.013 * (-1.72)	-0.007 (-1.66)	-0.090 *** (-2.81)	-0.029 ** (-2.40)
XM	0.263 *** (6.94)	0.026 *** (2.81)	0.298 *** (2.67)	-0.002 (-0.05)
I	0.058 *** (5.13)	0.041 (1.54)	0.135 ** (2.03)	0.026 ** (2.35)
t	0.067 *** (2.77)	0.070 *** (4.12)	0.506 *** (4.24)	0.050 * (1.67)
_cons	0.003 (0.16)	-0.030 *** (-2.73)	-0.201 ** (-2.41)	0.030 (0.78)
N	496	124	186	186

注：括号里为 t 值，*** 表示 $p<0.01$，** 表示 $p<0.05$，* 表示 $p<0.1$。

由表 5 - 25 回归结果可知，模型系数与上文模型的系数方向一致。首先，整体来看，自变量（lntax）系数仍然在 10% 的置信水平显著为负，表明企业所得税收入与就业呈显著负相关关系；其次，分时间阶段来看，2008 年“两税”合并后，企业所得税收入对就业人数具有明显的负向影响，自变量系数均为负值且在 1% 的显著水平的显著，这也再次印证前文的实证结果；最后，因变量的滞后一阶项（L. Labor）、进出口总额（XM）及其他税收收入等变量系数始终在 1% 的置信水平上显著。可见，此次宏观模型稳健性较为理想。

本章小结

本章利用微观数据和宏观数据实证分析企业所得税就业效应的直接影响。

在企业所得税微观视角下，本章通过对企业所得税就业效应进行实证检验，得出企业所得税有效税率对企业职工人数存在着显著的负向影响。从直接影响来看，研究发现整体上企业所得税有效税率的变动会引起企业职工人数的反向变动。这不仅再次验证了第三章的理论分析，而且也检验了企业所得税税率变动对就业所产生的收入效应大于替代效应，即降低企业所得税税率能增加社会就业。分企业性质看，企业所得税有效税率变动对不同所有制企业产生差异性影响，即国有企业、集体企业、私营企业、其他类企业的企业所得税税率变动会引起企业职工人数的反向变动，而港澳台企业、外商企业的企业所得税有效税率变动会引起企业职工人数的同向变动，这可能与我国对待港澳台企业与外资企业的优惠税收政策有关，也可能与不同企业的用人制度和社会责任差异有关。

在企业所得税宏观视角下，本章通过对企业所得税就业效应进行实证检验，同样得出企业所得税收入对就业人数存在着显著的负向影响。从直接影响来看，整体上企业所得税收入的变动会引起就业人数的反向变动，即减少企业所得税收入属于积极的财政政策，短期内能够扩大社会产出水平，增强宏观经济的整体吸纳就业能力。此外，分时间区间看，不同时间区间的就业效应差异较大，2003—2007 年，企业所得税收入的变动对就业人数没有显著影响；2008—2013 年，企业所得税收入的变动会引起就业人数的反向变动；2014—2019 年，企业所得税收入的变动会引起就业人数的反向变动。

第六章

就业效应内在传导机制的实证分析

第一节　问题的提出

目前关于税收政策、经济增长与就业问题的文章大多集中在两两关系讨论层面，如税收政策与经济增长的关系、税收政策与就业的关系、经济增长与就业的关系。鲜有文献将三者融合在一起，比如以经济增长为主线研究税收政策对就业影响的传导机制和效果。而现实中，税收政策对就业的影响大部分通过经济增长（消费、投资等经济变量）来传导，如果剥离经济增长因素仅就税收讨论就业则缺乏一定的理论深度，实证得到的政策建议也不够具体。因此，有必要进一步深入研究企业所得税就业效应中经济增长变量的作用及效果。

基于前文分析，本章将利用 Sobel（1982）① 及温忠麟（2014）② 等国内外学者提出的中介效应检验方法，先从微观层面尝试建立税收政策、员工工资和就业增长等变量联动研究范式，再从宏观层面尝试建立税收政策、经济增长（波动）和就业增长（波动）等变量联动研究范式，模拟经济周期中税收政策变化与各经济变量调整的真实传导过程和路径。

第二节　微观视角下就业效应内在传导机制分析

一、以员工工资为中介变量

本部分以员工工资对数（lnwage）为中介变量进行三步法中介效应回

① Sobel, M. E. Asymptotic confidence intervals for indirect effects in structural equations models[M]. Sociological methodology, San Francisco, CA: Jossey - Bass. 1982: 290 - 312.

② 温忠麟，叶宝娟. 中介效应分析：方法和模型发展［J］. 心理科学进展. 2014，22 (5)：731 - 745.

归，检验结果如表 6 - 1 所示。若 Sobel 检验结果显著，则表明存在着中介效应。具体来说，当中介效应占比为正数时，表明中介效应为增强效果，当中介效应占比为负数时，表明中介效应为遮掩效果，占比绝对值的大小表明中介效果强度强弱。

表 6 - 1　　整体中介效应三步回归结果

	(1) 第一步	(2) 第二步	(3) 第三步
L. in_tax	-0.087*** (-12.25)	-0.201*** (-24.43)	-0.166*** (-24.08)
rate	-0.092*** (-6.31)	0.197*** (13.06)	0.142*** (8.90)
lnasset	0.401*** (167.93)	0.244*** (107.39)	0.525*** (174.83)
DAR	0.130*** (58.87)	0.078*** (36.13)	0.163*** (42.48)
ROA	0.167*** (7.41)	0.181*** (7.29)	0.248*** (7.22)
lnwage			-0.457*** (-163.30)
_cons	0.872*** (31.78)	0.289*** (11.06)	0.899*** (27.11)
Sobel 检验 P 值	0.0000		
中介效应占比	0.38286884		
N	1119388	1032106	1032106
r2	0.175	0.073	0.372
r2_a	0.175	0.073	0.372
rmse	0.418	0.435	0.364

注：括号里为 t 值，*** 表示 $p<0.01$，** 表示 $p<0.05$，* 表示 $p<0.1$。

表 6 - 1 为全部样本的中介效应回归结果，其 Sobel 检验结果显著，并且所有变量都是显著的，说明存在着部分中介效应，中介效应占比为 38.29%，且为增强型效果。其内在影响机制基本逻辑为：在其他条件不变

的情况下，从劳动需求的角度看，降低企业所得税税率能增加企业实际利润，进而增加员工工资，产生的收入效应大于替代效应，促进企业扩大再生产，从而提升企业的劳动力需求量；从劳动供给的角度看，降低企业所得税税率造成员工工资增加，从而能增加社会劳动力有效供给，最终促进社会就业增加。

除了对整体样本的中介效应分析之外，本章还对不同所有制类型的企业分别进行了中介效应检验，同样发现员工工资在各类所有制企业中都存在显著的中介效应，只是影响方向和影响强度存在着企业异质性，详细检验结果见附录一。

我们根据以上实证检验结果总结出以下几点：一是整体而言，员工工资在企业所得税就业效应中普遍存在着中介传导作用，对整体企业、国有企业、港澳台企业以及其他企业起着增强效果，而对集体企业和私营企业起着遮掩型效果。二是增强效果的基本逻辑。整体企业、国有企业、港澳台企业以及其他企业的增强效果内在影响机制：降低企业所得税能增加企业实际收入，进而增加员工工资，不仅能提升企业劳动需求，还能增加社会劳动力有效供给，从而促进社会就业。三是遮掩型效果的基本逻辑。集体企业和私营企业起着遮掩型效果内在影响机制：由于集体企业和私营企业工资调整较为灵活，用工形式更丰富，对工资敏感度更高，在降低企业所得税增加企业实际收入后，企业往往选择增加招工人数，而非增加员工工资，如此能增加企业劳动需求。一旦企业增加员工工资，企业反而会降低用工总人数，从而会弱化企业所得税就业效应。其实，除企业的差异性选择之外，中介效应的企业所有制异质性原因还有很多，这或许还与不同企业的员工工资刚性差异有关，这些问题仍值得我们接下来再进一步深入研究。

二、以资产负债率为中介变量

表6－2是以资产负债率（DAR）为中介变量时的三步法回归结果以及Sobel检验结果。

表 6－2　　整体中介效应三步回归结果

	(1) 第一步	(2) 第二步	(3) 第三步
L. in_tax	-0.217*** (-31.46)	-0.312*** (-25.87)	-0.166*** (-24.08)
rate	-0.045*** (-2.82)	-1.145*** (-42.12)	0.142*** (8.90)
lnasset	0.433*** (222.64)	-0.562*** (-93.49)	0.525*** (174.83)
ROA	0.264*** (9.14)	0.099 (1.31)	0.248*** (7.22)
lnwage	-0.428*** (-167.54)	0.177*** (51.05)	-0.457*** (-163.30)
DAR			0.163*** (42.48)
_cons	1.877*** (89.45)	5.989*** (100.58)	0.899*** (27.11)
Sobel 检验 P 值	0.0000		
中介效应占比	0.13661428		
N	1032106	1032106	1032106
r2	0.318	0.161	0.372
r2_a	0.318	0.161	0.372
rmse	0.380	0.654	0.364

注：括号里为 t 值，*** 表示 $p<0.01$，** 表示 $p<0.05$，* 表示 $p<0.1$。

表 6－2 为全部样本的中介效应回归结果，其 Sobel 检验结果显著，并且所有变量都是显著的，说明存在着部分中介效应，中介效应占比为 13.7%，存在增强型效果。其内在影响机制主要是降低企业所得税能提升企业盈利能力，促进企业扩大再投资，提升企业资产负债率，调整企业资本结构，从而企业增加劳动需求，促进社会就业。具体来说，此传导机制的基本逻辑包括两个方面，首先是正面效应，在其他条件不变的情况下，降低企业所得税税率能增加企业实际利润，促进企业再投资，提高企业资

产负债率，调整企业资本结构，所产生的收入效应大于替代效应，从而推动企业增加劳动需求；其次是负面效应，降低企业所得税税率会弱化“就业税盾”效应，即当企业所得税税率降低时，企业税盾效应会弱化，“就业税盾”效应也会弱化，减少劳动需求，不利于增加社会就业。在以上双向效应的共同作用下，实证结果表明，资产负债率最终对企业所得税就业效应产生增强作用。

除了对整体样本的中介效应分析之外，本章还对不同所有制类型的企业分别进行了中介效应检验，发现资产负债率在各类所有制企业中都存在显著的中介效应，只是不同企业影响方向和影响强度存在着异质性，详细检验结果见附录二。

我们根据以上实证检验结果总结出以下几点：一是整体而言，资产负债率在企业所得税就业效应中普遍存在着中介传导作用，对整体企业、私营企业和港澳台企业以及其他企业起着增强效果，而对国有企业和集体企业起着弱遮掩型效果。二是增强效果的基本逻辑，整体企业、私营企业和港澳台企业以及其他企业的增强效果内在机制：降低企业所得税虽然会弱化税盾效应和“就业税盾”效应，但会更大程度地增加企业资产负债率，调整企业资本结构，促进企业扩大再生产，从而最终增加企业劳动需求，促进社会就业。三是遮掩型效果基本逻辑，国有企业和集体企业起着弱遮掩型效果内在机制：由于国有企业和集体企业含有集体成分，市场化程度偏低，用工时会考虑更多人情因素，降低企业所得税税率会对企业资产负债率产生较弱影响，但会产生较强的“就业税盾”现象，最后对企业所得税就业效应产生弱遮掩型效果。其实，除企业的选择差异性之外，资产负债率中介效应的企业异质性原因还有很多，或许还与不同企业的资产规模稳定性差异或者“就业税盾”差异有关，也值得接下来再进一步深入研究。

三、以资产收益率为中介变量

表6-3是以资产收益率（ROA）为中介变量时的三步法回归结果以

及 Sobel 检验结果。

表 6 – 3　　整体中介效应三步回归结果

	(1) 第一步	(2) 第二步	(3) 第三步
L. in_tax	–0. 181 *** (–27. 88)	–0. 060 *** (–14. 97)	–0. 166 *** (–24. 08)
rate	0. 224 *** (17. 05)	0. 332 *** (21. 16)	0. 142 *** (8. 90)
lnasset	0. 517 *** (237. 12)	–0. 032 *** (–9. 99)	0. 525 *** (174. 83)
DAR	0. 165 *** (54. 70)	0. 008 (1. 25)	0. 163 *** (42. 48)
lnwage	–0. 448 *** (–186. 17)	0. 034 *** (25. 80)	–0. 457 *** (–163. 30)
ROA			0. 248 *** (7. 22)
_cons	0. 992 *** (42. 74)	0. 377 *** (11. 10)	0. 899 *** (27. 11)
Sobel 检验 P 值	0. 0000		
中介效应占比	0. 31346766		
N	1032106	1032106	1032106
r2	0. 362	0. 022	0. 372
r2_a	0. 362	0. 022	0. 372
rmse	0. 367	0. 187	0. 364

注：括号里为 t 值，*** 表示 $p < 0.01$，** 表示 $p < 0.05$，* 表示 $p < 0.1$。

表 6 – 3 为全部样本的中介效应回归结果，其 Sobel 检验结果显著，并且所有变量都是显著的，说明存在着部分中介效应，中介效应占比为 31. 3%，存在增强型效果。

其内在影响机制基本逻辑包括两个方面，在其他条件不变的情况下，首先是正面效应，降低企业所得税税率能增加企业实际利润，提升企业资产收益率，提高盈利能力，进一步增加企业再投资意愿，通过扩大再生产增加企业的劳动需求，即产生收入效应，从而提升企业的劳动力需求；其次是负面效应，企业所得税税率降低，提升企业资产收益率和盈利能力，进一步增加企业对研发投入，或增加对企业的资本需求，即产生替代效应，减少企业劳动需求，不利于增加社会就业。在以上双向效应的共同作用下，实证结果表明，资产收益率最终对企业所得税就业效应产生增强作用，即收入效应大于替代效应。

除了对整体样本的中介效应分析之外，本章还对不同所有制类型的企业分别进行了中介效应检验，发现资产收益率在各类所有制企业中都存在显著的中介效应，只是影响方向和影响强度存在着企业异质性，详细检验结果见附录三。

我们根据以上实证检验结果总结出以下几点：一是整体而言，资产收益率在企业所得税就业效应中普遍存在着中介传导作用，对整体企业、私营企业、集体企业和港澳台企业以及其他企业起着增强效果，而对国有企业和外商企业起着弱遮掩型效果。二是增强效果基本逻辑。整体企业、私营企业、集体企业和港澳台企业以及其他企业的增强效果内在机制：降低企业所得税能提升企业资产收益率，提高盈利能力，进一步增加企业再投资意愿、研发投入和企业劳动需求，从而促进社会就业。三是弱遮掩型效果基本逻辑。国有企业和外商企业的弱遮掩型效果内在机制：国有企业和外商企业往往处于行业领导者地位，盈利能力较强，降低企业所得税对其资产收益率影响不大，盈利能力变动对其劳动需求的影响也不大，故存在弱遮掩型效果。除此之外，资产收益率中介效应的企业异质性原因还有很多，或许与不同企业的企业文化或企业技术水平有关，也值得接下来进一步深入研究。

第三节　宏观视角下就业效应内在传导机制的实证分析

根据前文理论分析，在宏观层面，经济总量、产业高级化、社会研发投入和城镇化都可能影响到企业所得税就业效应，本章利用2003—2019年省级面板数据进行实证分析。经初步相关性检验发现，各省市社会研发投入和城镇化率的数据存在较严重共线性，如此一来，将会导致实证结果严重偏差。为解决共线性问题，也为更好地利用有限的变量与数据，本章在前文理论分析的基础上，借鉴国内学者相关研究经验，选择以一般性公共预算支出作为社会研发投入和城镇化的代理变量，进一步开展宏观视角下就业效应内在传导机制的实证分析。基于此，本章分别以GDP、产业高级化、一般性公共预算支出为中介变量，研究宏观税收政策的中介传导机制。

一、以GDP为中介变量

表6-4是以国内生产总值（GDP）为中介变量时的三步法回归结果以及Sobel检验结果。

表6-4　　中介效应三步回归结果

	(1) 第一步	(2) 第二步	(3) 第三步
lntax	-0.048* (-1.73)	0.030 (0.73)	-0.053* (-1.75)
XM	0.639*** (8.85)	0.976*** (6.50)	0.493*** (4.42)
I	0.163*** (5.04)	0.317*** (6.77)	0.115*** (4.48)
t	0.280** (2.71)	0.151** (2.75)	0.257** (2.70)
GDP			0.150** (2.44)
_cons	-0.009 (-0.11)	0.021 (0.21)	-0.012 (-0.15)
Sobel检验P值	0.02127051		

续表

	(1) 第一步	(2) 第二步	(3) 第三步
中介效应占比	0.2082979		
N	527	527	527
r2	0.806	0.828	0.817
r2_a	0.804	0.826	0.815
rmse	0.028	0.044	0.027

注：括号里为t值，*** 表示 $p<0.01$，** 表示 $p<0.05$，* 表示 $p<0.1$。

表6-4为GDP的中介效应回归结果，其Sobel检验显著通过，并且所有变量都是显著的，因此，GDP在企业所得税就业效应中存在着部分中介效应，其中介效应占比为20.8%，且为增强型效果。此实证结果表明，降低企业所得税税率能有效推动经济增长，进而增加社会就业，这与前文理论分析一致，也与凯恩斯经济学等主流经济思想一致。具体来说，应从劳动供需两方面解释GDP在其中的中介效应：首先是劳动需求方面，作为积极的财政政策措施，降低企业所得税税率能够有效推动IS曲线向右平移，社会总需求曲线（AD）曲线也会向右平移，从而短期提升社会产出水平，即推动GDP的增长，进一步增加社会劳动需求；其次是劳动供给方面，从前文理论分析得知，企业所得税税率变动对劳动供给的直接影响较少，若同样从积极的财政政策视角来看，减税虽然会在一定程度上限制政府收入和政府支出，但企业所得税是一种直接税，不易直接转嫁给消费者，那么，降低企业所得税税率更类似于增加政府对企业的支出，从而产生直接的投资效应，对GDP具有推动作用。从长远来看，GDP对劳动总量供给，尤其是人力资本提升有较强的促进作用。与此同时，我们也应该看到，从实证结果上来看，中介效应的增强效果并不太强，这一结论也印证了宏观经济现象的复杂性，后续笔者将与国内研究进行比较分析，探究不同数据实证结果是否存在差异性及其深层原因。

此外，笔者又对不同时间段数据以GDP为中介变量进行检验发现，在2003—2007年和2008—2013年，GDP在企业所得税就业效应中存在部分中介效应，Sobel检验P值为低于5%，且为增强型效果。但2014—2019

年，GDP 的 Sobel 检验 P 值大于 10%，说明没有通过检验，不存在显著的中介效应（详见附表三）。分时间段的中介效应检验并未完全印证全时段检验，其内在主要原因可能是宏观数据样本量较少，造成检验结果存在一定偏差，后续仍需要更多样本量深入研究。

二、以产业高级化为中介变量

表 6－5 是以产业高级化（V3）为中介变量时的三步法回归结果以及 Sobel 检验结果。

表 6－5　　中介效应三步回归结果

	(1) 第一步	(2) 第二步	(3) 第三步
lntax	−0.048* (−1.73)	0.022 (0.73)	−0.051* (−1.73)
XM	0.639*** (8.85)	0.931*** (7.25)	0.504*** (4.66)
I1	0.163*** (5.04)	0.166*** (5.50)	0.139*** (5.18)
t	0.280** (2.71)	0.228*** (6.36)	0.247** (2.72)
V3			0.145** (2.12)
_cons	−0.009 (−0.11)	−0.006 (−0.08)	−0.008 (−0.10)
Sobel 检验 P 值	0.1025		
中介效应占比	−0.08286338		
N	527	527	527
r2	0.806	0.771	0.816
r2_a	0.804	0.769	0.814
rmse	0.028	0.045	0.027

注：括号里为 t 值，*** 表示 $p<0.01$，** 表示 $p<0.05$，* 表示 $p<0.1$。

表6-5为产业高级化（V3）的中介效应回归结果，P值最大应小于0.1，也就是在10%水平上显著才算通过检验，但产业高级化（V3）的Sobel检验P值为0.102，没有通过检验，因此，产业高级化不存在显著的中介效应。从理论上说，产业高级化（V3）应从劳动供需两个方面解释第三产业占比在其中的中介效应，一是劳动需求方面，大量实证研究表明，相对于第二产业和第一产业，第三产业的就业吸纳能力更强，因此，在经济总量不变的前提下，第三产业占比越高，其吸纳就业的能力更强。但是，由于我国对三个产业的企业所得税政策差异化较小，当企业所得税税率变化时，对所有企业的财务状况产生的影响差别性较小，也就无法调整经济产业结构，从而无法从结构上影响到就业吸纳能力。二是劳动供给方面，从供给总量上看，由于税率变化无法影响到经济结构，也就无法直接影响到劳动供给总量；而从供给质量上看，税率变化会通过提升教育产业的投入，进而对人力资本产生间接的提升作用。表6-5的实证检验结果表明，产业高级化对企业所得税就业效应不存在中介效应，这与理论研究基本一致。除此之外，我们也要看到，中介效应不显著还可能是以下两方面原因造成：一方面是宏观数据质量可能存在准确性不高问题；另一方面原因可能是与发达国家相比，当前我国整体产业高级化水平不高，产业高级化与就业之间关系的敏感性不强。

此外，笔者又对不同时间段数据进行以产业高级化为中介变量的检验发现，在2008—2013年和2014—2019年，产业高级化的Sobel检验P值大于10%，没有通过检验，说明产业高级化不存在显著的中介效应（详见附表五）。但2003—2008年，产业高级化在企业所得税就业效应中存在着部分中介效应，Sobel检验P值为低于5%，且为增强型效果。分时间段的中介效应检验并未完全印证全时段检验，其内在主要原因可能是宏观数据样本量较少且准确度不高，造成检验结果存在一定偏差，后续需要更多样本量深入研究。

三、以一般性公共支出为中介变量

表6-6是以一般性公共支出（G）为中介变量时的三步法回归结果以

及 Sobel 检验结果。

表 6-6　　中介效应三步回归结果

	(1) 第一步	(2) 第二步	(3) 第三步
lntax	-0.048* (-1.73)	0.183*** (3.29)	-0.059* (-1.84)
xm	0.639*** (8.85)	0.633*** (4.62)	0.600*** (7.99)
I1	0.163*** (5.04)	0.383*** (6.05)	0.139*** (4.90)
t	0.280** (2.71)	0.185** (2.29)	0.268** (2.71)
G			0.062 (1.68)
_cons	-0.009 (-0.11)	0.385*** (2.97)	-0.032 (-0.37)
Sobel 检验 P 值	0.05010095		
中介效应占比	-0.09379584		
N	527	527	527
r2	0.806	0.762	0.811
r2_a	0.804	0.760	0.809
rmse	0.028	0.072	0.028

注：括号里为 t 值，*** 表示 $p<0.01$，** 表示 $p<0.05$，* 表示 $p<0.1$。

为探究社会研发投入和社会城镇化对企业所得税就业效应的中介效应，本章选择一般性公共预算支出（G）作为社会研发投入和城镇化的代理变量，这是基于以下考虑：一是考虑到所使用的数据库中社会研发投入和城镇化率变量存在严重的共线性；二是考虑到当前我国正在推进以人为核心的新型城镇化建设，公租房等城镇基础设施建设、居民社保低保等转移性支付是重点工作，且都需要政府增加支出，从而会引导社会研发投入，可见，一般性公共预算支出在其中起着重要作用。表 6-6 为一般性公共预算支出的中介效应回归结果，其 Sobel 检验显著通过，并且所有变量都是显著的，因此，一般性公共预算支出在企业所得税就业效应中存在部分中介效应，其中介效应占比为 9.4%，且为遮掩型效果。从理论上说，当其他因素变化的情况下，减少企业所得税收入会减少政府一般性公共支出。换言之，当企业所得税收入减少时，政府的财政收入会减少，从而造成政府一般性公共支出减少。正如实证检验结果一样，一般性公共支出对企业所得税就业效应存在中介效应，会弱化企业所得税就业效应，这与前文的理论研究基本一致。具体可以从正反两方面解释一般性公共支出在其中的中介效应。首先是负向效应，短期来看，减少企业所得税收入会在一定程度上减少政府财政收入，进而限制企业的一般性公共支出，从而能够有效推动 IS 曲线向左平移，社会总需求曲线（AD）曲线也会向左平移，从而短期减少社会产出水平，不利于经济短期增长，进而会减少社会劳动需求。其次是正向效应，从长远来看，作为积极的财政政策措施，减少企业所得税收入能够有效推动 IS 曲线向右平移，社会总需求曲线（AD）曲线也会向右平移，从而提升社会产出水平，即推动经济长期增长，从长期来看有利于增加政府一般性公共支出，进一步增加社会劳动需求。最后是劳动供给方面，长期来看，增加一般性公共预算支出能有效促进社会城镇化进程，从劳动供给端增加劳动力供给，进一步加剧劳动供给大于需求现象，进而不利于增加社会就业，弱化企业所得税就业效应。综上所述，从理论上说，企业所得税收入变动会对政府一般性公共支出产生多重影响，但实证检验结果表明，政府一般性公共支出最终会对企业所得税就业效应产生遮掩效果。

此外，笔者对不同时间段数据进行以产业高级化为中介变量的检验发现，在 2008—2013 年和 2014—2019 年，政府一般性公共支出的 Sobel 检验 P 值大于 10%，说明没有通过检验，因此不存在显著的中介效应（详见附表六），其中介效应占比均为负值，这也在一定程度上能反映出一般性公共支出对企业所得税就业效应的遮掩效果。仅 2003—2008 年，政府一般性公共支出在企业所得税就业效应中存在着部分中介效应，Sobel 检验 P 值低于 5%，且为遮掩效果。综上所述，分时间段的中介效应检验并未完全印证全时段检验，其内在主要原因可能是宏观数据样本量较少且准确度不高，造成检验结果存在一定偏差，后续需要更多样本量深入研究。

本章小结

微观角度，本书以员工工资、资产负债率、资产收益率为中介变量，建立中介效应模型，探讨企业所得税有效税率变动对企业职工人数影响的间接路径。研究发现，整体来说，员工工资、资产负债率和资产收益率等中介变量对企业所得税就业效应产生增强效应，具体如表6-7所示。

表6-7　各类企业中介效应汇总表

类型	员工工资	资产负债率	资产收益率
整体企业	增强	增强	增强
国有企业	增强	遮掩	遮掩
集体企业	遮掩	遮掩	增强
私营企业	遮掩	增强	增强
港澳台企业	增强	增强	增强
外资企业	增强	增强	遮掩
其他企业	增强	增强	增强

首先，考虑员工工资为中介变量。整体上看，降低企业所得税税率能通过影响员工工资，促进人均工资上升，进一步增加企业员工人数和社会就业。简言之，员工工资变量在此过程中起着增强效果，中介效应占比3.83%。分企业性质看，员工工资变量在各类所有制企业中均存在着显著的中介效应，其中，在国有企业、港澳台企业、外资企业和其他企业为增强效果，但在集体企业、私营企业中为遮掩效果。

其次，考虑企业资产负债率为中介变量。整体上看，降低企业所得税税率能通过影响企业资产负债率，使得企业资产负债率降低，进一步增加企业的劳动力需求，从而导致企业职工人数增加。简言之，资产负债率变量在此过程中起着增强效果，中介效应占比1.33%。分企业性质看，企业资产负债率变量在各类所有制企业中均存在着显著的中介效应，其中，在私营企业、港澳台企业、外资企业和其他企业中为增强效果，但在国有企业、集体企业中为遮掩效果。

最后，考虑企业资产收益率为中介变量，整体上看，降低企业所得税税率能通过影响企业资产收益率，使得企业资产收益率增加，增强盈利能力，进一步增加企业的员工人数，从而促进就业。简言之，企业资产收益率在此过程中起着增强效果，中介效应占比 0.32%。分企业所有制性质看，企业资产负债率在各类所有制企业中均存在着显著的中介效应，其中，在集体企业、私营企业、港澳台企业和其他企业中为增强效果，但在国有企业、外资企业中为遮掩效果。

宏观角度，本书以 GDP、产业高级化、一般性公共预算支出为中介变量，建立中介效应模型，探讨企业所得税收入变动对就业人数影响的路径。研究发现，总体来说，GDP 和政府一般性公共支出会对企业所得税就业效应产生显著的中介效应，分别为增强效果和遮掩效果。具体如表 6－8 所示。

表 6－8　　　　不同时期中介效应汇总表

时期	GDP	产业高级化	一般性公共支出
	增强	不显著	遮掩
2003—2007 年	增强	增强	遮掩
2008—2013 年	增强	不显著	不显著
2014—2019 年	不显著	不显著	不显著

首先，考虑 GDP 为中介变量，虽然三步法没有通过检验，但 Sobel 法通过了检验，考虑到 Sobel 法较三步法具有更强的发现能力，因此，GDP 作为中介变量存在着中介效应。减少企业所得税收入会促进 GDP 的增长，进而使城镇单位就业人数上升（正相关）。简言之，GDP 存在着增强效果。

其次，考虑产业高级化（V3）为中介变量，三步法和 Sobel 检验均没有通过检验，说明产业高级化（V3）在企业所得税就业效应中不存在显著的中介效应。

再次，考虑政府一般性公共预算支出（G）为中介变量，三步法和 Sobel 法均通过了检验，因此，政府一般性公共预算支出（G）在企业所得税就业效应中存在着显著的中介效应。减少企业所得税收入，会降低一般性公共预算，而预算支出的下降，会进一步降低社会总需求，降低企业劳动力需求和社会就业。简言之，政府一般性公共预算支出（G）存在着遮掩效果。

最后，需要说明的是，可能是由于宏观数据样本量较少或准确度不高，造成对分成三个阶段的宏观数据进行分段检验结果不一，存在一定偏差，这说明当前宏观实证检验结果稳健性不足，后续仍需要更多样本量深入研究。

第七章

就业效应外部影响因素的实证分析

第一节　问题的提出

税收的就业效应一直是国内外研究的热点话题，通过前文分析发现，企业所有制性质会对企业所得税就业效应产生调节作用。然而，受制度特殊性约束，国外学者很少关注企业不同所有制性质与税收敏感性的研究，而国内学术界的有关文献主要以理论分析、国家宏观数据或微观非面板数据研究为主，少有人利用微观企业层面板数据进行实证研究。此外，劳动密集型对企业所得税就业效应影响情况的实证研究也较少。基于此，为了进一步丰富税收就业理论，本章继续利用国家统计局 1998—2013 年全部国有及规模以上工业企业数据库，采取动态面板模型估计不同所有制企业、企业要素密集类型和企业所在地区等外部因素对企业所得税就业效应的影响情况。

第二节　数理模型的构建

关于微观企业层面的实证理论基础，内在逻辑与前文第五章一致，因此，本章仍然使用前文第五章推导出的微观模型，具体模型如下：

一、静态面板模型

$$\ln L = \frac{1}{1-\beta}\ln\beta + \frac{\alpha}{1-\beta}\ln K(T_{\pi,t-1}, r) + \frac{1}{\beta-1}\ln w + \frac{1}{1-\beta}\ln A \qquad (7-1)$$

假定资本和劳动的产出弹性 α 和 β 为常数，根据以上理论分析可知，企业所得税税率和利率通过影响资本投入，对劳动需求产生影响，因此，可以将 $T_{\pi,t-1}$ 和 r 作为解释变量代入回归模型。此外，相较于截面数据模型和时间序列模型，面板数据可以控制不可观测的“个体效应”，有效处理遗漏变量的模型错误设定问题。基于此，对以上方程进行变形，可以构建出静态面板模型：

$$\ln L_{it} = \lambda_0 + \lambda_1 T_{i,t-1} + \gamma X_{it} + \mu_i + \sigma_t + \varepsilon_{it} \quad (7-2)$$

方程（7－2）中，劳动需求（$\ln L_{it}$）与企业所得税税率（$T_{i,t-1}$）有关；X_{it}为包含企业人均工资（w）、企业的资本使用成本（利率 r）等解释变量。虽然国内名义利率都相同，但因不同企业的资金获取途径不同，所以实际利率有差别（方明月等，2010）①。λ_1 表示微观意义上的企业所得税税率的劳动需求弹性，即企业的所得税率每增加 1%，所引起的就业人数变动率。除了以上主要解释变量，还需要考虑资产规模、资产负债率、资产收益率等其他控制变量，企业所处时期的经济环境以及个体特征也会影响企业劳动需求，因此还须控制时间固定效应 σ_t 和个体固定效应 μ_i。ε_{it} 表示误差项。

为进一步检验静态面板模型可用性，并对第五章实证分析结果进行稳健性检验，本章首先利用静态面板模型分析企业所得税税率变动对劳动需求的总体影响，回归分析结果如表 7－1 所示。模型 1 仅考虑自变量对因变量的影响，模型 2 则包含人均工资、实际利率等企业特征的控制变量。笔者对模型 3 与模型 4 进行 Hausman 检验，结果表明，使用固定效应优于随机效应，故选择固定效应。笔者又对模型 5 与模型 6 进行 Hausman 检验，验证了人均工资和资产存在内生性问题，因此在模型 5 中使用人均工资（lnwage）和资产规模（lnasset）的二阶滞后项作为其自身的工具变量进行两阶段回归，并通过了不可识别检验和弱工具变量等检验②。虽然我们使用不同的模型进行回归，但实证结果都是相同的，自变量企业所得税税率的一阶滞后项（L1. T）的系数始终在 1% 的水平上显著为负，这再次说明企业所得税税率与企业劳动需求负相关，即降低企业所得税税率能够增加

① 方明月，聂辉华，江艇，谭松涛．中国工业企业就业弹性估计［J］．世界经济，2010（8）：3－14.

② 不可识别检验 Kleibergen－Paap rk LM 统计量 p 值为 0.000，弱工具变量检验 F 统计量高达 796。

企业劳动需求，促进社会就业。换言之，减税所产生的收入效应大于替代效应，主要原因是相较于劳动投入，中国工业企业更缺资本，减税会产生更大的收入效应。1998—2013 年是中国工业企业快速发展的 16 年，随着城镇化进程加速，社会劳动力相对充分，社会资本紧缺问题更容易制约企业发展，减税会降低企业资本成本，在一定程度上能解决资本紧缺问题，从而增加企业投资和扩大企业规模，增加企业劳动需求。以模型 2 的回归结果为例进行分析，总体来看，当期企业所得税的有效税率每降低一个百分点，下一期企业的劳动需求量将增加 0.166%，即企业所得税有效税率的劳动需求弹性为 0.166。静态面板模型的回归结果不仅再次印证了前文的结论，而且也为下文动态面板模型分析奠定了可靠的基础。

表 7-1　　企业所得税对劳动需求的影响（静态面板）

lnL	(1) FE1	(2) FE2	(3) RE	(4) BE	(5) 2SLS	(6) OLS
L1. T	-0.305*** (0.00725)	-0.166*** (0.00690)	-0.161*** (0.00514)	-0.141*** (0.0126)	-0.0238*** (0.0110)	-0.131*** (0.00660)
lnwage		-0.457*** (0.00280)	-0.444*** (0.000883)	-0.401*** (0.00181)	-0.984** (0.0114)	-0.405*** (0.00105)
rate		0.142*** (0.0159)	0.188*** (0.00751)	0.319*** (0.0143)	0.0465* (0.0256)	0.235*** (0.00887)
lnasset		0.525*** (0.00300)	0.552*** (0.000668)	0.568*** (0.000991)	1.048*** (0.00894)	0.585*** (0.000559)
DAR		0.163*** (0.00384)	0.170*** (0.000625)	0.173*** (0.00262)	0.313*** (0.00514)	0.180*** (0.000926)
ROA		0.248*** (0.0344)	0.270*** (0.00209)	0.352*** (0.00463)	0.352*** (0.0610)	0.298*** (0.00253)
_cons	5.099*** (0.00165)	0.899*** (0.0331)	0.537** (0.00793)	0.220*** (0.0104)		0.111*** (0.00604)
N	1285164	1032106	1032106	1032106	548188	1032106
R^2	0.003	0.372		0.512		0.520
Hausman (P)		3356 (0.000)			3480 (0.000)	

注：Standard errors in parentheses，*** 表示 $p<0.01$，** 表示 $p<0.05$，* 表示 $p<0.1$。各模型均已控制个体固定效应和年份固定效应。

二、动态面板模型

上述静态面板数据模型较好地控制了个体效应，但从长期来看就业是个动态过程，由于惯性或部分调整，个体的当前行为往往受自身过往行为的影响（陈强，2014）①，所以，除了当期的因素会影响企业的劳动需求，历史因素也不可忽视。例如，若企业上一期雇用过多劳动力，则本期可能会减少雇用，也可能会时滞到下一期。另外，不仅人均工资、资产规模会对职工人数产生影响，而且职工人数变动也会反过来影响人均工资及资产规模，即存在一种双向因果关系。因此，考虑到就业的惯性特征和内生性问题，笔者在回归模型中引入了滞后期的职工人数，并将人均工资及资产规模作为内生变量集构建动态面板模型。总之，要综合考虑个体特征、时间因素和动态因素，使用动态面板进行估计企业所得税对劳动需求的影响。笔者使用由 Arellano 和 Bond （1991）② 与 Blundell 和 Bond （1998）③ 提出的差分 GMM 和系统 GMM，以解决由于遗漏变量、双向因果等所引起的内生性问题，在静态面板模型的基础上，加入被解释变量的滞后项建立经典的动态面板模型：

$$\ln L_{it} = \sum_{j=0}^{m} \alpha_j \ln L_{i,t-j} + \beta T_{i,t-1} + \gamma X_{it} + \mu_i + \sigma_t + \varepsilon_{it} \quad (7-3)$$

其中，$\ln L_{it}$为具有动态效应的因变量；m 为最大滞后阶数；$T_{i,t-1}$为自变量；向量 X_{it}为包含多种控制变量；μ_i 和 σ_t 分别为不可观测的个体固定效应和时间固定效应；ε_{it}为独立同分布的误差项。在本书的具体环境中，$\ln L_{it}$、$\ln L_{i,t-j}$分别表示每个企业的职工人数及其滞后项的对数。X_{it}包括每

① 陈强. 高级计量经济学及 Stata 应用（第二版）［M］. 北京：高等教育出版社，2014：231 -253.

② Arellano, M., Bond, S. Some Tests of Specification for Panel Data: Monte Carlo Evidence and an Application to Employment Equations ［J］. Review of Economic Studies, 1991, 58 (2): 277 -297.

③ Blundell, R., Bond, S. Initial Conditions and Moment Restrictions in Dynamic Panel Data Models ［J］. Journal of Econometrics, 1998, 87 (1): 115 -143.

个企业的当期人均工资、真实利率、资产规模、资本结构和盈利能力，而且假设人均工资和资产规模是内生的。X_{it}还包括企业所有制等外生的虚拟变量。μ_i 表示每个企业所拥有的资源、管理能力等无法观测的因素。σ_t 表示在不同时点上影响国内经济中所有企业的宏观波动因素。

第三节　数据分类

一、微观数据分类

本章研究的数据来源仍使用国家统计局 1998—2013 年中国工业企业数据库，因变量和自变、控制变量指标设计仍与前文一致，在此不再赘述。在前文基础上，为了更准确地考察各调节变量对企业所得税就业效应的影响，本章对数据进行详细分类。

（一）企业所有制类型分类

为进一步研究不同所有制企业的劳动需求效应，我们再次增加了企业所有制类型的虚拟变量。根据工业统计口径，企业的所有制类型包括国有、集体、私营、港澳台、外资、联营、股份有限、股份合作以及其他企业等九种，简便起见，本书将后面四种成分不是很明显的类型合称为“其他企业”，这样共划分六种企业所有制类型。如表 7－2 所示。

表 7－2　　变量指标名称及含义

类型	名称	符号	计算方法
因变量	企业职工人数对数	lnL	企业职工人数的对数
自变量	企业所得税税率的一阶滞后	L1. T	应交企业所得税/利润总额

续表

类型	名称	符号	计算方法
控制变量	真实利率	rate	财务费用/负债
	资产规模	lnasset	资产总额的对数
	人均工资对数	lnwage	（工资 + 福利）/职工人数取对数
	资产收益率	ROA	净利润/资产总额
	资产负债率	DAR	负债/资产总额
	企业所有制类型	D	国有、集体、私营、港澳台、外资、其他
	企业要素密集类型	E	劳动、资源、资本、技术、其他
	企业所在地区类型	R	东部、中部、西部、东北部

（二）企业要素密集类型分类

根据前文分析，本书选择企业职工人数的对数作为因变量，以企业所得税有效税率的一阶滞后项作为自变量，还增加了企业要素密集类型的虚拟变量，变量名称及含义如表 7 – 3 所示。此外，本书样本涉及《国民经济分类和代码（2011）》中的 39 个两位数行业，由于目前行业要素密集分类标准并未统一，笔者综合采用罗守贵等（2012）基于联合国的国际贸易标准分类法（SITC）以及张万里等（2018）① 的要素密集度分类法，将 39 个行业划分为五类②，如表 7 – 3 所示。

表 7 – 3　　工业企业按要素密集类型分类

要素密集类型	包含行业
劳动密集型（LD）	农副食品加工业，食品制造业，饮料制造业，纺织业，纺织服装、鞋、帽制造业，木材加工及木、竹、藤、棕、草制品业，家具制造业，造纸及纸制品业，印刷业和记录媒介的复制，文教体育用品制造业，橡胶制品业，塑料制品业，金属制品业，工艺品及其他制造业

① 张万里，魏玮．制造业集聚对效率的影响研究：抑制还是促进［J］．南方经济，2018（4）：95 – 113.

② 因各文献的分类标准不一，笔者将各文献中均未涉及的行业和分歧较大的行业列为其他行业。

续表

要素密集类型	包含行业
资源密集型（ZY）	石油和天然气开采业，有色金属矿采选业，黑色金属矿采选业，煤炭开采和洗选业，其他采矿业，烟草制品业，石油加工、炼焦及核燃料加工业，非金属矿物制品业，皮革、毛皮、羽毛（绒）及其制品业，非金属矿采选业
资本密集型（ZB）	黑色金属冶炼及压延加工业，有色金属冶炼及压延加工业，化学纤维制造业，仪器仪表及文化、办公用机械制造业，通用设备制造业，专用设备制造业，交通运输设备制造业，化学原料及化学制品制造业，电气机械及器材制造业
技术密集型（JS）	医药制造业，通信设备、计算机及其他电子设备制造业
其他（QT）	废弃资源和废旧材料回收加工业，燃气生产和供应业，水的生产和供应业，电力、热力的生产和供应业

（三）企业所在地区分类

为科学反映我国不同区域的社会经济发展状况，为党中央、国务院制定区域发展政策提供依据，根据《中共中央、国务院关于促进中部地区崛起的若干意见》《国务院发布关于西部大开发若干政策措施的实施意见》以及党的十六大报告的精神，2011 年国家统计局发布《东西中部和东北地区划分方法》，将我国的经济区域划分为东部、中部、西部和东北四大地区，如表 7－4 所示。

表 7－4　企业所得地区分类

地区类别	包含省市
东部地区（D）	北京、天津、河北、上海、江苏、浙江、福建、山东、广东和海南
中部地区（Z）	山西、安徽、江西、河南、湖北和湖南
西部地区（X）	内蒙古、广西、重庆、四川、贵州、云南、西藏、陕西、甘肃、青海、宁夏和新疆
东北地区（DB）	辽宁、吉林和黑龙江

二、描述性统计

（一）六种所有制企业关键变量信息

表 7－5 统计出 6 种所有制企业的关键变量信息。企业数量方面，私营

企业数量占据了“半壁江山”，多种所有制混合而成的其他企业占据了三分之一；职工人数方面，虽然国有企业数量占比很低，但其平均职工人数最多，私营企业的平均职工人数最少；企业所得税有效税率方面，港澳台企业和外商企业的税率远低于其他企业，这是因为外资企业长期享受税收优惠政策；利率和工资方面，集体企业的融资成本最高，且工资水平最低，相较于资产雄厚的国有企业和外商企业，集体企业经营情况较困难。经初步统计分析发现，在社会主义市场经济竞争中，国有企业占有政府背景优势，港澳台和外商企业长期占有税收优惠优势，“小而多”的私营企业和经营困难的集体企业对政策和市场环境更敏感，且隐藏着巨大的就业潜力。

表7－5　　　　不同所有制企业的关键变量描述性统计

企业类型	职工人数均值	有效税率均值	资产规模均值（千元）	人均工资均值（千元）	实际利率均值	比例
国有企业（GY）	1179	25.8%	900756	39.8	2.7%	4.14%
集体企业（JT）	238	25.1%	40581	15.2	10.6%	6.69%
私营企业（SY）	178	22.4%	42787	25.3	5.0%	48.92%
港澳台企业（GAT）	526	17.7%	148710	40.6	3.4%	4.16%
外资企业（WS）	544	17.4%	226000	58.5	3.8%	3.96%
其他企业（QT）	403	21.7%	232163	43.3	4.0%	32.13%
观测值个数	2217368	2217368	2217368	2017957	1940478	2217368

注：其他企业包括联营、股份、合作以及其余企业；经检验，工资和实际利率随机缺失。

（二）各类要素密集型企业的关键变量信息

表7－6描述了各类要素密集型企业的关键变量信息。初步统计分析发现，各类要素密集型企业的企业所得税有效税率差别不大。值得注意的是，“小而多”的劳动密集型企业的平均职工人数最少，且人均工资最低，而技术密集型企业却恰恰相反。

表7－6　　　　各类要素密集型企业的描述性统计

企业类型	劳动密集型（LD）	资源密集型（ZY）	资本密集型（ZB）	技术密集型（JS）	其他（QT）
职工人数均值	262.5	431.9	311.0	567.6	467.5

续表

企业类型	劳动密集型（LD）	资源密集型（ZY）	资本密集型（ZB）	技术密集型（JS）	其他（QT）
企业所得税有效税率均值（%）	22.0	22.6	22.2	19.6	24.3
资产规模均值（万元）	6491.3	18951.6	16561.8	26888.9	92199.0
人均工资均值（万元）	2.7	4.2	3.6	5.4	16.6
实际利率均值（%）	5.0	5.3	4.0	3.5	3.5
占比（%）	41.5	14.2	36.9	5.0	2.4
观测值数量（个）	920232	315049	818521	111286	53490

（三）企业地区因素的关键变量信息

表7-7描述了各地区企业的关键变量信息。初步统计分析发现，中部、东部及东北部地区企业的企业所得税有效税率差别不大，仅西部地区的有效税率低于其他地方约两个百分点。值得注意的是，东部地区企业的平均职工人数远低于其他地区，约是其他地区企业职工人员的75%；东部地区的资产规模也低于其他地区，但东部地区企业占比高达七成。简单地说，东部地区企业呈现出“多而小”的特点，而西部地区企业具有税率低、工资高、实际利率低的优势，东北地区企业的职工工资最低，中部地区企业的实际利率最高。

表7-7　各地区企业的描述性统计

企业地区	东部地区（D）	中部地区（Z）	西部地区（X）	东北地区（DB）	整体（AL）
职工人数均值	297.6	381.8	406.0	398.0	324.8
企业所得税有效税率均值（%）	22.3	22.2	20.2	22.1	22.1
资产规模均值（万元）	12969.8	17650.8	24163.0	20256.6	15060.3
人均工资均值（万元）	3.5	4.1	5.5	3.0	3.7
实际利率均值（%）	4.1	7.3	4.0	4.3	4.6
占比（%）	71.6	13.1	9.3	6.0	100
观测值数量（个）	1588327	290984	206064	132936	2218311

第四节　企业所得税就业效应外部影响因素分析

一、企业所有制因素

（一）不同所有制企业的劳动需求效应

在计量回归分析中，由于因变量滞后项 L1. T 与个体固定效应 μ_i 之间存在正相关关系，往往普通最小二乘法（OLS）估计产生向上的偏误，静态面板固定效应（FE）估计造成向下的偏误。由于样本量巨大，使用动态面板模型容易引入过多的工具变量造成过度识别。因此，出于估计准确性和可行性的考虑，在前文动态方程的基础上，加入了所有制和税率交互项（$D^k \times T_{i,t-1}$），并且假定除企业所得税税率一阶滞后项之外的其他解释变量的系数在不同所有制企业之间是相同的。最后，构造了一个包含因变量滞后两阶和交互项的动态面板估计方程：

$$\ln L_{it} = \alpha_1 \ln L_{i,t-1} + \alpha_2 \ln L_{i,t-2} + \sum_{k=1}^{6} D^k \beta^k T_{i,t-1} + \gamma X_{it} + \mu_i + \sigma_t + \varepsilon_{it}$$

$T_{i,t-1}$表示第 i 个企业在 t－1 期的有效税率，它的所有制类型是 k。D^k 是一个虚拟变量，当企业所有制类型属于 k，D^k 就等于 1，否则等于 0。在这种模型设定下，每种所有制企业的有效税率的系数 β 反映了六种所有制企业的需求效应差异。这样既能够有效处理内生性造成的估计偏差问题，还能估计不同所有制企业劳动需求效应。以上模型设定假定职工人数、人均工资和资产规模是内生的，为了选择合适的滞后项作为其最有效的工具变量，考虑到越近的滞后项与当期项相关度越高，我们从最近的滞后项开始尝试，几乎尝试了所有理论上满足矩条件的滞后项组合，最终选择它们自身的滞后两阶到三阶作为差分方程的工具变量，差分滞后两阶作为水平方程的 GMM 工具变量。主要回归结果如表 7－8 所示。

表 7－8　企业所得税对不同所有制的企业劳动需求影响（动态面板）

lnL	(7) FE	(8) 2SLS	(9) Diff_GMM	(10) Sys_GMM
$D^{GY} \times T_{t-1}$	0.0327 (0.0218)	−0.0238 (0.0343)	−0.0320 (0.0373)	−0.0125 (0.0394)
$D^{JT} \times T_{t-1}$	−0.276 *** (0.0166)	−0.102 *** (0.0251)	−0.0845 *** (0.0270)	−0.143 *** (0.0265)
$D^{SY} \times T_{t-1}$	−0.220 *** (0.00810)	−0.0494 *** (0.0130)	−0.126 *** (0.0267)	−0.240 *** (0.0175)
$D^{GAT} \times T_{t-1}$	0.147 *** (0.0302)	0.222 *** (0.0463)	0.132 * (0.0695)	0.135 * (0.0760)
$D^{WS} \times T_{t-1}$	0.439 *** (0.0328)	0.539 *** (0.0497)	0.0519 * (0.0695)	0.00152 * (0.0729)
$D^{QT} \times T_{t-1}$	−0.174 *** (0.00882)	−0.0476 *** (0.0135)	−0.106 *** (0.0258)	−0.169 *** (0.0169)
lnwage	−0.457 *** (0.00279)	−0.986 *** (0.0114)	−0.710 *** (0.0136)	−0.540 *** (0.00644)
lnasset	0.524 *** (0.00302)	1.046 *** (0.00892)	0.621 *** (0.0115)	0.522 *** (0.00529)
rate	0.140 *** (0.0159)	0.0457 * (0.0256)	−0.431 *** (0.0565)	−0.487 *** (0.0635)
ROA	0.248 *** (0.0344)	0.352 *** (0.0609)	1.435 *** (0.236)	1.880 *** (0.142)
DAR	0.163 *** (0.00384)	0.312 *** (0.00513)	0.255 *** (0.00681)	0.216 *** (0.00513)
L1. lnL			0.139 *** (0.00482)	0.259 *** (0.00474)
L2. lnL			0.0455 *** (0.00277)	0.0687 *** (0.00272)
_cons	0.910 *** (0.0334)		−0.479 *** (0.0953)	−0.694 *** (0.0326)
N	1032106	548188	391384	639274
R^2	0.373			

续表

lnL	(7) FE	(8) 2SLS	(9) Diff_GMM	(10) Sys_GMM
AR (1)			0.002	0.000
AR (2)			0.451	0.332
Sargan			0.216	0.104

注：Standard errors in parentheses, *** 表示 $p<0.01$, ** 表示 $p<0.05$, * 表示 $p<0.1$。AR (1)、AR (2)、Sargan - test 所汇报的均为 P 值。各模型均已控制个体固定效应和年份固定效应。

表 7 - 8 中模型 7 使用的固定效应模型（FE）和模型 8 使用的两阶段回归模型（2SLS）都是静态回归模型，虽然存在互为因果造成的内生性问题，但回归结果也能反映不同所有制企业的需求效应差别。模型 9 以差分 GMM 与模型 10 以系统 GMM 估计动态面板模型，两模型的检验结果都不能拒绝不存在二阶自相关的原假设，也不拒绝所有工具变量均有效的原假设，因此，模型有效解决了内生性问题。因变量职工人数的滞后两阶的系数显著为正，说明动态因素确实发挥了作用。企业所有制类型和税率交互项（$D^K \times T_{t-1}$）的系数是本部分的分析重点，表 7 - 8 中的 4 个模型回归结果表明，在其他条件相同的情况下，国有企业的劳动需求效应不显著，私营企业、集体企业和其他企业的劳动需求效应显著为负，港澳台企业和外商企业的劳动需求效应显著为正。简单地说，降低企业所得税有效税率，会对不同性质企业产生不同结果：（1）减税能够有效增加私营企业、集体企业和其他企业的劳动需求，促进社会就业；（2）国有企业的劳动需求对减税不敏感，减税对国有企业的劳动需求影响不显著；（3）减税不但不能增加港澳台企业和外商企业的劳动需求，还会减少其劳动需求，减少社会就业。

减税为何会产生三个不同结果，这是一个值得思考的问题。表 7 - 5 的描述性统计能给出一些启示：第一，为什么国有企业的劳动需求影响不显著？国有企业的劳动关系比较稳固，辞退雇员难度较大，人员流动很小，除此之外，国有企业资产规模最雄厚，往往具有政府背景，融资成本较低，实际利率仅为 2.7%，因此，减税所带来的资本成本变动对其投资和融资影响较小，几乎不会对其劳动需求变动产生影响。第二，为什么港澳台企业和外商企业劳动需求效应为正？它们长期享受税收优惠政策，有效税率已处于较低水平（约 17%），而且它们主要集中在劳动密集型行业，如纺织、服装、鞋帽制造业（占全部同类企业数量 16%），通信设备及其他电子设备制造业（11%），这些行业资本对劳动的可替代性高，当减税使资本成本降低，企业偏向加大设备投资替代劳动力，减少劳动力需求。第三，为什么私营企业、集体企业和其他企业的劳动需求效应为负？首先，它们的有效税率处于较高水平（22% 以上），税负较重，尤其集体企业还存在高利率问题（约 10%），沉重税负和资本成本在一定程度上制约着它们扩张发展，因此减税能有效缓解其财务困境；其次，企业员工劳动合同时间较短，劳动关系相对灵活，人员流动较大，企业对职工数量的调整弹性较大；最后，此类企业具有“小而灵活”的特点，对经济和政策环境变化敏感，如当减税带来资本成本降低时，它们会迅速融资或投资，劳动需求也会增加。

（二）结论与启示

上文从微观企业层面分析企业所得税的就业效应，总体来看，减少企业所得税能增加企业劳动需求，促进社会就业。进一步分类研究发现，企业所得税变化对不同所有制企业产生不同影响，受税收对劳动需求的收入效应和替代效应双向影响，减少企业所得税能有效增加集体企业和私营企业的劳动需求，但对国有企业的劳动需求影响不显著，反而对港澳台企业和外商企业的劳动需求起着抑制作用。下一步，我们希望深入研究不同所有制企业所得税对就业的具体影响路径，从而为减税降费政策提供更加可行的政策建议。

若从促进社会就业的目标出发，政府在实施减税降费政策时，应更多地支持私营企业、集体企业、股份制企业等混合所有制企业，因为在同等优惠政策下，它们会创造更多就业岗位。同时，建议适当减轻对港澳台企业和外商企业的税收优惠力度，政府更应该做到精准减税，将有限的优惠政策用于劳动需求效应更大的企业。总之，政府应逐步完善差异化的企业所得税税收优惠体系，使其成为政府稳增长、保就业、调结构的重要举措。

二、企业要素密集型因素

（一）各类要素密集型企业的就业效应分析

企业所得税有效税率是外生变量，无需过分担忧其内生性问题，但人均工资、资产规模等控制变量与职工人数存在双向因果关系，现有文献在估计就业弹性时均未有效解决此内生性问题，难以剥离出纯粹的因果关系。此外，企业劳动需求是个动态过程，企业的当前行为往往受自身过往行为影响，历史因素也不可忽视。因此，使用普通静态回归方法的估计结果有偏误。要解决以上两个问题，在分析企业要素密集类型对就业效应的影响时，同样还需在静态面板模型基础上增加因变量的滞后项构建动态面板模型：

$$\ln L_{i,t} = \sum_{j=0}^{m} \alpha_j \ln L_{i,t-j} + \beta T_{i,t-1} + \gamma X_{i,t} + \mu_i + \sigma_t + \varepsilon_{i,t}$$

其中，$\ln L_{i,t}$为具有动态效应的因变量；$\ln L_{i,t-j}$表示每个企业的职工人数滞后项的对数；m 为最大滞后阶数。与前文相类似，由于样本量巨大，使用动态面板模型容易因引入过多工具变量造成过度识别，因此，出于估计准确性和可行性的考虑，在前文动态模型的基础上，我们加入了企业要素密集类型和企业所得税有效税率交互项（$E^b \times T_{i,t-1}$），并且假定除自变量之外的其他解释变量的系数在不同要素密集型企业之间是相同的，最终构造出一个包含因变量滞后两阶和交互项的动态面板估计方程：

$$\ln L_{i,t} = \alpha_1 \ln L_{i,t-1} + \alpha_2 \ln L_{i,t-2} + \sum_{a=1}^{5} E^a \beta^a T_{i,t-1} + \gamma X_{i,t} + \mu_i + \sigma_t + \varepsilon_{i,t}$$

E^k 是虚拟变量，当企业的要素密集类型属于 a，E^a 等于 1，否则等于 0。我们再次借鉴方明月等（2010）① 的工具变量集选取方法。假定人均工资和资产规模是内生的，为选择合适的滞后项作为其最有效的工具变量，考虑到越近的滞后项与当期项相关度越大，再次从最近的滞后项开始尝

---

① 方明月，聂辉华，江艇，谭松涛．中国工业企业就业弹性估计［J］．世界经济，2010（8）：3－14.

试，又几乎尝试了所有理论上满足矩条件的滞后项组合，最终选择它们自身的滞后三阶到四阶作为差分方程的工具变量，差分滞后两阶作为水平方程的 GMM 工具变量。

如表 7－9 所示，模型 11 至模型 13 分别运用静态面板模型的固定效应（FE）、动态面板模型的差分 GMM 和系统 GMM 方法进行回归。其中，动态面板模型通过了萨根（Sargan）检验和二阶自相关（AR（2））检验，有效解决了内生性问题，而且因变量的滞后两阶的系数显著为正，说明动态因素确实发挥了作用。企业要素密集类型和企业所得税有效税率的交互项系数（$E^a \times T_{t-1}$）是本部分的分析重点，表 7－7 中的回归结果显示各交互项系数均显著为负，这表示降低企业所得税有效税率总体上能增加各类要素密集型企业的劳动需求。进一步分析发现，在其他条件相同的情况下，降低企业所得税有效税率对不同要素密集类型企业的影响程度不同，各交互项系数的绝对值代表着影响程度大小。以模型 13 为例，当期企业所得税有效税率每降低 1%，劳动密集型企业下一期劳动需求量的增加幅度最大（0.222%），其次是资源密集型企业（0.193%）和资本密集型企业（0.155%），最后是技术密集型企业（0.127%）。各类要素密集型企业劳动需求效应之所以存在差异，前文描述性统计给出部分解释：一是各类要素密集型企业的劳动力成本和劳动需求量存在差异，如技术密集型企业的人均工资最高，导致其劳动需求量有限；二是当降低企业所得税有效税率引起企业资本成本下降和扩大投资时，各类要素密集型企业的要素密集特性决定其投资倾向存在差异，如劳动密集型企业在扩大再生产时会倾向雇用更多劳动力，而技术密集型企业则会倾向加大技术投资，并且技术水平提升在一定程度上会抑制企业劳动需求增长。

表 7－9　　企业所得税对各类要素密集型企业的就业效应

变量	(11) FE	(12) Diff_GMM	(13) Sys_GMM
$E^{LD} \times T_{t-1}$	−0.1660 *** (0.0094)	−0.1650 *** (0.0362)	−0.2220 *** (0.0197)

续表

变量	(11) FE	(12) Diff_GMM	(13) Sys_GMM
$E^{ZY}\times T_{t-1}$	-0.1230 *** (0.0169)	-0.0986 ** (0.0200)	-0.1930 *** (0.0364)
$E^{ZB}\times T_{t-1}$	-0.1110 *** (0.0099)	-0.0537 *** (0.0201)	-0.1550 *** (0.0185)
$E^{JS}\times T_{t-1}$	-0.1240 *** (0.0253)	-0.0490 ** (0.0498)	-0.1270 ** (0.0511)
$E^{QT}\times T_{t-1}$	-0.1240 *** (0.0397)	-0.0934 * (0.0740)	-0.1410 ** (0.0786)
L1. lnL		0.1390 *** (0.0048)	0.2600 *** (0.0048)
L2. lnL		0.0455 *** (0.0028)	0.0692 *** (0.0028)
_cons	0.8990 *** (0.0332)	-0.4690 *** (0.0929)	-0.6780 *** (0.0329)
N	1032023	391375	639246
R^2	0.3720		
AR (1)		0.0003	0.0000
AR (2)		0.2120	0.1801
Sargan		0.1304	0.1120

注：所有模型的控制变量 lnwage、rate、lnasset、DAR、ROA 均在 1% 的水平上显著（已略），自相关（AR（1）、AR（2））检验、萨根（Sargan）检验所汇报的均为 P 值。

（二）结论与启示

本部分实证分析了企业要素密集类型对企业所得税就业效应的影响，研究表明，企业所得税的劳动需求效应由强到弱依次是劳动密集型企业、资源密集型企业、资本密集型企业和技术密集型企业。较其他要素密集型企业，劳动密集型企业的劳动需求效应更强，鉴于此，若从增加就业的角度考虑，应着重加大对劳动密集型企业的所得税优惠力度，完善多维度税收优惠政策体系。虽然政府已针对小微企业和高新技术企业等出台了所得税优惠政策，但缺乏针对劳动密集型企业的企业所得税优惠政策。建议借鉴退役军人及贫困人员等重点群体就业的企业税收优惠政策，按企业吸纳就业人数扣减劳动密集型企业的所得税，进一步发挥其吸纳社会就业的作用。

三、企业地区因素

（一）企业所在地区的就业效应分析

基于前文的静态模型和动态模型，本部分继续引入企业所在地区类型这一虚拟变量 R，但与前文实证分析类似，在实证回归分析中，由于因变量滞后项 L1. T 与个体固定效应 μ_i 之间存在正相关关系，往往普通最小二乘法（OLS）估计产生向上的偏误；静态面板固定效应（FE）估计造成向下的偏误；由于样本量巨大，使用动态面板模型容易引入过多的工具变量造成过度识别。因此，出于估计准确性和可行性的考虑，在前文静态方程和动态方程的基础上，都加入了企业所在地区类型和税率交互项（$R^b \times T_{i,t-1}$），并且假定除企业所得税税率一阶滞后项之外的其他解释变量的系数在不同所有制企业之间是相同的。最后，构造了一个包含因变量滞后两阶和交互项的动态面板估计方程：

$$\ln L = \frac{1}{1-\beta}\ln\beta + \frac{\alpha}{1-\beta}\ln K(T_{\pi,t-1}, r) + \frac{1}{\beta-1}\ln w + \frac{1}{1-\beta}\ln A \qquad (7-4)$$

假定资本和劳动的产出弹性 α 和 β 为常数，根据以上理论分析可知，企业所得税税率和利率通过影响资本投入，对劳动需求产生影响，因此，可以将 $T_{\pi,t-1}$ 和 r 作为解释变量进入回归模型。此外，相较于截面数据模型和时间序列模型，面板数据可以控制不可观测的“个体效应”，有效处理遗漏变量的模型错误设定问题。基于此，对以上方程进行变形，可以构建出静态面板模型：

$$\ln L_{i,t} = \lambda_0 + \sum_{a=1}^{4} R^b\beta^b T_{i,t-1} + \gamma X_{i,t} + \mu_i + \sigma_t + \varepsilon_{i,t} \qquad (7-5)$$

企业所在地区类型是外生变量，无需过分担忧其内生性问题，但人均工资、资产规模等控制变量与职工人数存在双向因果关系，现有文献在估计就业弹性时均未有效解决此内生性问题，难以剥离出纯粹的因果关系。此外，企业劳动需求是个动态过程，企业的当前行为往往受自身过往行为影响，历史因素也不可忽视。因此，使用普通静态回归方法的估计结果有偏误。要解决以上两个问题，还需在静态面板模型基础上增加因变量的滞后项构建动态面板模型，并且与前文动态模型搭建一致，在动态模型中又加入了企业所在地区类型和企业所得税有效税率交互项（$R^b \times T_{i,t-1}$），并且假定除自变量之外的其他解释变量的系数在不同要素密集型企业之间是相同的，最终构造出一个包含因变量滞后两阶和交互项的动态面板估计方程：

$$\ln L_{i,t} = \alpha_1 \ln L_{i,t-1} + \alpha_2 \ln L_{i,t-2} + \sum_{b=1}^{4} R^b \beta^b T_{i,t-1} + \gamma X_{i,t} + \mu_i + \sigma_t + \varepsilon_{i,t} \tag{7-6}$$

R^b 是虚拟变量，当企业所在地区类型属于 1，R^b 等于 1，否则等于 0。我们再次借鉴方明月等（2010）① 的工具变量集选取方法，假定人均工资和资产规模是内生的，为选择合适的滞后项作为其最有效的工具变量，同样考虑到越近的滞后项与当期项相关度越大，又从最近的滞后项开始尝试，尝试了所有理论上满足矩条件的滞后项组合，但未找到适合差分方程的工具变量，因此，本部分主要汇报静态模型下企业地区因素的调节作用。

如表 7－10 所示，模型 14 至模型 18 分别在运用静态面板的固定效应（FE）模型下的地区虚拟变量与自变量的交互项检验以及地区异质性检验，其中，模型 14 中的企业所在地区和企业所得税有效税率的交互项系数（$R^b \times T_{t-1}$）是反映各地区的就业效应，各地区的交互项系数均显著为负，这表示降低企业所得税有效税率总体上能增加各地区企业的劳动需求。进一步分析对比分析模型 15 至模型 18 发现，在其他条件相同的情况下，降低企业所得税有效税率对不同地区企业的影响程度不同，各交互项系数的绝对值代表着影响程度大小。当期企业所得税有效税率每降低一个百分

① 方明月，聂辉华，江艇，谭松涛．中国工业企业就业弹性估计［J］．世界经济，2010（8）：3－14.

点，中部地区企业下一期劳动需求量的增加幅度最小（0.044%），其次是东部地区企业（0.184%），西部地区企业（0.258%）和东北地区企业（0.271%）的增长幅度最大。异质性检验结果与交互项检验结果基本一致，表明此次回归结果较稳健。企业所得税在各地区企业的就业效应之所以存在差异，前文描述性统计能给出部分解释：一是各地区劳动供给量存在差异，如西部地区的人均工资最高，能吸引更多外地劳动者，导致其劳动供给量更充足，就业效应更大。二是各地区现有企业所得税税率水平差异造成企业对税率变动的敏感程度不同，如西部地区的税率水平最低，对税率变动更加敏感。三是各地区的综合发展水平也直接影响着企业所得税的就业效应，如相对于经济发达的东部地区和具有政策倾斜优势的西部地区，中部地区企业的优势不明显，税率变动对就业的最终影响结果也更加复杂。

表7－10　　　不同企业所在地区类型的企业所得税就业效应

	(14) 整体交互	(15) 东部地区	(16) 中部地区	(17) 西部地区	(18) 东北地区
L. in_tax	−0.157*** (−23.70)	−0.184*** (−23.87)	−0.044** (2.18)	−0.278*** (−11.33)	−0.271*** (−9.56)
lnwage	−0.459*** (−170.67)	−0.463*** (−160.44)	−0.467*** (−61.92)	−0.443*** (−47.69)	−0.389*** (−43.88)
rate	0.143*** (9.17)	0.244*** (12.05)	−0.240*** (−5.78)	0.282*** (5.39)	0.474*** (9.29)
lnasset	0.521*** (171.17)	0.543*** (245.42)	0.560*** (81.95)	0.387*** (32.73)	0.470*** (66.03)
DAR	0.157*** (38.50)	0.166*** (113.15)	0.118* (1.70)	0.129*** (19.91)	0.299*** (16.75)
ROA	0.238*** (7.18)	0.293*** (7.54)	0.034 (1.35)	0.460*** (8.19)	0.366*** (3.21)
$R^D \times T_{t-1}$	−0.240*** (−17.70)				
$R^Z \times T_{t-1}$	−0.128*** (−13.32)				

续表

	(14)	(15)	(16)	(17)	(18)
$R^X \times T_{t-1}$	-0.382*** (-9.88)				
$R^{DB} \times T_{t-1}$	-0.246*** (-7.59)				
_cons	1.008*** (27.60)	0.744*** (30.74)	0.575*** (5.74)	2.361*** (19.14)	1.010*** (12.68)
N	1032106	760862	125162	89260	56822
R^2	0.374	0.385	0.384	0.345	0.333
Adj. R^2	0.374	0.385	0.384	0.345	0.333
rmse	0.364	0.358	0.378	0.354	0.390

注：括号里为 t 值，*** 表示 $p<0.01$，** 表示 $p<0.05$，* 表示 $p<0.1$。

（二）结论与启示

本部分实证分析了企业地区因素对企业所得税就业效应的调节作用，研究表明，企业所得税的就业效应由强到弱依次是西部地区企业、东北地区企业、东部地区企业和中部地区企业。相较于中部地区和东部地区企业，西部地区和东北地区企业的就业效应更强，鉴于此，若从增加就业的角度考虑，应着重加大经济欠发达地区企业的所得税优惠力度，完善多地区差异化的税收优惠政策体系。目前政府已针对西部地区等欠发达地区出台了一系列所得税优惠政策，建议继续扩大扶持重点人群就业的税收优惠政策，对吸纳就业人数的欠发达地区企业给予更多税收优惠政策，从而有针对性地增强其吸纳社会就业作用。

本章小结

本章从微观企业层面分析企业所得税就业效应的外部影响因素，具体包括企业所有制性质、企业要素密集类型和企业所在地区等外生变量的调节作用。利用静态面板模型的实证检验结果再次证明，减少企业所得税能增加企业劳动需求，促进社会就业。进一步利用动态面板模型进行分类检验，企业所得税变化对不同所有制企业可产生不同影响，受税收对劳动需求的收入效应和替代效应双向影响，降低企业所得税税率能有效增加集体企业和私营企业的劳动需求，但对国有企业的劳动需求影响不显著，反而对港澳台企业和外商企业的劳动需求起着抑制作用。

本章利用动态面板模型研究企业要素密集类型的调节作用，研究发现企业所得税就业效应由强到弱依次是劳动密集型企业、资源密集型企业、资本密集型企业和技术密集型企业。相较于其他要素密集型企业，劳动密集型企业的劳动需求效应更强，基于此研究结论，若从促进就业的目标出发，企业所得税政策应着重加大对劳动密集型企业的税收优惠力度，完善多维度税收优惠政策体系。

本章还利用静态面板模型研究企业所在地区类型的调节作用，研究发现企业所得税就业效应由强到弱依次是西部地区企业、东北地区企业、东部地区企业和中部地区企业。相较于其地区企业，西部地区等经济欠发达地区企业的劳动需求效应更强，基于此研究结论，若从促进就业的目标出发，企业所得税政策应着重加大对西部和东北部等经济欠发达地区的税收优惠力度，完善多地区差异化的税收优惠政策体系。

综上可知，企业所得税的就业效应会受企业所有制性质、企业要素密集类型及企业所在地区类型等外生变量影响。这些就业效应的外部影响因素，在影响社会就业总量的同时，也会对社会就业结构和就业质量产生影响。比如，调整企业所得税税率将会更易引导劳动密集型企业的就业，而其他企业的就业吸纳作用更弱，如此一来，企业所得税将会对社会就业产生结构性影响。

第八章

企业所得税就业效应的综合评价与优化路径

《中华人民共和国国民经济和社会发展第十四个五年规划和二〇三五年远景目标的建议》指出，要完善宏观经济治理，健全以国家发展规划为战略导向，以财政政策和货币政策为主要手段，就业、产业、投资、消费等政策紧密配合，目标优化、分工合理、高效协同的宏观经济治理体系。一方面，强调要强化就业优先政策。千方百计稳定和扩大就业，坚持经济发展就业导向，扩大就业容量，提升就业质量，促进充分就业，保障劳动者待遇和权益。健全就业公共服务体系、劳动关系协调机制、终身职业技能培训制度。更加注重缓解结构性就业矛盾，加快提升劳动者技能素质，完善重点群体就业支持体系，统筹城乡就业政策体系。扩大公益性岗位安置，帮扶残疾人、零就业家庭成员就业。完善促进创业带动就业、多渠道灵活就业的保障制度，支持和规范发展新就业形态，健全就业需求调查和失业监测预警机制。另一方面，强调要完善现代税收制度，健全地方税、直接税体系，优化税制结构，适当提高直接税比重，深化税收征管制度改革。可见，通过完善现代税收制度，不断促进社会就业优先政策，逐步形成完善的宏观经济治理体系将是我国未来经济社会发展的重要方向。

第一节　企业所得税就业效应的综合评价

一、企业所得税政策促进就业的成效

为综合评价我国企业所得税政策促进就业的成效，基于前文理论、实践及计量检验，我们同样从理论、实践和计量角度综合分析企业所得税政策对就业总量与就业质量、社会属性与自然属性、微观管理与宏观治理三个方向的影响情况。

（一）就业总量与就业质量

1. 降低企业所得税能有效扩大社会就业总量。就业是最大的民生。为

了稳定和扩大社会就业，我国坚持经济发展就业导向，千方百计扩大就业总量，促进充分就业，尤其是近年通过实施减税降费政策促进经济增长，扩大社会就业。一是通过不断完善的社会主义市场经济就业制度为劳动力自由流动创造条件。随着国家经济体制、社会制度的转变并不断地发展完善，我国就业制度从紧缩的“统包统配”逐渐发展到以市场经济为主导的宽松就业制度，极大地提高了劳动力市场效率，促进了我国社会主义市场经济高速发展。我国经济发展进入新常态后，经济下行压力持续增大，尤其是新冠病毒疫情暴发后，我国社会就业形势愈发严峻，无论是社会就业总量还是就业稳定性都面临着巨大挑战，而不断完善的社会主义经济就业制度为劳动力自由流动创造了条件。二是现代税收制度为社会主义市场经济持续健康发展提供了深远动力。在税收政策方面，中华人民共和国成立70余年来，税收制度在不同历史时期经历了一系列变迁，有效推动了社会主义市场经济不断培育壮大。其中，作为一项重要税种的企业所得税也经历了改革开放前的工商税、工商所得税等名称变迁，并随着改革开放后社会主义市场经济的发展，企业所得税从细化的多税分散制，到内外分税制，再发展到“两税”合并统一制，逐渐形成了较完善的社会主义税收制度，尤其是近年来的减税降费政策更是为企业减轻税负和为市场注入了活力，有力地推动了经济发展。三是减税降费政策有效扩大社会就业。首先是微观层面，虽然从理论上讲，降低企业所得税税率对就业会产生方向相反的替代效应和收入效应，无法确定最终影响结果，但从微观实证结果分析来看，降低企业所得税税率能提升企业盈利能力，促进企业扩大再生产和企业规模发展，提高企业劳动力需求，增加社会就业。其次是宏观层面，本书利用省际面板数据的实证分析结果表明，降低企业所得税税率能促进社会固定投资和推动经济发展，有效提升社会就业。综上所述，无论从就业制度和税收政策变迁等角度的政策分析，还是从宏观层面和微观层面等角度的实证分析，结果均表明，降低企业所得税税率能有效扩大社会就业总量。

2. 企业所得税政策能有效提升社会就业质量。党的十八大以来，国家不断强调要“推动实现更高质量的就业”，所谓更高质量就业是指就业结构不断优化、就业稳定性不断加强、就业满意度不断提升等。为了提升社会就业质量稳定，政府出台了一系列政策措施，比如针对高校毕业生就业的“三支一扶”服务基层项目、针对新生代打工者的技能培训项目等。其中，不断完善的企业所得税政策对提升社会就业质量起到越来越重要的作用。一是差异化企业所得税政策能有效优化社会就业结构。从本书第七章的实证分析结果来看，企业所得税就业效应受到企业所有制类型、企业要素密集类型等外部影响因素影响，我国政府可以针对不同类型的企业实施相对差异化税收政策，从而有效优化社会就业结构。以要素密集类型为例，若政府根据企业的要素类型有针对性地实施税收优惠政策，那么，这些差异性的企业所得税政策将会对宏观经济调控和优化社会就业结构产生积极效果。二是有针对性的企业所得税优惠政策能有力增强社会就业稳定性。近年来，政府不断针对农、林、牧、渔业项目、国家重点公共基础设施项目以及民族自治等“老少边穷”地区企业出台一系列税收优惠政策，在扶持重点项目和产业的同时，也是在保护此类弱市场竞争力企业的吸纳就业能力，更是从社会发展的层面稳定社会就业。三是具有保障性的企业所得税优惠政策能有效提升民众就业满意度。国家针对吸纳残疾人、失业再就业人员、贫困人员以及零就业家庭等弱势群体就业的企业出台了一系列税收优惠政策，还针对自主创业的弱势群体出台税收优惠政策，这些具有保障性的企业所得税政策有效保障了弱势群体就业，进而大幅提升了社会就业稳定性和弱势群体就业满意度。总之，目前具有差异性、针对性和保障性的企业所得税政策对提升社会就业质量具有积极促进作用。未来，为进一步促进经济高质量发展和高质量就业，我国企业所得税政策还将继续优化完善。

（二）自然属性与社会属性

1. 企业所得税政策能促进劳动力合理流动与配置。从自然属性角度来看，在企业日常经营生产活动中，劳动力作为社会生产中重要的生产要素，会受到企业所得税税率变动影响。具体来说，可从企业劳动力需求侧和社会劳动力供给侧两个方面来分析。一方面是劳动需求侧，企业所得税税率变动对企业劳动需求产生收入效应与替代效应。收入效应是指降低企业所得税不仅可以增加企业净利润，降低企业资本成本，使企业有更多资金雇用更多劳动力，还可以优化企业资本结构，促进企业再投资，扩大企业规模，增加社会就业。替代效应是指由于生产要素在一定程度上具有相互替代性，降低企业所得税会降低资本相对劳动的价格，企业会选择使用更便宜的资本来替代劳动，减少劳动需求；降低企业所得税税率还会弱化企业的“就业税盾”效应，从而减少企业劳动需求。因此，企业在追逐利润最大化的过程中，由于受到企业所得税所产生的收入效应和替代效应对企业劳动需求产生共同作用，企业劳动需求会随着市场变化而变化，从而促进劳动力在市场中合理配置和流动。另一方面是劳动供给侧，社会劳动供给总量是由人口数量和劳动投入时间长短决定的，企业所得税税率变动对社会劳动力供给产生直接效应与间接效应。直接效应是指由于企业所得税是对企业利润征税，不易直接转嫁给普通社会民众，而且我国劳动供给规模庞大，城镇化进程尚未结束，劳动供给仍处于缺乏弹性状态，调整企业所得税对社会劳动力供给几乎无直接影响。间接效应是指降低企业所得税税率能够通过激发企业活力，促进经济增长，推动社会城镇化进程，加快农村剩余劳动力转移和社会劳动力流动，还会促使企业增加员工教育培训投入以及员工福利，进而提升企业人力资本和员工福利，从而间接影响社会劳动力供给数量和供给质量。因此，降低企业所得税税率主要通过间接效应提升企业劳动力供给数量和质量。综上所述，从企业所得税就业效应的自然属性来看，降低企业所得税税率能通过影响企业劳动需求侧和社会劳动供给侧变化，促进企业劳动力合理流动和劳动力供求双方合理配置，实现更高质量的社会就业。

2. 企业所得税政策能提升社会就业治理能力。从社会属性角度来看，各国企业所得税政策的差异是国家意识形态和统治阶级意志差别的具体体现。例如，国家是否会针对重点人群的就业出台一些减税政策，在一定程度上是统治阶级意志和政府执政思想的体现，也是国家政治体制和社会属性的体现。本书从两个方面研究企业所得税就业效应的社会属性——理论分析和国内外对比分析。首先，基于马克思主义二重性分析法推导出企业所得税就业效应的社会属性。一方面，各国企业所得税政策会针对不同企业制定差异性的税率、税收征收范围和计算规则等，进而会影响到重点人群就业和特殊企业吸纳就业情况，这反映出各国政策的社会属性微观差异。另一方面，大范围或长时间的税收政策差异，还会影响全社会的社会就业治理能力和社会人力资本变化，这反映出各国政策的社会属性宏观差异。其次，本书还通过对比分析国内外企业所得税政策差异，尤其关注与就业有关的企业所得税政策差异，着重对中国与美国的企业所得税优惠方式进行比较分析，最终发现我国企业所得税就业效应的社会属性具体体现为：一是对吸纳残疾人、失业再就业人员、贫困人员、退伍军人、毕业年度内高校毕业生、零就业家庭、享受城市居民最低生活保障家庭劳动年龄内的登记失业人员等特定人群就业的企业给予一定税收优惠；二是对自谋职业和从事个体经营、创办企业的劳动者给予税收优惠支持；三是对劳动密集型企业实施差异化税费政策。可以说，我国的企业所得税就业效应社会属性体现出中国共产党为全体人民服务、为全体人民谋幸福的执政理念，以及以人为中心的发展思想，这也是中国特色社会主义国家鲜明的社会特征。综上所述，我国企业所得税政策能从保护重点人群就业、提升特殊企业就业吸纳能力以及提升劳动者福利等多方面提升社会就业治理能力，从而能解决种种社会就业难题，为广大人民群众创造更多就业机会和谋取更多切身利益。

（三）微观管理与宏观治理

1. 企业所得税政策能提升企业微观就业吸纳能力。从企业微观管理的角度来看，根据前文企业所得税就业效应的微观传导机制和调节机制的计量分析结果可以发现，员工工资、资产负债率和资产收益率是传导就业效应的中介变量，而且企业所有制因素、企业要素密集型因素和企业地区因素都会对就业效应产生调节作用，可以说，企业所得税政策变化已事关企业内部财务管理和用工管理等企业管理问题。具体而言，一是降低企业所得税税率能改善企业财务状况。比如能调整企业资产负债率和资产收益率，有利于提升企业的盈利能力和资产规模，从而影响到企业的“就业税盾”效应，在一定程度上促进企业完善其财务管理制度。二是降低企业所得税税率有利于企业优化内部用工制度。降低企业所得税税率对员工工资产生提升作用，对企业劳动需求所产生的收入效应大于替代效应，也会影响到当地劳动市场中求职者的保留工资，从而促进企业结合自身和当地劳动力市场实际情况不断优化其内部用工制度。三是调整企业所得税政策还能有针对性地提升企业自身就业吸纳能力。由于不同所有制类型企业、不同要素密集型企业和不同地区企业对企业所得税税率的敏感性存在差异，并因此产生差异性的就业效果，所以，若税务部门能从微观层面有针对性地细化税收优惠政策，就能更大程度地增加企业微观就业吸纳能力。综上所述，企业所得税政策能通过促进企业完善内部财务制度和用工制度，从微观层面提升企业综合治理水平，增强自身就业吸纳能力。

2. 企业所得税政策有利于提升宏观经济治理效能。从宏观经济治理的角度来看，根据前文企业所得税就业效应的宏观传导机制和调节机制的计量分析结果发现，GDP 和政府一般性公共支出是传导就业效应的中介变量，产业高级化也在一定程度上起到中介作用，可以说，作为重要的财政政策之一，调整企业所得税政策将有利于提升宏观经济治理效能。具体而言，一是降低企业所得税税率能短期内促进经济发展。根据前文的 IS - LM 模型和 AD - AS 模型分析可以发现，降低企业所得税税率能推动 IS 曲线和 AD 曲线向右平移，短期内提升社会均衡产出水平，促进宏观经济发展和社会就业增长。二是降低企业所得税税率能长期提升社会人力资本。得益于降低企业所得税税率对经济发展的促进作用，从长远来看，随着经济社会发展，政府普遍会增加教育及健康等社会人力资本投入，从而为经济长期健康发展提供人力资本支撑。三是调整企业所得税政策能够促进多种所有制经济均衡发展，也能促进多产业和多区域协调发展。鉴于企业所得税就业效应受到企业所有者类型、企业要素密集类型和地区类型等调节变量的影响，若政府能有针对性地调整各类型企业的企业所得税优惠政策，将会更大程度地促进社会主义市场经济中多种所有制经济均衡发展，也有利于缓解区域间经济发展不均衡问题，有利于地方政府统筹发展多类型要素密集型产业。综上所述，企业所得税政策能通过提升短期社会均衡产出水平和人力资本水平，从宏观层面促进多种所有制经济、多区域、多类型要素密集型产业均衡发展，提升宏观经济综合治理效能。

二、企业所得税政策促进就业存在的问题

在发现企业所得税就业效应的成效时，也要清晰地看到企业所得税就业效应中存在的缺陷。可按照不同标准将这些缺陷分为自然属性和社会属性两类问题，可分为就业总量和就业质量两方面问题，也可分为税收方面和就业方面问题，考虑到学术界普遍关注就业总量和就业质量问题，笔者选择重点从就业总量和就业质量两方面进行讨论，并将其他分类方法所涉及的要点问题融入其中。

（一）就业总量效应不足

虽然前文研究结果发现，降低企业所得税税率确实能从微观层面刺激企业活力，从宏观层面促进经济发展，最终均能有效增加社会就业，但是，无论从实证结果还是从国内外实证对比来看，目前我国通过降低企业所得税税率促进就业的效果有限，仍有较大的下降空间。

1. 企业所得税就业效应有限。从实证分析结果来看，我国企业所得税就业效应有限。企业微观层面的实证结果表明，当期企业所得税的有效税率每降低1%，下一期企业的劳动需求量将增加0.166%，即企业所得税有效税率的就业弹性为0.166。省际数据宏观层面的实证结果也表明，当期企业所得税收入每降低1%，下一期社会就业将增加0.048%，两组实证结果均表明目前降低企业所得税对促进就业的影响效果有限。单从促进就业的角度来讲，若想更好地促进社会就业，就需要加大降税力度。此外，从企业所得税就业效应的传导机制来看，我国企业所得税就业效应在企业员工工资、资产负债率、资产收益率以及社会经济增长作用等传导环节的增强效果较弱，甚至还出现政府一般性公共支出产生的遮掩效果，仍需选好政策着力点进一步优化影响机制，进而增强企业所得税就业效应。

2. 企业所得税降税力度不足。从国内外对比情况来看，我国企业所得税税率仍有下降空间。自2008年企业所得税改革以来，我国企业所得税的一般法定税率为25%，高于OECD国家平均法定税率3.2个百分点，高于全球平均法定税率4.8个百分点。此外，2017年起出台了一系列减税降费

政策，我国企业所得税有效税率有所下降。即便如此，目前我国企业所得税有效税率仍高于 OECD 国家平均有效税率和全球平均有效税率。总之，国内外政策横向对比结果表明，我国目前的企业所得税税率仍处于较高水平，对激发企业活力和促进社会就业效果有限，尚有进一步下降的空间。

（二）就业质量效应缺陷

通过前文分析可知，高质量就业是指就业结构不断优化、就业稳定性不断加强、就业满意度不断提升等。目前我国企业所得税政策具有差异性、针对性和保障性特点，对提升社会就业质量具有积极的促进作用，然而，不可回避的是，目前政策制度对就业质量的提升也存在不少缺陷，具体表现为以下两方面：

1. 税收政策丰富性不足。从税收政策角度来看，目前企业所得税政策丰富性和系统性欠缺，制约着社会就业结构的优化。一是有关促进不同企业吸纳就业的企业所得税优惠政策细化程度不足。通过前文企业所得税就业效应的外部影响因素实证分析发现，企业所得税对不同所有制企业、不同要素密集类型和不同地区的企业就业促进程度不同，但国家针对不同类型企业制定的税收差异性优惠政策较少。二是有关促进特殊社会群体就业的企业所得税优惠政策丰富性不够。虽然相较于美国等资本主义国家，我国已针对特殊弱势群体实施多种就业保障性的企业所得税优惠政策，但随着数字时代下零工经济快速发展，针对灵活用工的保障性税收优惠政策较少。此外，税收政策还存在系统性不足问题，表现为企业所得税优惠政策零散混乱，实际操作落地性不强，导致其激励企业吸纳效果有限。尤其是新冠病毒疫情暴发后，国家出台的一系列减税降费政策，旨在通过不断修订税收政策及时为企业带来实惠并促进社会就业，但这些复杂多变的政策也易产生企业难以迅速领会等问题，致使政策实施难以达到预期效果。

2. 就业政策开放性不足。从就业政策角度来看，目前就业制度存在开放性不足问题，在一定程度上制约着劳动力流动和影响着就业满意度。首先从制度的自然属性角度来看，通过梳理我国就业制度变迁发现，虽然我国就业制度逐渐开放，但仍然存在流动人口的户籍问题，以及子女就学困难、医保社保限制等问题，尤其是城乡二元结构造成的农村劳动力流动障碍问题始终制约着劳动力自由流动，降低了社会就业质量和流动人口的就业满意度。此外，这些与城乡劳动力流动困难有关的民生配套问题长时间未得到实质性解决，暴露了我国就业政策存在着全局性不足的问题，仍需从统筹城乡、社会就业的战略高度不断完善就业政策。其次从制度的社会属性角度来看，我国社会就业治理能力有待进一步增强。就业政策开放性不足造成的就业难题和一系列民生问题，很大程度上剥夺了广大人民群众的平等就业机会并损害了其切身利益，降低了国家的社会就业治理能力。

第二节　企业所得税促进就业的优化路径

一、促进就业的优化原则

基于前文的宏观经济学中 IS－LM 模型和 AD－AS 模型分析、财政学中的税收理论和财政政策分析、微观经济学中的替代效应和收入效应分析、劳动经济学的人力资本理论和供给保留工资理论分析，并结合我国经济社会发展实际、近年就业优先战略和企业减税降费政策，笔者提出以下促进就业的优化原则。

（一）坚持就业优先原则

改革开放以来，我国不断鼓励社会就业，尤其是近年来中央政府不断实施积极的就业政策。党的十六大报告中提到要实施促进就业的长期战略和政策；党的十八大又指出要实施就业优先战略和更加积极的就业政策，丰富了相关就业政策内容；2018 年中共中央政治局召开会议又提出把稳就业作为“六稳”之首。为实施更加积极的就业政策，一是要围绕能够改善生产要素供给和配置、提高潜在增长率的方面，继续深化经济体制改革，特别是推进供给侧结构性改革；二是要坚持民生导向，推进收入分配制度改革，织紧社会保障网，实现社会政策托底；三是要实施升级版的积极就业政策，完善劳动力市场指标的统计、采集和分析，为宏观经济政策取向提供更加可靠的依据。

（二）坚持遵循新发展理念的原则

《中华人民共和国国民经济和社会发展第十四个五年规划和二〇三五年远景目标的建议》提出，中国经济社会发展必须遵循坚持新发展理念的原则。从有关税收政策促进社会就业的角度来看，基于前文企业所得税就业效应传导机制的研究结果，坚持新发展理念，需要从以下三方面着手：一是在创新发展方面，需要坚持创新是第一动力，深化创新驱动发展战略，推进创新型国家建设，充分发挥中国特色社会主义制度优势，打好关键核心技术攻坚战，实现中国经济高质量发展。二是在协调发展方面，需要坚持统筹推进“五位一体”总体布局、协调推进“四个全面”战略布局，加强顶层设计和战略布局，增强发展的整体性、协同性，科学统筹推动各方面工作，确保税收政策发挥最佳效果。三是在共享发展方面，需要强化全体人民共同富裕的发展导向，改善人民生活品质，坚持经济发展就业导向，扩大就业容量，提升就业质量，扩大中等收入群体，积极推进教育、卫生、社保、养老、育幼等各方面工作，不断增强人民群众获得感、幸福感、安全感。

（三）坚持自然属性与社会属性统一原则

马克思主义二重性分析法是唯物辩证法在经济领域的具体运用。在《资本论》中，马克思以辩证唯物主义和历史唯物主义为基础，以劳动、商品、资本等为研究对象，充分运用唯物辩证法，创造性地提出了马克思二重性分析法。马克思强调，世界统一于客观物质，社会统一于人与自然之间和人与人之间的辩证关系体系中，经济统一于社会的生产力与生产关系相互耦合的生产方式之中，生产方式统一于人的生活方式之中，而物质、社会、经济、生产方式，以及作为认识主体和实践，都统一于实践运动之中，一切事物都是辩证的和二重的。基于此，在优化企业所得税促进社会就业效用时，应始终利用好马克思主义二重性分析法，支持自然属性和社会属性相统一原则。具体来说，既要处理好市场和政府的关系，也要处理好效率与公平的关系，还要统筹好城乡发展问题。

（四）坚持短期目标和长期目标相结合原则

就我国当前经济形势来看，短期内政策目标的着力点是维持经济平稳增长，加强对重点群体就业的扶持，在调结构过程中保证就业稳定增长，降低失业率。长期来看，经济繁荣、社会进步、就业质量提高、实现充分就业是政策的最终目标。例如，实现短期目标需要大力发展劳动密集型产业；而长期目标则需要发展资本和技术密集型产业。两者之间存在一定矛盾，但也有共通之处。在制定财政政策时，应将短期目标和长期目标有机衔接起来，在保证就业持续稳定扩大的同时，促进经济社会全方位可持续发展。

（五）坚持微观管理和宏观治理统筹原则

社会治理现代化是国家治理体系和治理能力现代化的题中应有之义，而社会微观管理和宏观经济治理是社会治理现代化的重要内容。在微观管理方面，要通过提升企业自身财务管理水平、人力资源管理和企业文化管理能力，增强企业市场活力和吸纳就业能力；在宏观治理层面，要注重财政政策、税收政策和就业政策的协调运用，不仅要重视多种所有制经济协调发展和社会就业增长等短期问题，更要统筹好不同地区经济社会均衡发展和经济持续健康发展等长远问题等。特别是在当前我国经济面临着需求收缩、供给冲击和信心转弱三重压力的形势下，坚持统筹好微观企业管理和宏观经济治理的原则显得尤为重要。

二、促进就业的优化措施

依据马克思主义二重性分析法的理论分析结果和计量模型的实证分析结果，以及在此基础上形成的主要研究结论，我们尝试给出优化企业所得税就业效应的相关建议，以此扩大社会就业规模和提升社会就业质量。

（一）扩大就业规模的优化措施

1. 加大减税降费实施力度。从企业所得税微观企业模型实证结果来看，降低企业所得税有效税率不仅能增加企业员工工资，还能优化企业资本结构和提升企业盈利能力，激发市场主体活力，促进企业吸纳更多就业。从企业所得税宏观社会就业模型实证结果来看，降低企业所得税能促进经济发展，扩大社会就业规模。此外，从国际对比情况来看，我国企业所得税法定税率和有效税率均高于世界平均水平，仍有进一步下降空间。基于此，建议进一步优化企业所得税政策，坚持以减税降费为目标，以降低整体税率为主要手段，在激发市场活力的同时，保持政策性税基稳定，并通过经济增长逐步扩大税基，提高整体税收份额。具体来说，首先是进一步推进普惠性减税，切实降低企业所得税有效税率。全面减轻所有企业负担，激发市场主体活力，增加企业劳动需求和社会就业。其次是在保障税负公平且税基稳定的前提下，实施结构性减税政策，包括实施促进经济增长方式转变的差异性税收政策、促进中小微企业发展的税收优惠政策、促进西部地区发展的税收政策等，再次是提升税收管理的数字化程度，通过打破多部门数据信息壁垒，建立健全企业财税信息数据库和就业数据库，不仅能降低税收执行成本和实体经济运行成本，系统管理有效税率，而且能有针对性地实施结构性精准减税。总之，在减税降费大背景下，政府应坚持普惠性减税与结构性减税并举的减税原则。

2. 增强企业所得税就业效应。

一是宏观上，完善推动经济增长的税收体系。宏观实证结果表明，经济增长是企业所得税就业效应传导机制中重要的中介变量，因此，应以与经济发展相适应为标准制定税收政策，适当降低企业所得税税率既能够促进经济发展，又能有效促进社会就业增长。笔者建议应设定合理的宏观税负总体水平，按照“简税制、宽税、低税率、严征管”的要求，深化税制改革；而且要把各方面政府收入统一纳入预算中来，使宏观税负水平能够更准确地反映企业的负担状况，健全公共财政体系，修订和完善《预算法》。此外，还要进一步降低企业税外负担。我国企业税负过重不仅是宏观税负过高，还包括行政性收费过多过滥，因此减税的同时还要降低税外费用。总之，应从税收、支出、费用等多方面协同共管、形成合力，更好地促进经济增长，进而提升企业所得税就业效应和扩大社会就业。

二是微观上，丰富更具有针对性的企业税收优惠政策。微观实证结果表明，企业员工工资水平是企业所得税就业效应传导机制中重要的中介变量，因此，应以与企业发展相适应为标准制定税收优惠政策，针对不同就业弹性的企业制定具有针对性的企业所得税优惠政策，从而更有效地激发企业活力，引导企业吸纳更多就业。具体来说，针对员工工资较低的企业，如中小微企业、劳动密集型企业、私营企业等，给予适当的税收优惠政策，包括进一步降低小微企业整体税率、细化小微企业规模的对应税档、降低享受优惠政策标准、增加固定资产折旧等财务自主性等，从而进一步缓解其融资难、税收负担重、创新难等问题，更大限度地增强各类企业的就业吸纳能力。

（二）提升就业质量的优化措施

1. 完善企业所得税税收体系。完善企业所得税税收体系包括两层含义：一是通过适当降低企业所得税税率，扩大社会整体就业总量；二是通过制定实施细化完善的税制结构，进一步优化就业结构、提升社会就业稳定性和就业满意度，进而提高社会就业质量。鉴于前文已经建议适当降低企业所得税税率，本部分重点建议优化税制结构，具体包括如下三方面：

一是建立差异化的企业所得税微观税负的税收优惠体系。首先，从前文实证结果来看，相较于其他要素密集型企业，劳动密集型企业的就业吸纳效应更强，若从增加就业的角度考虑，应着重加大对劳动密集型企业的所得税优惠力度。其次，在同等优惠政策下，支持私营企业、集体企业、股份制企业等混合所有制企业创造更多就业岗位。同时，建议适当减轻对港澳台企业和外商企业的税收优惠力度，做到精准减税，将有限的优惠政策用于就业吸纳效应更大的企业。此外，在加快构建双循环发展格局的大背景下，还要进一步实施包括促进区域经济增长、新兴产业发展、中小微企业发展和第三产业发展的税收优惠政策，重点把握供给侧结构性改革，尽快打通国内国际经济循环中的堵点，促进我国经济高质量发展，从根本上优化就业结构和提升社会就业稳定性，实现全社会高质量就业。

二是完善失业保障的企业所得税优惠政策。在保障残疾人、失业再就业人员、贫困人员、零就业家庭、最低生活保障家庭的登记失业人员等特定人群就业的税收优惠政策的基础上，应从以下方面着手继续加大失业保障的企业所得税优惠的力度：首先，清理整合现行的再就业税收政策，解决此类就业税收政策存在的过时、重复甚至冲突问题，从长远着眼，将政策目标定位于促进经济发展和社会就业等，制定更符合当前经济社会发展的税收政策。其次，合理扩大再就业税收政策的优惠范围，可以进一步扩大优惠政策适用人员，如吸纳大学毕业生、农民工等再就业人员的企业均能享受相应税收减免优惠；还可以扩大优惠的企业类型范围，如对工业企业，只要当年新招用下岗失业人员达到职工总数一定比例即可享有税收优惠；还可以对非全日制就业、临时性就业、季节性就业等灵活就业形式，也可考虑给予税收减免优惠。最后，完善失业保险制度，借鉴日本1974年《雇佣保险法》和美国1987年《再就业法案》等国际经验，通过加大失业者培训、发放求职者津贴和创业补贴力度，实施再就业培训和中介职业介绍政策，进一步发挥失业保险对促进社会就业的作用。

三是优化税收征收流程与手段。鉴于当前企业所得税法定税率与有效税率之间的差距较大，在数字技术快速发展的今天，为更好地兼顾普适性减税与精准性税收优惠，更好地降低整体征税成本和实体经济运行成本，要特别注重税收征收流程和手段的信息化建设。首先，通过打破税务、工商、人社和司法等部门的业务信息数据壁垒，建立健全数据化智能化税收系统，降低整体税收成本，有效管理好法定税率和有效税率之间的关系。其次，通过智能化税收系统，科学制定和精准执行税收优惠政策。比如，依据企业吸纳残疾人员、退伍军人、失业再就业人员等重点人群数量、企业社保缴纳情况、企业所属要素密集类型、企业所有制类型、企业注册地等各类信息，税务系统智能高效地计算出相应的税收优惠金额，从而更有针对性地实施减税降费政策。最后，通过关联宏观经济形势、财政状况和就业形势等信息，定时更新税收征收流程和手段，做到因时因地因势持续优化调整。

2. 推进就业促进制度建设。通过前文理论分析和政策梳理分析可知，目前我国就业制度存在开放性不足和人力资本投入不足问题，在一定程度上制约着劳动力流动，影响着就业满意度和就业质量。基于此，我们就我国就业制度提出以下建议：

一是提升我国就业制度的开放度。通过梳理我国就业制度变迁发现，虽然我国就业制度逐渐开放，但仍然存在流动人员的户籍问题，以及子女就学困难、医保社保限制等问题，尤其是城乡二元结构造成的农村劳动力流动障碍问题始终制约着劳动力自由流动，因此，应进一步深化户籍制度改革，并配套子女就学、医保社保等相应民生保障政策，还应特别注意农村劳动力转移问题，既要给予自主创业的农民一定税收优惠，还要尽量消除城乡人口流动的制度障碍，促进全社会劳动力自由流动，为实现充分就业创造制度条件。

二是促进灵活就业健康发展。随着数字经济快速发展，劳动力市场涌现出越来越多的灵活就业，对促进社会就业起着越来越重要的作用。因此，政府要制定既能促进灵活就业市场健康发展和保护灵活就业者合法权益的就业政策，还要通过税收政策扶持灵活就业，具体措施包括实施针对性企业税收优惠政策，比如对吸纳灵活就业中有60%以上为失业再就业人员的企业可享有企业所得税优惠，还可以对促进灵活就业的中介机构给予一定企业所得税税收优惠。

三是扩大人力资本投资的政策。加大人力资本投资对提升社会就业质量具有重要作用。近年来，我国以“用工难”“用工荒”和“大学生就业难”为特征的结构性失业问题日益突出，也是反映我国人力资本存在投入不足问题。因此，加大人力资本投入是促进社会就业和提升就业质量的重要措施，也是国家社会就业治理能力的重要体现。可通过以下途径从税收和就业两方面提升社会人力资本，包括利用税收政策促进农村经济发展，刺激个人对教育的投资；对培训机构给予大力税收优惠，促进职业培训发展；鼓励企业对员工加强培训，发挥企业教育效能等。

综上所述，随着劳动年龄人口的减少，我国就业总量压力虽稍有缓和，但受经济下行影响，未来就业总量压力依旧严峻，且就业结构性矛盾越来越突出，税收政策要关注对社会就业总量矛盾和结构性矛盾的综合治理，着力解决重点群体的就业困境和矛盾。未来国家应继续坚持就业优先战略，实施更加积极的就业政策，通过建立促进就业的税收政策长效机制，实现经济社会与充分就业的良性互动、就业规模与就业质量的协调统一。

结　语

当前，企业减税与社会就业是全球经济的前沿问题。尤其是新冠病毒疫情全球暴发后，全球经济陷入衰退，社会就业面临巨大挑战。

2020 年 6 月，国际货币基金组织（IMF）发布《世界经济展望报告》称，2020 年全球经济为 20 世纪 30 年代经济大萧条以来最严重的衰退期。2022 年 7 月，国际货币基金组织称，受新冠病毒疫情冲击、通胀压力和俄乌冲突等影响，全球经济增速将从 2021 年的 6.1% 放缓至 2022 年的 3.2%。在全球经济衰退背景下，各国出现大规模失业。以美国为例，联邦劳工部报告显示，由于各行各业相继停摆，美国失业人口将继续增加，截至 2020 年底，全国失业率至少达到 17%，远超 2008 年金融危机期间 10% 的峰值。此次疫情导致全球经济衰退，为刺激全球经济快速复苏，减少疫情对经济社会总供给的冲击，稳定社会就业，各国政府正实施一系列积极财政政策和宽松货币政策，其中，企业减税是一项重要的积极财政政策，对刺激经济复苏和稳定社会就业起着重要作用。

就业问题是我国面临的重要社会问题之一。我国经济下行压力持续加大、经济结构处于深度调整期，同时在全球疫情暴发、世界经济衰退等因素的共同作用下，我国的就业形势更加严峻，劳动力市场供需矛盾更加突出。自 2012 年以来，我国劳动年龄人口出现绝对下降，人口红利逐渐消失，劳动力供给出现了刘易斯拐点，但劳动供需缺口仍然较大。受新冠病毒疫情冲击，我国 2020 年初城镇调查失业率飙升至 6.2%。在以习近平同志为核心的党中央的坚强领导下，我国率先控制住疫情，率先实现分级复工复产，率先实现经济正增长。2020 年底，虽然我国城镇调查失业率下降至 5.2%，但仍然处于历史较高位，尤其是 2022 年经济面临需求收缩、供给冲击和预期转弱的三重压力，2022 年年中 16—24 岁人口城镇调查失业率高达近 20%。因此，缓解就业压力、实现充分就业、推动更高质量的就业是我国经济社会发展中需长期关注并要切实解决的重大问题。为减轻企业负担，激发市场活力，拉动经济增长，优化产业结构和促进地区平衡发展，我国政府将减税降费作为宏观政策支持稳增长、保就业、调结构的重要举措之一。我国政府正在陆续出台包括企业减税降费、地方债、转移支付等一揽子积极财政政策，其中，企业所得税作为最重要的直接税税种，约占国家税收收入的 22.6%，对拉动经济发展和促进社会就业具有重要作用。

我们通过梳理国内外文献发现，国内外学者普遍认为企业所得税与社会就业密切相关，但是西方经济学者只片面研究了企业所得税就业效应的自然属性，忽略了其社会属性，而国内经济学者对该问题的研究多是片段性研究。为此，本书利用马克思主义二重性分析法从理论层面研究企业所得税就业效应的自然属性和社会属性，又利用对比分析法从政策层面分析有关就业的企业所得税政策，并利用宏微观实证分析法检验企业所得税就业效应的内在传导机制和外部影响因素，进而分析企业所得税变动对就业总量和就业质量的影响。初步研究得出以下基本结论：

第一，从理论层面来看，企业所得税就业效应具有自然属性和社会属性。西方经济学者长期将劳动力视为一项生产要素，普遍关注企业所得税变动对劳动力（生产要素）流动和配置产生的影响，而利用马克思主义二重性分析法研究发现，西方经济学者只片面研究了企业所得税就业效应的自然属性，而忽略了其社会属性，即企业所得税就业效应不仅促进劳动力（生产要素）流动与配置，还体现了政策制定者对社会就业的管理思想或执政理念，具体表现为对特殊企业的差异性税收政策和对重点人群就业的保障性税收政策等。

第二，从政策层面来看，企业所得税就业效应表现为企业所得税政策和社会就业制度变迁与国别差异。具体来说，我们首先纵向梳理了新中国税收政策和就业制度变迁，然后横向对比国内外就业政策和企业所得税政策，尤其着重对比分析国内外关于就业的税收政策差异，最后通过对比国内外税收优惠方式、税收优惠对象和社会发展理念迥异，发现这些差异本质上体现了统治阶级意志、政府执政思想和国家政治体制的差异，也体现了税收政策和税收就业效应的社会属性差异，更是企业所得税就业效应的社会属性的具体体现。至此，我们从实践分析角度印证了马克思主义二重性分析法所推导的结论，也为实证分析奠定理论和实践基础。

第三，从微观实证层面来看，鉴于学术界就企业所得税对就业的影响方向问题存在较大分歧，我们通过利用中国工业企业数据库内 221 万条企业数据进行微观层面实证分析，实证结果表明我国企业所得税税率与社会就业存在负相关关系，即降低企业所得税有效税率能增加社会就业。进一步研究发现，企业所得税就业效应在微观层面存在多个中介变量，如员工工资、企业资产负债率、企业资产收益率等因素。此外，企业所得税就业效应在微观层面还会受到企业所有制性质、企业要素密集类型和企业所在地区等调节变量的影响，进而运用实证分析法探究出我国企业所得税变动对就业总量和就业结构的影响，以及企业所得税就业效应的微观内在传导机制和外部影响因素作用机制。

第四，从宏观实证层面来看，基于 IS－LM 模型、AS－AD 模型等宏观经济理论，为探究企业所得税就业效应的宏观影响机制，我们又利用 2003—2019 年我国省级宏观数据进行实证分析，发现在宏观层面我国企业所得税税率同样与社会就业存在负相关关系，即降低企业所得税有效税率能从宏观层面增加社会就业。进一步研究发现，企业所得税就业效应在宏观层面存在多个中介变量，如经济增长、政府一般性支出等因素。此外，企业所得税就业效应还会受到企业所在地区等调节变量的影响，进而运用实证分析法探究出我国企业所得税变动对经济均衡发展和社会就业的影响，以及企业所得税就业效应的宏观内在传导机制。

第五，基于马克思主义二重性分析法的理论分析结果和计量模型的实证分析结果，我们对我国企业所得税就业效应进行综合评价，并提出相应建议。具体来说，从自然属性的角度来看，我国降低企业所得税有效税率不仅能有效扩大社会就业总量，还能通过实施具有差异性、针对性和保障性的企业所得税政策提升社会就业质量。从社会属性的角度来看，实施差异化的企业所得税政策将对特殊人群就业、部分企业吸纳就业产生积极作用，有利于提升社会就业治理能力。随后，为进一步扩大社会就业总量和提升社会就业质量，我们就如何更好地发挥企业所得税就业效应，从税收政策、就业政策、企业微观层面和国家宏观层面等方面提出了相应优化建议。

当然，由于笔者学识和精力有限，以及相关研究数据等客观问题限制，造成本书对企业所得税就业效应的研究仍存在一些不足，有些理论研究思路和实证研究方法也可能存在值得商榷的地方。此外，有几个重要问题，仍需要在以后的研究工作中进一步研究：

第一，企业所得税就业效应的其他调节因素问题。本书对企业所得税就业效应的内部传导机制和外部影响机制进行了微观实证研究，研究数据主要采用了中国工业企业数据库，虽然样本规模和质量比较理想，但存在样本数据只包含了工业企业统计数据的问题，研究结论可能存在某些偏差，故以后可以选择更加丰富，更加具有代表性的数据库进行更全面的研究，还可进一步研究行业类型、产业类型等其他因素的外部调节作用。

第二，企业所得税就业效应的社会属性作用机制问题。本书采用马克思主义二重性分析法剖析出企业所得税就业效应的社会属性，并利用国内外企业所得税政策和就业政策对比，具体分析就业效应的社会属性内容，但由于目前缺乏更加有针对性的理论研究方法和实证方法，尚未探究出企业所得税就业效应的社会属性内在传导机制和外部影响因素，下一步可以利用案例分析法、归纳分析法和比较分析法等多种研究方法开展具体分析。

第三，宏观层面实证检验的稳健性问题。在宏观层面的实证研究中，为进一步丰富微观计量分析结果，我们又选择2003—2019年中国省级宏观统计数据进行实证检验，但由于宏观统计数据的准确性和样本量较少等问题，导致不同时间段的实证结果稳健性不足，因此，在后续研究中，可以继续扩大为市级或县级面板数据，不断提升宏观统计数据的准确度，开展更加稳健地实证研究。此外，在宏观实证研究中变量较少，未来仍需丰富细化，以提升实证结果准确性。

第四，其他可以进一步深入研究的问题。在实证研究中，为尽可能地解决内生性问题，我们选择了动态面板模型方法进行微观层面实证检验，但利用静态面板模型的实证检验因未找到合适的工具变量，导致实证结果仍存在内生性问题，因此，在下一步研究中，可以继续选择更有效的工具变量进行更加干净的实证研究。此外，在实证研究上部分变量选择不够恰当，也可以继续丰富完善，从而优化实证研究结果。

相信随着以马克思主义理论为基础的中国特色社会主义理论体系的不断丰富，以及中国经济实践的不断深入，我国企业所得税就业效应的研究将会更加完善和丰富，我国的经济治理能力和治理体系现代化建设也会取得进一步发展。

参考文献

[1] 阿瑟·B. 拉弗. 州民财富的性质与原因研究（引进版）[M]. 上海：上海财经大学出版社，2019.

[2] 阿瑟·刘易斯. 二元经济论 [M]. 北京：经济科学出版社，2006.

[3] 阿瑟·塞西尔·庇古. 福利经济学 [M]. 北京：华夏出版社，2017.

[4] 蔡昉. 中国就业制度改革的回顾与思考 [J]. 理论前沿，2008 (11)：5-8.

[5] 蔡昉. 稳就业的政策优先序和实施原则 [N]. 经济日报，2019-2-9.

[6] 蔡昉. 如何开启第二次人口红利？[J]. 国际经济评论，2020 (2)：9-24.

[7] 蔡昉，张车伟. 劳动经济学 [M]. 北京：中国社会科学出版社，2015.

[8] 陈利锋. 货币政策盯住目标应该考虑不平等吗 [J]. 财贸经济，2018 (4)：78-91.

[9] 陈利锋. 劳动力市场结构性改革的宏观经济效应：一个模拟分析 [J]. 财经研究，2017 (10)：35-49.

[10] 陈强. 高级计量经济学及 Stata 应用（第二版）[M]. 北京：高等教育出版社，2014：231-253.

[11] 陈烨，张欣，寇恩惠，刘明. 增值税转型对就业负面影响的 CGE 模拟分析 [J]. 经济研究，2010 (9)：78-95.

[12] 陈永伟，徐冬林. 税收优惠能够促进就业吗?：基于企业所得税分析 [J]. 中南财经政法大学学报，2011 (11)：29-34.

［13］陈泽聪．我国制造业技术进步的就业效应［J］．科技进步与对策，2011（1）：20－23.

［14］邓远军．课税对我国就业影响的经济分析［J］．税务研究，2006（12）：14－19.

［15］丁芸．中国税制［M］．北京：中国财政经济出版社，2017：252－260.

［16］董再平．税收和就业的经济学分析税务研究［J］．税务研究，2008（2）：19－23.

［17］付伯颖．现行税制对劳动力供给影响的理论与实证分析［J］．财经问题研究，2007（9）：84－88.

［18］樊美玉．企业所得税优惠对小微企业吸纳就业认识影响研究［D］．合肥：安徽大学，2018.

［19］樊丽明，李昕凝．世界各国税制结构变化趋向及思考［J］．税务研究，2015（1）：54－59.

［20］费景汉·拉尼斯．劳动力剩余经济的发展［M］．北京：华夏出版社，2010.

［21］高凤勤．企业税收效应研究［D］．重庆：西南财经大学，2007.

［22］高文书，谢倩芸．中国产业结构升级的人力资本需求研究［J］．华中师范大学学报（人文社会科学版），2017（2）：41－50.

［23］国家税务总局．关于深入贯彻落实减税降费政策措施的通知［Z］．税总发（2019）13号，2019－01－21.

［24］郭凯明，余靖雯，龚六堂．人口政策、劳动力结构与经济增长［J］．世界经济，2013（11）：72－92.

［25］哈尔·R. 范里安．微观经济学：现代观点［M］．上海：格致出版社，2013.

［26］韩彬，吴俊培，李淼焱．我国税制结构经济增长效应研究［J］．上海经济研究，2019（1）：89－98.

［27］韩晓梅，龚启辉，吴联生．薪酬抵税与企业薪酬安排［J］．经济研究，2016（10）：140－154.

[28] 姜敏. 减税政策效应分析及完善 [J]. 税务研究, 2018 (6): 109-112.

[29] 金中坤, 潘镇. 税收减免对福利企业用工的经济效应分析 [J]. 税务与经济, 2016 (1): 80-85.

[30] 江渝. 政策分析方法: 视角、路径、工具 [M]. 成都: 四川大学出版社, 2011.

[31] 匡远凤, 彭代彦. 中国环境生产效率与环境全要素生产率分析 [J]. 经济研究, 2012 (7): 43-55.

[32] 赖德胜, 李长安. 当前我国就业领域的主要矛盾及其对策 [J]. 经济学动态, 2010 (3): 68-72.

[33] 李红松. 我国经济增长与就业弹性问题研究 [J]. 财经研究, 2003 (4): 23-27.

[34] 李建民. 中国劳动力市场多重分割及其对劳动力供求的影响 [J]. 中国人口科学, 2002 (2): 1-7.

[35] 李旭红. 美国减税与就业法案的影响. 中国社会科学院网, http://ex.cssn.cn/jjx/jjx_gd/201802/t20180211_3848305_1.shtml. 2018-2-11.

[36] 李月田. 坚持实施就业优先战略 [M]. 北京: 中国言实出版社, 2014.

[37] 林岗, 张宇. 《资本论》的方法论意义——马克思主义经济学的五个方法论命题 [J]. 当代经济研究, 2000 (6): 3-15.

[38] 刘斌. 我国 DSGE 模型的开发及在货币政策分析中的应用 [J]. 金融研究, 2008 (10): 39-48.

[39] 刘昌用. 国内外劳动二重性研究综述 [J]. 天府新论, 2014 (2): 49-56.

[40] 刘广洋. 论税收对就业的影响 [J]. 税务研究, 2003 (1): 24-27.

[41] 刘明. 扩大就业的税收政策取向 [J]. 税务研究, 2007 (8): 75-76.

［42］刘伟，李虹．中国煤炭补贴改革与二氧化碳减排效应研究［J］．经济研究，2014（8）：27－42.

［43］柳光强，黄雨婷．企业所得税对人力资本投资及其异质性的影响：来自我国上市公司经验证据［J］．地方财政研究，2018（2）：80－87.

［44］刘晔．由物到人：财政学逻辑起点转变与范式重构：论新时代中国特色社会主义财政理论创新［J］．财政研究，2018（8）：40－49.

［45］鲁元平，杨芳，张静堃．区域性税收优惠政策的工资与就业效应分析：基于西部大开发的准自然实验［J］．税务研究，2020（2）：118－123.

［46］鲁品越．《资本论》的生产力与生产关系概念的再发现［J］．上海财经大学学报，2018，20（4）：4－14.

［47］陆旸．中国的绿色政策与就业：存在双重红利吗？［J］．经济研究，2011（7）：87－103.

［48］骆永民，翟晓霞．中国税收自动稳定器功能的双重约束研究［J］．经济研究，2018（7）：106－120.

［49］吕冰洋．现代财政制度与国家治理［J］．中国人民大学学报，2014（5）：1－5.

［50］娄贺统，徐恬静．税收激励对企业技术创新的影响机理研究［J］．研究与发展管理，2008（6）：88－94.

［51］娄峰．碳税征收对我国宏观经济及碳减排影响的模拟研究［J］．数量经济技术经济研究，2014（10）：78－90.

［52］罗鸣令，范子英，陈晨．区域性税收优惠政策的再分配效应：来自西部大开发的证据［J］．中国工业经济，2019（2）：61－79.

［53］罗宏斌．周红梅税收的就业效应研究［J］．北华大学学报（社会科学版），2005（5）：42－46.

［54］马克思．资本论［M］．上海：上海三联书店，2009.

［55］马勇．中国的货币财政政策组合范式及其稳定效应研究［J］．经济学（季刊），2016（1）：73－84.

［56］莫荣．多措并举，实施好就业优先战略和政策［J］．中国政协，

2019 (19): 26 -27.

[57] 毛德凤, 彭飞, 刘华. 税收激励对企业投资增长与投资结构偏向的影响 [J]. 经济学动态, 2016 (7): 75 -87.

[58] 孟氧. 经济学社会场论 [M]. 北京: 中国人民大学出版社, 1999.

[59] 潘永祥. 自然科学发展简史 [M]. 北京: 北京大学出版社, 1984.

[60] 潘红波, 吴迪倩. 基于避税动机的利润转移行为研究——来自企业所得税改革的经验证据 [J]. 江西社会科学, 2019 (1): 34 -45.

[61] 庞明川. 长期的菲利普斯曲线与经济增长 [M]. 大连: 东北财经大学, 2002.

[62] 彭洋. 企业所得税改革、产权性质与企业劳动力需求 [D]. 南京: 南京大学, 2012.

[63] 秦海林, 张淑翠, 李佳璐. 优化我国制造业税收制度的政策建议——中外增值税、企业所得税比较与启示 [J]. 开放导报, 2018 (5): 67 -71.

[64] 萨伊. 政治经济学概论: 财富的生产、分配和消费 [M]. 北京: 商务印书馆, 1997.

[65] 任泽平. 旧的经验与我国的选择 [J]. 经济纵横, 2014 (3): 112 -116.

[66] 斯蒂文·米德玛. 科斯经济学: 法与经济学和新制度经济学企业的性质 [M]. 上海: 格致出版社, 2018.

[67] 史蒂文·N. 杜尔劳夫. 新帕尔格雷夫经济学大辞典 [M]. 北京: 经济科学出版社, 1996.

[68] 孙简. 中美企业税制比较与借鉴 [J]. 现代管理科学, 2015 (12): 76 -78.

[69] 孙如梦. 论公益性捐赠的企业所得税立法变迁 [J]. 现代经济信息, 2017 (11): 295 -297.

[70] 田效先. 企业所得税的经济增长效应 [D]. 大连: 东北财经大

学，2013.

[71] 田志伟，胡怡建，宫映华．免征额与个人所得税的收入再分配效应 [J]．经济研究，2017 (10)：45 -56.

[72] 万相昱．中国现行个人所得税制度完善改进的微观模拟研究 [J]．数量经济技术经济研究，2018 (8)：88 -97.

[73] 王蓓，崔治文．有效税率、投资与经济增长：来自中国数据的经验实证 [J]．管理评论，2012 (7)：95 -108.

[74] 王兵，吴福象．行业工资率差异、就业份额偏离与产业结构升级——基于省级面板数据的 GMM 分析 [J]．山西财经大学学报，2019 (5)：41 -52.

[75] 王海勇．自然人税收管理体系的构建：以税收本质属性为视角 [J]．税务研究，2016 (11)：118 -120.

[76] 王建刚，韩毅，李中建．对再就业税收优惠政策的分析与修正 [J]．税务研究，2005 (11)：24 -27.

[77] 王军，李萍．绿色税收政策对经济增长的数量与质量效应：兼议中国税收制度改革的方向 [J]．中国人口·资源与环境，2018 (5)：17 -26.

[78] 王拴乾．论马克思《资本论》中“绝对”、“相对”的辩证思想和方法 [J]．新疆师范大学学报（哲学社会科学版），1987 (2)：35 -39.

[79] 王娜．我国企业所得税税负及效应研究 [M]．北京：经济管理出版社，2018.

[80] 王娜，夏杰长．税收对城镇居民劳动供给影响研究 [J]．经济与管理，2006 (9)：5 -8.

[81] 王韬，朱跃序，鲁元平．工薪所得免征额还应继续提高吗？——来自中国个税微观 CGE 模型的验证 [J]．管理评论，2015 (7)：94 -105.

[82] 王跃堂，王亮亮，彭洋．产权性质、债务税盾与资本结构：基于企业所得税改革的经验证据 [J]．经济研究，2010 (9)：122 -136.

[83] 王跃堂，王国俊，彭洋．控制权性质影响税收敏感性吗?：基于

企业劳动力需求的检验［J］. 经济研究，2012（4）：52－63.

［84］王智烜，邓秋云，陈丽. 减税降费与促进高质量就业：基于PVAR模型的研究［J］. 税务研究，2018（6）：102－110.

［85］王经绫. 论中国经济增长的就业效应［D］. 北京：财政部财政科学研究所，2014.

［86］王怡，张松. 我国的劳动就业与税收优惠［J］. 税务研究，2006（1）：78－80.

［87］吴联生. 国有股权、税收优惠与公司税负［J］. 经济研究，2009（10）：109－120.

［88］吴振球，程婷，王振. 产业结构优化升级、经济发展方式转变与扩大就业——基于我国1995—2011年省级面板数据的经验研究［J］. 中央财经大学学报，2013（11）：70－76.

［89］邪树东，刘停. 改善我国当前就业结构的税收政策建议［J］. 经济视角，2012（4）：88－90.

［90］席小瑾. 促进就业税收政策的实证分析［J］. 市场论坛，2010（6）：47－48.

［91］宣扬. 资本结构是否影响公司雇员规模的宏观经济敏感性?：基于493家上市公司的实证分析［J］. 上海经济研究，2013（7）：102－114.

［92］肖六亿. 技术进步的就业效应［D］. 武汉：华中科技大学，2007.

［93］许志伟，吴化斌，周晶. 个人所得税改革的宏观福利分析［J］. 管理世界，2013（12）：41－52.

［94］许召元，张文魁. 国企改革对经济增速的提振效应研究［J］. 经济研究，2015（4）：47－65.

［95］薛凤珍. 企业税负、就业税盾与就业激励［J］. 现代财经（天津财经大学学报），2014（12）：61－71.

［96］薛鹤翔. 中国的产出持续性——基于刚性价格和刚性工资模型的动态分析［J］. 经济学（季刊），2010（4）：94－102.

［97］杨志. 论资本二重性［M］. 北京：经济科学出版社，2002.

[98] 杨继瑞. 论资本经济实现形式的二重性 [J]. 当代经济研究, 2003 (2): 8-13.

[99] 杨晓妹, 尹音频. 打破城乡就业隔离: 财税政策效应的实证分析 [J]. 税务研究, 2014 (11): 16-20.

[100] 杨晓妹. 财政政策就业效应研究 [D]. 重庆: 西南财经政法大学, 2014.

[101] 杨伟国, 代懋. 中国就业管制的变迁与测量: 基于 1978—2011 年国家层面数据 [J]. 中国人民大学学报, 2012 (1): 78-87.

[102] 杨伟国, 高文书. 中国劳动经济学 40 年 [M]. 北京: 中国社会科学出版社, 2018.

[103] 杨伟国, 邱子童, 吴清军. 人工智能应用的就业效应研究综述 [J]. 中国人口科学, 2018 (5): 109-119.

[104] 杨伟国. 转型中的中国就业政策 [M]. 北京: 中国劳动社会保障出版社, 2007.

[105] 杨杨, 杜剑, 陈思. 促进劳动密集型产业发展的税收政策思考 [J]. 贵州财经学院学报, 2009 (4): 51-53.

[106] 约翰·梅纳德·凯恩斯. 就业、利息和货币通论 [M]. 北京: 商务印书馆, 1999.

[107] 岳希明, 徐静. 我国个人所得税的居民收入分配效应 [J]. 经济学动态, 2012 (6): 110-121.

[108] 颐林. 技术进步对就业波动变化的影响分析 [J]. 统计研究, 2006 (6): 34-38.

[109] 饶勇. 再就业税收优惠政策利弊分析及政策取向 [J]. 税务研究, 2006 (12): 20-21.

[110] 余永定, 张宇燕, 郑秉文. 西方经济学 [M]. 北京: 经济科学出版社, 1997: 134-157.

[111] 曾庆生, 陈信元. 国家控股、超额雇员与劳动力成本 [J]. 经济研究, 2006 (5): 74-86.

[112] 张杰, 庞瑞芝, 邓忠奇. 财政自动稳定器有效性测定: 来自中

国的证据 [J]. 世界经济, 2018 (5): 27 - 52.

[113] 张车伟, 王博雅, 高文书. 创新经济对就业的冲击与应对研究 [J]. 中国人口科学, 2017 (5): 2 - 11.

[114] 张万里, 魏玮. 制造业集聚对效率的影响研究: 抑制还是促进 [J]. 南方经济, 2018 (4): 95 - 113.

[115] 张伟进, 方振瑞, 黄敬翔. 城乡居民生活水平差距的变化——基于经济周期视角分析 [J]. 经济学 (季刊), 2015 (2): 98 - 101.

[116] 张琼. 我国人口转型特征及其对我国宏观经济运行的影响 [D]. 北京: 清华大学, 2011.

[117] 中共中央马克思恩格斯列宁斯大林著作编译局. 马克思恩格斯全集 (第二卷) [M]. 北京: 人民出版社, 1995.

[118] 中共中央马克思恩格斯列宁斯大林著作编译局. 马克思恩格斯全集 (第三卷) [M]. 北京: 人民出版社, 1960: 42 - 45.

[119] 仲颖佳, 田学斌, 孙攀. 产业结构升级对税收收入增长的影响研究 [J]. 经济与管理, 2018 (6): 56 - 62.

[120] 周波, 张凯丽. 促进慈善捐赠的企业所得税政策探析 [J]. 税务研究, 2020 (5): 49 - 55.

[121] 周林沽, 马华祥. 企业所得税负担的经济地区分布 [J]. 财政监督, 2009 (17): 73 - 74.

[122] 周天勇, 谷成. 中央与地方: 财权再分配 [J]. 南风窗, 2009 (15): 45 - 47.

[123] 周五七, 陶靓. 环境规制影响中国劳动力就业的区域异质性: 基于产业结构门槛效应的实证检验 [J]. 西部论坛, 2020 (1): 100 - 110.

[124] 庄子罐, 贾红静, 刘鼎铭. 货币政策的宏观经济效应研究: 预期与未预期冲击视角 [J]. 中国工业经济, 2018 (7): 113 - 123.

[125] 朱军. 开放经济中的财政政策规则——基于中国宏观经济数据的 DSGE 模型 [J]. 财经研究, 2013 (3): 94 - 103.

[126] 朱军. 现代宏观财政理论研究的脉络与启示——兼谈对财政学

基础理论创新的借鉴意义［J］. 财贸经济，2015（7）：88－99.

［127］朱军. 中国宏观 DSGE 模型中的税收模式选择及其实证研究［J］. 数量经济技术经济研究，2015（1）：97－101.

［128］朱军，许志伟. 财政分权、地区间竞争与中国经济波动［J］. 经济研究，2018（1）：23－36.

［129］赵颖. 减税激励与小微企业发展——基于所得税减半征收的证据［J］. 经济学动态，2022（5）：110－126.

［130］孙鲲鹏，石丽娜. 企业互联网使用与大数据治税的效应［J］. 经济研究，2022，57（5）：176－191.

［131］许召元，张文魁. 国企改革对经济增速的提振效应研究［J］. 经济研究，2015（4）.

［132］张晓娣，刘学悦. 征收碳税和发展可再生能源研究——基于 OLG－CGE 模型的增长及福利效应分析［J］. 中国工业经济，2015（3）.

［133］樊丽明，李昕凝. 世界各国税制结构变化趋向及思考［J］. 税务研究，2015（1）.

［134］娄峰. 碳税征收对我国宏观经济及碳减排影响的模拟研究［J］. 数量经济技术经济研究，2014（10）.

［135］刘伟，李虹. 中国煤炭补贴改革与二氧化碳减排效应研究［J］. 经济研究，2014（8）.

［136］曹淑艳，谢高地，陈文辉，郭红. 中国主要农产品生产的生态足迹研究［J］. 自然资源学报，2014（8）.

［137］刘春腊，刘卫东，徐美. 基于生态价值当量的中国省域生态补偿额度研究［J］. 资源科学，2014（1）.

［138］匡远凤，彭代彦. 中国环境生产效率与环境全要素生产率分析［J］. 经济研究，2012（7）.

［139］陆旸. 中国的绿色政策与就业：存在双重红利吗？［J］. 经济研究，2011（7）.

［140］陈烨，张欣，寇恩惠，刘明. 增值税转型对就业负面影响的 CGE 模拟分析［J］. 经济研究，2010（9）.

[141] 廖理，崔向博，孙琼．另类数据的信息含量研究——来自电商销售的证据 [J]．管理世界，2021 (9)．

[142] 孙鲲鹏，罗婷，肖星．人才政策、研发人员招聘与企业创新 [J]．经济研究，2021 (8)．

[143] 刘淑春，闫津臣，张思雪，林汉川．企业管理数字化变革能提升投入产出效率吗？[J]．管理世界，2021 (5)．

[144] 戚聿东，刘翠花，丁述磊．数字经济发展、就业结构优化与就业质量提升 [J]．经济学动态，2020 (11)．

[145] 田彬彬，陶东杰，李文健．税收任务、策略性征管与企业实际税负 [J]．经济研究，2020 (8)．

[146] 张克中，欧阳洁，李文健．缘何“减税难降负”：信息技术、征税能力与企业逃税 [J]．经济研究，2020 (3)．

[147] 安同良，杨晨．互联网重塑中国经济地理格局：微观机制与宏观效应 [J]．经济研究，2020 (2)．

[148] 沈国兵，袁征宇．企业互联网化对中国企业创新及出口的影响 [J]．经济研究，2020 (1)．

[149] 张勋，万广华，张佳佳，何宗樾．数字经济、普惠金融与包容性增长 [J]．经济研究，2019 (8)．

[150] 李明，李德刚，冯强．中国减税的经济效应评估——基于所得税分享改革“准自然试验”[J]．经济研究，2018 (7)．

[151] 田彬彬，范子英．征纳合谋、寻租与企业逃税 [J]．经济研究，2018 (5)．

[152] 江艇，孙鲲鹏，聂辉华．城市级别、全要素生产率和资源错配 [J]．管理世界，2018 (3)．

[153] 陈德球，陈运森，董志勇．政策不确定性、税收征管强度与企业税收规避 [J]．管理世界，2016 (5)．

[154] 郑新业，王晗，赵益卓．“省直管县”能促进经济增长吗？——双重差分方法 [J]．管理世界，2011 (8)．

[155] 叶康涛，刘行．税收征管、所得税成本与盈余管理 [J]．管理

世界，2011（5）.

［156］吕冰洋，郭庆旺．中国税收高速增长的源泉：税收能力和税收努力框架下的解释［J］．中国社会科学，2011（2）.

［157］吴联生．国有股权、税收优惠与公司税负［J］．经济研究，2009（10）.

［158］吕冰洋，樊勇．分税制改革以来税收征管效率的进步和省际差别［J］．世界经济，2006（10）.

［159］周黎安，陈烨．中国农村税费改革的政策效果：基于双重差分模型的估计［J］．经济研究，2005（8）.

［160］A. M. Tarasyev and A. A. Usova. Construction of a regulator for the Hamiltonian system in a two – sector economic growth model［M］. Proceedings of the Steklov Institute of Mathematics，2012.

［161］Akhimienmhonan D. A. Microcredit，Income Assistance，and Households' Time Allocation to Self – employment［D］. Canada：The University of Saskatchewan，2012.

［162］Alan J. Auerbach. Who Bears the Corporate Tax? A Review of What We Know［J］. Tax Policy and the Economy. 2006.

［163］Arellano，M.，Bond，S. Some Tests of Specification for Panel Data：Monte Carlo Evidence and an Application to Employment Equations［J］. Review of Economic Studies，1991，58（2）：277 – 297.

［164］Bassi，L. J. Evaluating Alternative Job Creation Strategies［J］. Economic Inquiry，1985，23（4）：671 – 690.

［165］Blundell，R.，Bond，S. Initial Conditions and Moment Restrictions in Dynamic Panel Data Models［J］. Journal of Econometrics，1998，87（1）：115 – 143.

［166］Brandt，L.，Biesebroeck，J. V.，Zhang，Y. Creative Accounting or Creative Destruction? Firm – level Productivity Growth in Chinese Manufacturing［J］. Journal of Development Economics，2012，97（2）：339 – 351.

［167］Brunello，G.，Sonedda，D. Progressive Taxation and Wage Setting

When Unions Strategically Interact [Z]. Working Paper, University of Padua, 2003.

[168] Cai, Hongbin., Liu, Qiao. Competition and Corporate Tax Avoidance: Evidence from Chinese Industrial Firms [J]. Economic Journal, 2009 (119): 764 - 795.

[169] Capolupo R. Output Taxation, Human Capital and Growth. Manchester School [J]. 2000, 68 (2): 166 - 183.

[170] Carroll, R., M. Wasylenko. Do State Business Climates Still Matter?: Evidence of a Structural Change [J]. National Tax Journal, 1994, 47 (1): 19 - 37.

[171] Daveri F., Tabellini G. Unemployment, Growth and Taxation in Industrial Countries [J]. Economic Policy, 2000 (15): 47 - 104.

[172] Deng X., Huang J. Rozelle S. Uchida E. Growth, population and industrialization, and urban land expansion of china [J]. Journal of Urban Economics, 2008, 63 (1): 96 - 115.

[173] Devereux, M. P., R. Griffith. Taxes and the Location of Production: Evidence from a Panel of Usmultinationals [J]. Journal of Public Economics, 1998 (68): 335 - 367.

[174] Dewenter, Kathryn L., Paul H. Malatesta. State - owned and Privately Owned Firms: An Empirical Analysis of Profitability [J]. Leverage and Labor Intensity, American Economic Review, 2001, 91 (1): 320 - 334.

[175] Diamond J. W. Dynamic Effects of Extending the 2001 and 2003 Income Tax Cuts [J]. International Tax And Public Finance. 2005, 12 (2): 165 - 192.

[176] Fan J. P. H., T. J. Wong, T. Zhang. Politically Connected CEOs, Corporate Governance and Post - IPO Performance of Chinas Newly Partially Privatized Firms [J]. Journal of Financial Economic, 2007 (84): 330 - 357.

[177] Francisco J. Buera, Joseph P. Kaboski, Yongseok Shin. Finance and Development: A Tale of Two Sectors [J]. The American Economic Re-

view. 2011 (5): 125 - 175.

[178] Feierherd G. G. The Left's Dilemma: How Politics Shapes Labor markets in Latin America [D]. US: Yale University, 2016.

[179] Fuest, C., Huber B. Is Tax Progression Really Good for Employment: A Model with Endogenous Hours of Work [J]. Labor Economics, 2000 (7): 79 - 93.

[180] Funderburg R. Regional employment and housing impacts of tax increment financing districts [J]. Regional Studies, 2019, 53 (6): 874 - 889.

[181] Goss, E., Philips, J. M. State Employment Growth: The Impact of Taxes and Economic Development Agency Spending [J]. Growth and Change, 1994 (25): 287 - 300.

[182] Ghebremichael, A., Potter - Witter, K. Effects of tax incentives on long - run capital formation and total factor productivity growth in the Canadian sawmilling industry [J]. Forest Policy and Economics, 2009, 11 (2): 85 - 94.

[183] Harden J. W., Hoyt, William H. Do States Choose Their Mix of Taxes to Minimize Employment Losses? [J]. National Tax Journal, 2003, 56 (1): 7 - 26.

[184] Hamersma S. The Effects of An Employer Subsidy on Employment Outcomes: A Study of the Work Opportunity and Welfare - to - Work Tax Credits [J]. Journal of Policy Analysis and Management, 2008, 27 (3): 498 - 520.

[185] Hossain M. R. The U. S. Corporate Tax Debate [D]. Northern Illinois University, 2019.

[186] Jentsch C., Lunsford, K. G. The Dynamic Effects of Personal and Corporate Income Tax Changes in the United States: Comment [J]. American Economic Review, 2019, 109 (7): 2655 - 2678.

[187] Kamps. The Dynamic Effects of Public Capital: VAR Evidence for 22 OECD countries [J]. International Tax and Public Finance. 2005, 56 (3): 533 - 558.

[188] Kakpo E. In Search of the Incidence of the Corporate Tax on Employment and Wages: Evidence from U. S. State Tax Reforms [D]. US: Colorado State University, 2018.

[189] Kesselman J. R., S. H. Williamson, E. R. Berndt. Tax Credits for Employment Rather Than Investment [J]. American Economic Review, 1977, 67 (3): 339 - 349.

[190] Kimberly A. Clausing. The U. S. State Experience Under Formulary Apportionment: Are There Lessons for International Reform? [J]. National Tax Journal, 2016, 69 (2): 353 - 386.

[191] Lars P. F. The impact of corporate and personal income taxes on the location of firms and on employment: some panel evidence for the swiss cantons [J]. Journal of Public Economics. 2002, 87 (2): 129 - 155.

[192] Liu L. The economic effects of corporate income taxation [D]. US: Rutgers The State University of New Jersey - New Brunswic, 2011.

[193] Leonard T., Yang, X., Zhang, L., Reed, C. Impact of Property Tax Abatement on Employment Growth [J]. Economic Development Quarterly, 2020 (3): 1 - 13.

[194] Leibfritz, W., Thornton. J., Bibbee, A. Taxation and Economic Performance [Z]. Working paper, OECD, 1997 (176).

[195] Llop, M. Energy import costs in a flexible input - output price model [J]. Resource and Energy Economics, 2020, 59.

[196] Lora E., Gonzάlez, J. F. Employment and Taxes in Latin America: an Empirical Study of the Effects of Payroll, Corporate Income and Value - Added Taxes on Labor Outcomes [J]. Cuadernos De Economca. 2016, 35 (67): 75 - 117.

[197] Malcomson, J., Sartor, N. Tax Push Inflation in a Unionized Labor Market [J]. European Economic Review, 1987 (31): 1581 - 1596.

[198] Marr W. L. The link between immigration and unemployment in Canada [J]. Journal of Policy Modeling, 1994, 16 (1): 1 - 26.

[199] Mertens K., Ravn, M. O. The Dynamic Effects of Personal and Corporate Income Tax Changes in the United States [J]. American Economic Review, 2013, 103 (4): 1212－1247.

[200] Milton Friedman. The Role of Monetary Policy [J]. American Economic Review, 1968, 58 (1): 1－17.

[201] Modigliani, F., Miller, M. H. Corporate Income Taxes and the Cost of Capital: A Correction [J]. Journal of Finance, 1963 (53): 433－443.

[202] Neumark D., Simpson, H. Place－Based Policies [J]. Handbook of Regional & Urban Economics, 2015, 12 (5): 1197－1287.

[203] Newman, R. Industry Migration and Growth in the South [J]. Review of Economics and Statistics, 1983 (65): 76－86.

[204] Palladino, Lenore M. New York City's Stock Transfer Tax: Revenue and Employment Impacts [D]. US: The New School for Social Research, 2015.

[205] Perloff J. M., M. L. Wachter. The New Jobs Tax Credit: An Evaluation of the 1977－1978.

[206] Wage Subsidy Program [J]. American Economic Review, 1979, 69 (2): 173－179.

[207] Plosser Charles I. The Search for Growth [R]. Kansas City: Author, 1992: 57－86.

[208] Garfinkle N. Supply－side vs. Demand－side Tax Cuts and US Economic Growth: 1951—2004 [R]. Critical Review, 2005, 17 (3): 427－448.

[209] Qian Y. A Theory of Shortage in Socialist Economies Based on the Soft Budget Constraint [J]. American Economic Review, 1994, 84 (1): 145－156.

[210] Robert A. Carter. Innovation in urban systems: the interrelationship between urban and national economic development [J]. Annals of Regional Science, 1988, 22 (3): 66－79.

[211] Roeger W. Growth, Employment and Taxationn with Distortions in

the Goods and Labor Market [J]. German Economic Review. 2007, 8 (1): 1-27.

[212] Sonedda D. A Structural VAR Approach on Labor Taxation Policies [J]. Applied Economics, 2006 (38): 95-114.

[213] Spiller P. Politicians, Interest Groups, and Regulations: A Multiple Principles Agency Theory of Regulations, or Let Them be Bribed [J]. Journal of Law and Economics, 1990 (33): 65-101.

[214] Srensen, P. Public Finance Solutions to the European Unemployment Problem [J]. Economic Policy, 1997 (21): 223-264.

[215] Scholes M., Wolfson, M. Erickson, E. Maydew, T. S. Taxes and Business Strategy: A Planning Approach [M]. Pearson Prentice Hall, Upper Saddle River, NJ, 2005.

[216] Thrnovsky S. J. Optimal Tax, Debt, and Expenditure Policies in a Growing Economy [J]. Journal of Pubic Economics, 1996, 60 (1): 21-48.

[217] Wasylenko, M., T. McGuire. Jobs and Taxes: The Effect of Business Climate on States Employment Growth Rates [J]. National Tax Journal. 1985 (38): 407-511.

[218] William G. Gale, Hilary Gelfond, Aaron Krupkin, Mark J. Mazur, and Eric Toder. EFFECTS OF THE TAX CUTS AND JOBS ACT: A PRELIMINARY ANALYSIS [R]. Urban institute & Brookings institution: Tax policy center, 2018.

[219] Zeigler J. Implementing Welfare Reform [J]. Policy Analysis. 2004, 56 (3): 529-558.

附　录

附录一 各类企业以员工工资为中介变量的回归结果

附表 1－1 为利用中国工业企业数据库的国有企业微观层面中介效应回归结果，Sobel 检验显著通过，并且其他所有变量都在 1% 的置信水平上显著，因此，初步判断员工工资在国有企业中存在着部分中介效应，其中介效应占比为 68.7%，且为增强型效果。

附表 1－1　　国有企业中介效应三步回归结果

	(1)	(2)	(3)
	第一步	第二步	第三步
L. in_tax	0.146***	-0.547***	-0.098***
	(4.03)	(-10.99)	(-3.40)
rate	-1.102***	0.444***	-0.761***
	(-5.61)	(2.60)	(-4.36)
lnasset	0.065***	0.633***	0.352***
	(3.76)	(29.55)	(23.24)
DAR	0.056***	0.199***	0.145***
	(10.95)	(14.97)	(14.57)
ROA	-0.039	0.919***	0.412***
	(-0.52)	(5.48)	(3.12)
lnwage			-0.454***
			(-28.96)
_cons	5.080***	-4.400***	3.094***
	(25.63)	(-17.62)	(18.86)
Sobel 检验 P 值	0.0000		
中介效应占比	0.68689707		
N	38616	37666	37666
r2	0.017	0.179	0.351
r2_a	0.017	0.179	0.351
rmse	0.380	0.486	0.306

注：括号里为 t 值，*** 表示 $p<0.01$，** 表示 $p<0.05$，* 表示 $p<0.1$。

附表1－2为利用中国工业企业数据库的集体企业微观层面中介效应回归结果，Sobel检验显著通过，并且其他变量基本都在1%的置信水平上显著，因此，初步判断员工工资在集体企业中存在着部分中介效应，其中介效应占比为38.3%，且为遮掩型效果。

附表1－2　　集体企业中介效应三步回归结果

	(1)	(2)	(3)
	第一步	第二步	第三步
L. in_tax	−0.111 ***	−0.227 ***	−0.154 ***
	(−4.37)	(−6.86)	(−6.28)
rate	0.013	0.180 ***	0.163 ***
	(0.31)	(4.28)	(4.15)
lnasset	0.266 ***	0.295 ***	0.356 ***
	(29.46)	(29.63)	(42.76)
DAR	0.102 ***	0.088 ***	0.119 ***
	(20.29)	(12.07)	(15.51)
ROA	0.134 ***	0.320 ***	0.260 ***
	(7.52)	(12.86)	(13.77)
lnwage			−0.282 ***
			(−29.55)
_cons	2.282 ***	−0.566 ***	2.066 ***
	(25.90)	(−5.78)	(25.65)
Sobel检验P值	0.00939661		
中介效应占比	−0.38267746		
N	69780	66876	66876
r2	0.085	0.075	0.209
r2_a	0.085	0.075	0.209
rmse	0.297	0.364	0.266

注：括号里为t值，*** 表示 $p<0.01$，** 表示 $p<0.05$，* 表示 $p<0.1$。

附表1－3为利用中国工业企业数据库的私营企业微观层面中介效应回

归结果，Sobel 检验显著通过，并且其他所有变量都在 1% 的置信水平上显著，因此，初步判断员工工资在私营企业中存在着部分中介效应，其中介效应占比为 59.3%，且为遮掩型效果。

附表 1-3　　私营企业中介效应三步回归结果

	(1)	(2)	(3)
	第一步	第二步	第三步
L. in_tax	-0.219***	-0.147***	-0.276***
	(-23.33)	(-14.02)	(-30.08)
rate	-0.055***	0.130***	0.166***
	(-2.96)	(7.21)	(8.60)
lnasset	0.439***	0.170***	0.545***
	(179.91)	(72.38)	(233.44)
DAR	0.141***	0.057***	0.168***
	(117.27)	(46.19)	(110.39)
ROA	0.236***	0.174***	0.319***
	(15.53)	(12.29)	(14.55)
lnwage			-0.480***
			(-151.25)
_cons	0.395***	1.069***	0.699***
	(15.83)	(44.53)	(28.67)
Sobel 检验 P 值	0.0000		
中介效应占比	-0.5928695		
N	567250	508810	508810
r2	0.206	0.043	0.406
r2_a	0.206	0.043	0.406
rmse	0.400	0.401	0.351

注：括号里为 t 值，*** 表示 $p<0.01$，** 表示 $p<0.05$，* 表示 $p<0.1$。

附表 1-4 为利用中国工业企业数据库的港澳台企业微观层面中介效应回归结果，Sobel 检验显著通过，并且其他变量基本都在 1% 的置信水平上显著，因此，初步判断员工工资在港澳台企业中存在着部分中介效应，其中介效应占比为 80.1%，且为增强型效果。

附表1-4　　港澳台企业中介效应三步回归结果

	(1)	(2)	(3)
	第一步	第二步	第三步
L. in_tax	0.107***	0.140***	0.210***
	(2.92)	(3.57)	(6.09)
rate	-0.430***	0.533***	-0.016
	(-6.37)	(8.68)	(-0.24)
lnasset	0.368***	0.233***	0.473***
	(28.68)	(20.48)	(37.08)
DAR	0.133***	0.066***	0.160***
	(24.90)	(14.96)	(26.40)
ROA	0.239***	0.276***	0.354***
	(3.84)	(3.99)	(3.91)
lnwage			-0.416***
			(-31.85)
_cons	1.560***	0.447***	1.678***
	(11.09)	(3.54)	(11.99)
Sobel 检验 P 值	0.00174283		
中介效应占比	0.80125938		
N	42639	40057	40057
r2	0.107	0.047	0.276
r2_a	0.106	0.047	0.276
rmse	0.401	0.408	0.353

注：括号里为t值，*** 表示 $p<0.01$，** 表示 $p<0.05$，* 表示 $p<0.1$。

附表1-5为利用中国工业企业数据库的港澳台企业微观层面中介效应回归结果，Sobel检验显著通过，并且其他所有变量都在1%的置信水平上显著，因此，初步判断员工工资在外资企业中存在着部分中介效应，其中介效应占比为18.2%，且为增强型效果。

附表 1 - 5　　外商企业中介效应三步回归结果

	(1)	(2)	(3)
	第一步	第二步	第三步
L. in_tax	0.413***	0.157***	0.501***
	(10.15)	(3.58)	(12.55)
rate	-0.079	0.296***	0.097*
	(-1.27)	(4.68)	(1.66)
lnasset	0.443***	0.227***	0.552***
	(32.49)	(17.30)	(42.53)
DAR	0.162***	0.065***	0.189***
	(22.81)	(10.11)	(23.26)
ROA	0.341***	0.241***	0.432***
	(7.80)	(5.38)	(8.51)
lnwage			-0.429***
			(-30.38)
_cons	0.458***	0.675***	0.642***
	(2.98)	(4.53)	(4.34)
Sobel 检验 P 值	0.01710855		
中介效应占比	0.18177395		
N	36856	35008	35008
r2	0.129	0.034	0.313
r2_a	0.129	0.034	0.313
rmse	0.377	0.396	0.334

注：括号里为 t 值，*** 表示 $p<0.01$，** 表示 $p<0.05$，* 表示 $p<0.1$。

附表 1 - 6 为利用中国工业企业数据库的其他企业微观层面中介效应回归结果，Sobel 检验显著通过，并且其他所有变量都在 1% 的置信水平上显著，因此，初步判断员工工资在其他企业中存在着中介效应，其中介效应占比为 132.8%，且为增强型效果。

附表 1-6　　　　其他企业中介效应三步回归结果

	(1)	(2)	(3)
	第一步	第二步	第三步
L. in_tax	0.240***	-0.229***	-0.090***
	(17.56)	(-15.83)	(-7.79)
rate	0.279***	0.270***	-0.050*
	(10.99)	(9.36)	(-1.85)
lnasset	0.495***	0.306***	0.495***
	(389.47)	(65.50)	(85.49)
DAR	0.144***	0.101***	0.167***
	(27.06)	(24.20)	(27.33)
ROA	0.125***	0.108***	0.121**
	(4.62)	(2.59)	(2.34)
lnwage			-0.437***
			(-83.21)
_cons	-0.170***	-0.402***	1.199***
	(-9.16)	(-7.30)	(18.59)
Sobel 检验 P 值	0.0000		
中介效应占比	1.3281231		
N	364247	343689	343689
r2	0.463	0.093	0.329
r2_a	0.463	0.093	0.329
rmse	0.858	0.414	0.337

注：括号里为 t 值，*** 表示 $p<0.01$，** 表示 $p<0.05$，* 表示 $p<0.1$。

附录二　各类企业以资产负债率为中介变量的回归结果

附表2-1为利用中国工业企业数据库的国有企业微观层面中介效应回归结果，Sobel检验显著通过，并且其他所有变量都在1%的置信水平上显著，因此，初步判断资产负债率在国有企业中存在着部分中介效应，其中介效应占比为38.7%，且为遮掩型效果。

附表2-1　　国有企业中介效应三步回归结果

	(1)	(2)	(3)
	第一步	第二步	第三步
L. in_tax	-0.132*** (-4.36)	-0.232*** (-3.89)	-0.098*** (-3.40)
rate	-1.183*** (-6.48)	-2.913*** (-9.47)	-0.761*** (-4.36)
lnasset	0.196*** (15.30)	-1.073*** (-21.46)	0.352*** (23.24)
ROA	0.502*** (3.51)	0.620*** (4.31)	0.412*** (3.12)
lnwage	-0.408*** (-25.97)	0.317*** (18.13)	-0.454*** (-28.96)
DAR			0.145*** (14.57)
_cons	4.845*** (34.31)	12.080*** (22.38)	3.094*** (18.86)
Sobel检验P值	0.0000		
中介效应占比	-0.38653823		
N	37666	37666	37666
r2	0.296	0.288	0.351
r2_a	0.296	0.288	0.351
rmse	0.319	0.615	0.306

注：括号里为t值，*** 表示 $p<0.01$，** 表示 $p<0.05$，* 表示 $p<0.1$。

附表2-2为利用中国工业企业数据库的集体企业微观层面中介效应回归结果，Sobel检验显著通过，并且其他所有变量都在1%的置信水平上显著，因此，初步判断资产负债率在集体企业中存在着部分中介效应，其中介效应占比为8.1%，且为遮掩型效果。

附表2-2　　　　集体企业中介效应三步回归结果

	(1)	(2)	(3)
	第一步	第二步	第三步
L. in_tax	-0.163*** (-6.57)	-0.077*** (-2.82)	-0.154*** (-6.28)
rate	0.074* (1.90)	-0.749*** (-21.96)	0.163*** (4.15)
lnasset	0.316*** (37.72)	-0.336*** (-13.08)	0.356*** (42.76)
lnwage	-0.273*** (-28.44)	0.078*** (9.53)	-0.282*** (-29.55)
ROA	0.256*** (13.45)	-0.034 (-1.48)	0.260*** (13.77)
DAR			0.119*** (15.51)
_cons	2.502*** (31.54)	3.666*** (15.74)	2.066*** (25.65)
Sobel检验P值	0.06019234		
中介效应占比	-0.08017816		
N	66876	66876	66876
r2	0.190	0.103	0.209
r2_a	0.190	0.103	0.209
rmse	0.270	0.343	0.266

注：括号里为t值，*** 表示 $p<0.01$，** 表示 $p<0.05$，* 表示 $p<0.1$。

附表2-3为利用中国工业企业数据库的私营企业微观层面中介效应回归结果，Sobel检验显著通过，并且其他变量基本都在1%的置信水平上显著，因此，初步判断资产负债率在私营企业中存在着部分中介效应，其中介效应占比为23%，且为增强型效果。

附表2-3　　　　私营企业中介效应三步回归结果

	(1)	(2)	(3)
	第一步	第二步	第三步
L. in_tax	-0.354***	-0.465***	-0.276***
	(-36.80)	(-25.94)	(-30.08)
rate	0.001	-0.979***	0.166***
	(0.06)	(-51.50)	(8.60)
lnasset	0.451***	-0.559***	0.545***
	(184.08)	(-68.67)	(233.44)
lnwage	-0.455***	0.144***	-0.480***
	(-139.23)	(39.98)	(-151.25)
ROA	0.320***	0.008	0.319***
	(13.74)	(0.59)	(14.55)
DAR			0.168***
			(110.39)
_cons	1.693***	5.906***	0.699***
	(67.31)	(76.58)	(28.67)
Sobel检验P值	0.0000		
中介效应占比	0.23008262		
N	508810	508810	508810
r2	0.350	0.160	0.406
r2_a	0.350	0.160	0.406
rmse	0.367	0.638	0.351

注：括号里为t值，*** 表示 $p<0.01$，** 表示 $p<0.05$，* 表示 $p<0.1$。

附表2-4为利用中国工业企业数据库的港澳台企业微观层面中介效应回归结果，Sobel检验显著通过，并且其他变量基本都在1%的置信水平上显著，因此，初步判断资产负债率在港澳台企业中存在着中介效应，其中介效应占比为161.9%，且为增强型效果。

附表 2 -4　　　　港澳台企业中介效应三步回归结果

	(1)	(2)	(3)
	第一步	第二步	第三步
L. in_tax	0. 253 *** (7. 11)	0. 271 *** (4. 89)	0. 210 *** (6. 09)
rate	-0. 205 *** (-3. 18)	-1. 188 *** (-16. 72)	-0. 016 (-0. 24)
lnasset	0. 351 *** (28. 04)	-0. 762 *** (-19. 70)	0. 473 *** (37. 08)
lnwage	-0. 394 *** (-29. 73)	0. 135 *** (12. 50)	-0. 416 *** (-31. 85)
ROA	0. 377 *** (3. 95)	0. 145 ** (2. 54)	0. 354 *** (3. 91)
DAR			0. 160 *** (26. 40)
_cons	3. 004 *** (21. 79)	8. 296 *** (20. 82)	1. 678 *** (11. 99)
Sobel 检验 P 值		0. 00004125	
中介效应占比		1. 618804	
N	40057	40057	40057
r2	0. 226	0. 212	0. 276
r2_a	0. 226	0. 212	0. 276
rmse	0. 365	0. 581	0. 353

注：括号里为 t 值，*** 表示 $p<0.01$，** 表示 $p<0.05$，* 表示 $p<0.1$。

附表 2 -5 为利用中国工业企业数据库的外商企业微观层面中介效应回归结果，Sobel 检验显著通过，并且其他变量基本都在 1% 的置信水平上显著，因此，初步判断资产负债率在外商企业中存在着中介效应，其中介效应占比为 136. 5%，且为增强型效果。

附表 2－5　　外商企业中介效应三步回归结果

	(1)	(2)	(3)
	第一步	第二步	第三步
L. in_tax	0. 554 ***	0. 280 ***	0. 501 ***
	(13. 51)	(5. 60)	(12. 55)
rate	－0. 084	－0. 953 ***	0. 097 *
	(－1. 43)	(－16. 61)	(1. 66)
lnasset	0. 446 ***	－0. 558 ***	0. 552 ***
	(34. 35)	(－14. 51)	(42. 53)
lnwage	－0. 414 ***	0. 077 ***	－0. 429 ***
	(－28. 97)	(8. 78)	(－30. 38)
ROA	0. 446 ***	0. 070	0. 432 ***
	(8. 20)	(1. 51)	(8. 51)
DAR			0. 189 ***
			(23. 26)
_cons	1. 855 ***	6. 404 ***	0. 642 ***
	(12. 58)	(15. 56)	(4. 34)
Sobel 检验 P 值	0. 0000		
中介效应占比	1. 3652117		
N	35008	35008	35008
r2	0. 272	0. 171	0. 313
r2_a	0. 272	0. 171	0. 313
rmse	0. 343	0. 430	0. 334

注：括号里为 t 值，*** 表示 p＜0. 01，** 表示 p＜0. 05，* 表示 p＜0. 1。

附表 2－6 为利用中国工业企业数据库的其他企业微观层面中介效应回归结果，Sobel 检验显著通过，并且其他变量基本都在 1% 的置信水平上显著，因此，初步判断资产负债率在其他企业中存在着部分中介效应，其中介效应占比为 23%，且为增强型效果。

附表 2-6　　其他企业中介效应三步回归结果

	(1)	(2)	(3)
	第一步	第二步	第三步
L. in_tax	-0.092***	-0.326***	-0.090***
	(-6.97)	(-15.15)	(-7.79)
rate	-0.023	-1.498***	-0.050*
	(-0.82)	(-25.75)	(-1.85)
lnasset	0.570***	-0.690***	0.495***
	(427.38)	(-56.47)	(85.49)
lnwage	-0.433***	0.237***	-0.437***
	(-149.25)	(33.54)	(-83.21)
ROA	0.213***	0.229	0.121**
	(6.50)	(1.26)	(2.34)
DAR			0.167***
			(27.33)
_cons	0.479***	7.415***	1.199***
	(31.74)	(59.03)	(18.59)
Sobel 检验 P 值	0.0000		
中介效应占比	0.23027693		
N	343689	343689	343689
r2	0.523	0.200	0.329
r2_a	0.523	0.200	0.329
rmse	0.799	0.633	0.337

注：括号里为 t 值，*** 表示 $p<0.01$，** 表示 $p<0.05$，* 表示 $p<0.1$。

附录三　各类企业以资产收益率为中介变量的回归结果

附表3－1为利用中国工业企业数据库的国有企业微观层面中介效应回归结果，Sobel检验显著通过，并且其他所有变量都在1%的置信水平上显著，因此，初步判断资产收益率在国有企业中存在着部分中介效应，其中介效应占比为11.1%，且为遮掩型效果。

附表3－1　　国有企业中介效应三步回归结果

	(1)	(2)	(3)
	第一步	第二步	第三步
L. in_tax	-0.105***	-0.017**	-0.098***
	(-3.61)	(-2.30)	(-3.40)
rate	-0.710***	0.123***	-0.761***
	(-4.10)	(4.25)	(-4.36)
lnasset	0.347***	-0.011**	0.352***
	(22.81)	(-2.53)	(23.24)
DAR	0.148***	0.007***	0.145***
	(14.93)	(3.73)	(14.57)
lnwage	-0.448***	0.015***	-0.454***
	(-28.67)	(7.48)	(-28.96)
ROA			0.412***
			(3.12)
_cons	3.149***	0.134***	3.094***
	(19.06)	(2.87)	(18.86)
Sobel检验P值	1.696e-12		
中介效应占比	-0.11114881		
N	37666	37666	37666
r2	0.346	0.030	0.351
r2_a	0.346	0.029	0.351
rmse	0.307	0.063	0.306

注：括号里为t值，*** 表示 $p<0.01$，** 表示 $p<0.05$，* 表示 $p<0.1$。

附表3－2为利用中国工业企业数据库的集体企业微观层面中介效应回归结果，Sobel检验显著通过，并且其他所有变量都在1%的置信水平上显著，因此，初步判断资产收益率在集体企业中存在着部分中介效应，其中介效应占比为48.5%，且为增强型效果。

附表3－2　　集体企业中介效应三步回归结果

	(1)	(2)	(3)
	第一步	第二步	第三步
L. in_tax	-0.164***	-0.040***	-0.154***
	(-6.62)	(-3.11)	(-6.28)
rate	0.249***	0.330***	0.163***
	(6.26)	(11.02)	(4.15)
lnasset	0.338***	-0.068***	0.356***
	(40.56)	(-14.95)	(42.76)
DAR	0.118***	-0.005	0.119***
	(15.34)	(-1.46)	(15.51)
lnwage	-0.270***	0.046***	-0.282***
	(-28.23)	(15.47)	(-29.55)
ROA			0.260***
			(13.77)
_cons	2.251***	0.713***	2.066***
	(27.86)	(16.62)	(25.65)
Sobel检验P值	0.0000		
中介效应占比	0.48509038		
N	66876	66876	66876
r2	0.194	0.052	0.209
r2_a	0.194	0.052	0.209
rmse	0.269	0.138	0.266

注：括号里为t值，***表示 $p<0.01$，**表示 $p<0.05$，*表示 $p<0.1$。

附表3－3为利用中国工业企业数据库的私营企业微观层面中介效应回归结果，Sobel检验显著通过，并且其他所有变量都在1%的置信水平上显著，因此，初步判断资产收益率在私营企业中存在着部分中介效应，其中介效应占比为41.8%，且为增强型效果。

附表3-3　　私营企业中介效应三步回归结果

	(1)	(2)	(3)
	第一步	第二步	第三步
L. in_tax	-0.300*** (-32.53)	-0.075*** (-14.86)	-0.276*** (-30.08)
rate	0.279*** (16.10)	0.355*** (19.61)	0.166*** (8.60)
lnasset	0.532*** (229.49)	-0.041*** (-14.88)	0.545*** (233.44)
DAR	0.168*** (112.08)	0.001 (0.61)	0.168*** (110.39)
lnwage	-0.468*** (-149.33)	0.036*** (29.52)	-0.480*** (-151.25)
ROA			0.319*** (14.55)
_cons	0.852*** (35.65)	0.478*** (17.57)	0.699*** (28.67)
Sobel检验P值	0.0000		
中介效应占比	0.4182044		
N	508810	508810	508810
r2	0.390	0.026	0.406
r2_a	0.390	0.026	0.406
rmse	0.355	0.182	0.351

注：括号里为t值，***表示p<0.01，**表示p<0.05，*表示p<0.1。

附表3-4为利用中国工业企业数据库的港澳台企业微观层面中介效应回归结果，Sobel检验显著通过，并且其他变量基本都在1%的置信水平上显著，因此，初步判断资产收益率在港澳台企业中存在着中介效应，其中介效应占比为144.5%，且为增强型效果。

附表 3-4 港澳台企业中介效应三步回归结果

	(1)	(2)	(3)
	第一步	第二步	第三步
L. in_tax	0.213***	0.007	0.210***
	(6.11)	(0.65)	(6.09)
rate	0.043	0.166***	-0.016
	(0.67)	(4.66)	(-0.24)
lnasset	0.463***	-0.028***	0.473***
	(36.69)	(-6.64)	(37.08)
DAR	0.162***	0.006***	0.160***
	(26.29)	(3.06)	(26.40)
lnwage	-0.407***	0.024***	-0.416***
	(-31.36)	(11.64)	(-31.85)
ROA			0.354***
			(3.91)
_cons	1.794***	0.327***	1.678***
	(13.00)	(7.29)	(11.99)
Sobel 检验 P 值	0.0000		
中介效应占比	1.4445584		
N	40057	40057	40057
r2	0.266	0.021	0.276
r2_a	0.266	0.021	0.276
rmse	0.356	0.121	0.353

注：括号里为 t 值，*** 表示 $p<0.01$，** 表示 $p<0.05$，* 表示 $p<0.1$。

附表 3-5 为利用中国工业企业数据库的外商企业微观层面中介效应回归结果，Sobel 检验显著通过，并且其他变量基本都在 1% 的置信水平上显著，因此，初步判断资产收益率在外资企业中存在着部分中介效应，其中介效应占比为 9.2%，且为遮掩型效果。

附表 3 -5　　外资企业中介效应三步回归结果

	(1)	(2)	(3)
	第一步	第二步	第三步
L. in_tax	0. 494 ***	-0. 015	0. 501 ***
	(12. 21)	(-1. 21)	(12. 55)
rate	0. 183 ***	0. 199 ***	0. 097 *
	(2. 93)	(4. 36)	(1. 66)
lnasset	0. 530 ***	-0. 049 ***	0. 552 ***
	(40. 96)	(-9. 39)	(42. 53)
DAR	0. 191 ***	0. 004	0. 189 ***
	(23. 03)	(1. 61)	(23. 26)
lnwage	-0. 422 ***	0. 016 ***	-0. 429 ***
	(-29. 67)	(7. 17)	(-30. 38)
ROA			0. 432 ***
			(8. 51)
_cons	0. 913 ***	0. 629 ***	0. 642 ***
	(6. 20)	(10. 71)	(4. 34)
Sobel 检验 P 值	9. 560e -07		
中介效应占比	-0. 09168117		
N	35008	35008	35008
r2	0. 301	0. 040	0. 313
r2_a	0. 301	0. 040	0. 313
rmse	0. 336	0. 102	0. 334

注：括号里为 t 值，*** 表示 p <0. 01，** 表示 p <0. 05，* 表示 p <0. 1。

附表 3 -6 为利用中国工业企业数据库的其他企业微观层面中介效应回归结果，Sobel 检验显著通过，并且其他所有变量都在 1% 的置信水平上显著，因此，初步判断资产收益率在其他企业中存在着部分中介效应，其中介效应占比为 31. 5%，且为增强型效果。

附表 3 - 6　　　其他企业中介效应三步回归结果

	(1)	(2)	(3)
	第一步	第二步	第三步
L. in_tax	-0.103***	-0.038***	-0.090***
	(-8.73)	(-4.72)	(-7.79)
rate	0.375***	0.301***	-0.050*
	(16.86)	(6.34)	(-1.85)
lnasset	0.579***	-0.023**	0.495***
	(504.21)	(-2.13)	(85.49)
DAR	0.179***	0.023	0.167***
	(23.15)	(1.17)	(27.33)
lnwage	-0.444***	0.026***	-0.437***
	(-167.59)	(5.96)	(-83.21)
ROA			0.121**
			(2.34)
_cons	0.309***	0.285**	1.199***
	(21.50)	(2.41)	(18.59)
Sobel 检验 P 值		0.0000	
中介效应占比		0.31480134	
N	343689	343689	343689
r2	0.538	0.018	0.329
r2_a	0.538	0.017	0.329
rmse	0.786	0.202	0.337

注：括号里为 t 值，*** 表示 $p<0.01$，** 表示 $p<0.05$，* 表示 $p<0.1$。

附录四　不同时期以 GDP 为中介变量的回归结果

附表 4-1 为利用中国省级统计数据（2003—2007 年）的宏观层面中介效应回归结果，Sobel 检验显著通过，并且其他变量大部分显著，因此，初步判断 2003 年至 2007 年 GDP 在其中存在着部分中介效应，其中介效应占比为 8.3%，且为增强型效果。

附表 4-1　　中介效应三步回归结果（2003—2007 年）

	(1)	(2)	(3)
	第一步	第二步	第三步
lntax	-0.016	-0.001	-0.015
	(-1.24)	(-0.11)	(-1.44)
XM	0.305***	0.303***	0.037
	(5.02)	(6.31)	(0.49)
I	0.161*	0.728***	-0.481**
	(1.82)	(9.68)	(-2.20)
t	-0.030	0.001	-0.031
	(-0.93)	(0.08)	(-1.41)
GDP			0.883***
			(2.84)
_cons	0.157***	0.009	0.149***
	(4.18)	(0.24)	(5.83)
Sobel 检验 P 值	0.00238371		
中介效应占比	0.0832297		
N	155	155	155
R^2	0.567	0.955	0.661
Adj. R^2	0.555	0.954	0.649
rmse	0.008	0.004	0.007

注：括号里为 t 值，*** 表示 $p<0.01$，** 表示 $p<0.05$，* 表示 $p<0.1$。

附表4－2为利用中国省级统计数据（2008—2013年）的宏观层面中介效应回归结果，Sobel检验显著通过，并且其他变量大部分显著，因此，初步判断2008—2013年GDP在其中存在着部分中介效应，其中介效应占比为40%，且为增强型效果。

附表4－2　　中介效应三步回归结果（2008—2013年）

	(1)	(2)	(3)
	第一步	第二步	第三步
lntax	−0.083 (−1.47)	0.032* (1.96)	−0.100** (−2.06)
XM	0.378** (2.20)	0.240*** (8.77)	0.247 (1.29)
I	0.183 (1.41)	0.364*** (5.81)	−0.015 (−0.12)
t	0.603** (2.13)	0.237** (2.24)	0.474 (1.55)
GDP			0.547 (1.38)
_cons	−0.099 (−0.74)	0.117*** (3.23)	−0.163 (−1.45)
Sobel检验P值	0.01378567		
中介效应占比	0.4023101		
N	186	186	186
R^2	0.729	0.975	0.736
Adj. R^2	0.723	0.974	0.729
rmse	0.023	0.007	0.022

注：括号里为t值，***表示 $p<0.01$，**表示 $p<0.05$，*表示 $p<0.1$。

附表4－3为利用中国省级统计数据（2014—2019年）的宏观层面中介效应回归结果，未通过Sobel检验，虽然大部分变量都是显著的，但初步判断2014—2019年GDP在其中不存在中介效应。

附表 4-3 中介效应三步回归结果（2014—2019 年）

	(1)	(2)	(3)
	第一步	第二步	第三步
lntax	-0.037*	-0.032	-0.039**
	(-2.03)	(-0.93)	(-2.22)
XM	0.014	1.357***	0.099
	(0.14)	(6.95)	(0.84)
I	0.061***	-0.052	0.058**
	(2.77)	(-1.04)	(2.74)
t	0.082	0.094	0.088
	(1.06)	(0.94)	(1.20)
GDP			-0.063
			(-1.10)
_cons	0.233***	0.013	0.234***
	(4.81)	(0.14)	(5.01)
Sobel 检验 P 值	0.25563149		
中介效应占比	0.30230128		
N	186	186	186
R^2	0.234	0.493	0.253
Adj. R^2	0.217	0.482	0.232
rmse	0.013	0.032	0.013

注：括号里为 t 值，*** 表示 $p<0.01$，** 表示 $p<0.05$，* 表示 $p<0.1$。

附录五　不同时期以产业高级化为中介变量的回归结果

附表5-1为利用中国省级统计数据（2003—2007年）的宏观层面中介效应回归结果，Sobel检验显著通过，并且其他变量大部分显著，因此，初步判断2003—2007年产业高级化在其中存在着部分中介效应，其中介效应占比为13.6%，且为增强型效果。

附表5-1　中介效应三步回归结果（2003—2007年）

	(1)	(2)	(3)
	第一步	第二步	第三步
lntax	-0.016 (-1.24)	0.036*** (6.11)	-0.058*** (-3.13)
XM	0.305*** (5.02)	0.211*** (6.59)	0.064 (0.68)
I	0.161* (1.82)	0.276*** (7.45)	-0.154 (-1.01)
t	-0.030 (-0.93)	0.002 (0.11)	-0.032 (-1.21)
v3			1.143** (2.09)
_cons	0.157*** (4.18)	0.145*** (7.45)	-0.009 (-0.11)
Sobel检验P值	0.0000		
中介效应占比	0.13610912		
N	155	155	155
R^2	0.567	0.949	0.638
Adj. R^2	0.555	0.947	0.626
rmse	0.008	0.003	0.008

注：括号里为t值，***表示 $p<0.01$，**表示 $p<0.05$，*表示 $p<0.1$。

附表 5 -2 为利用中国省级统计数据（2008—2013 年）的宏观层面中介效应回归结果，未通过 Sobel 检验，虽然大部分变量都是显著的，但初步判断 2008—2013 年产业高级化在其中不存在中介效应。

附表 5 -2　　中介效应三步回归结果（2008—2013 年）

	(1)	(2)	(3)
	第一步	第二步	第三步
lntax	-0.083 (-1.47)	0.008 (0.44)	-0.088 * (-1.76)
XM	0.378 ** (2.20)	0.212 *** (6.57)	0.238 (1.55)
I	0.183 (1.41)	0.165 *** (2.90)	0.075 (0.87)
t	0.603 ** (2.13)	0.340 *** (3.60)	0.379 (1.07)
v3			0.660 (1.51)
_cons	-0.099 (-0.74)	0.056 (1.40)	-0.136 (-1.11)
Sobel 检验 P 值	0.16056288		
中介效应占比	-0.76147481		
N	186	186	186
R^2	0.729	0.953	0.739
Adj. R^2	0.723	0.952	0.732
rmse	0.023	0.007	0.022

注：括号里为 t 值，*** 表示 $p<0.01$，** 表示 $p<0.05$，* 表示 $p<0.1$。

附表 5 -3 为利用中国省级统计数据（2014—2019 年）的宏观层面中介效应回归结果，未通过 Sobel 检验，虽然大部分变量都是显著的，但初步判断 2014—2019 年产业高级化在其中不存在中介效应。

附表 5-3　　中介效应三步回归结果（2014—2019 年）

	(1)	(2)	(3)
	第一步	第二步	第三步
lntax	-0.037*	-0.030	-0.039**
	(-2.03)	(-1.14)	(-2.08)
XM	0.014	1.539***	0.088
	(0.14)	(7.40)	(0.86)
I	0.061***	-0.089*	0.057**
	(2.77)	(-2.01)	(2.75)
t	0.082	0.021	0.083
	(1.06)	(0.25)	(1.10)
v3			-0.048
			(-0.90)
_cons	0.233***	-0.041	0.231***
	(4.81)	(-0.49)	(4.82)
Sobel 检验 P 值	0.22380973		
中介效应占比	-0.28652743		
N	186	186	186
R^2	0.234	0.565	0.247
Adj. R^2	0.217	0.555	0.226
rmse	0.013	0.034	0.013

注：括号里为 t 值，*** 表示 $p<0.01$，** 表示 $p<0.05$，* 表示 $p<0.1$。

附录六　不同时期以一般性公共支出为中介变量的回归结果

附表 6－1 为利用中国省级统计数据（2003—2007 年）的宏观层面中介效应回归结果，Sobel 检验显著通过，并且其他变量大部分显著，因此，初步判断 2003—2007 年一般性公共支出在其中存在着部分中介效应，其中介效应占比为 38.5%，且为遮掩型效果。

附表 6－1　　中介效应三步回归结果（2003—2007 年）

	(1)	(2)	(3)
	第一步	第二步	第三步
lntax	-0.016 (-1.24)	0.055*** (2.89)	-0.019* (-1.80)
XM	0.305*** (5.02)	0.086 (1.63)	0.301*** (4.38)
I	0.161* (1.82)	0.683*** (11.53)	0.130 (0.51)
t	-0.030 (-0.93)	-0.002 (-0.18)	-0.030 (-0.94)
G			0.046 (0.17)
_cons	0.157*** (4.18)	0.157*** (3.04)	0.149*** (6.96)
Sobel 检验 P 值	0.00719882		
中介效应占比	-0.38525484		
N	155	155	155
R^2	0.567	0.941	0.567
Adj. R^2	0.555	0.939	0.552
rmse	0.008	0.005	0.008

注：括号里为 t 值，*** 表示 $p<0.01$，** 表示 $p<0.05$，* 表示 $p<0.1$。

附表6－2为利用中国省级统计数据（2008—2013年）的宏观层面中介效应回归结果，未通过Sobel检验，虽然大部分变量都是显著的，但初步判断2008—2013年一般性公共支出在其中不存在中介效应。

附表6－2　　中介效应三步回归结果（2008—2013年）

	(1)	(2)	(3)
	第一步	第二步	第三步
lntax	−0.083	0.171***	−0.111*
	(−1.47)	(4.70)	(−1.97)
XM	0.378**	−0.020	0.381**
	(2.20)	(−0.15)	(2.30)
I	0.183	0.427***	0.114
	(1.41)	(4.46)	(1.10)
t	0.603**	0.318**	0.551*
	(2.13)	(2.44)	(1.85)
G			0.163
			(1.36)
_cons	−0.099	0.414***	−0.167
	(−0.74)	(4.45)	(−1.25)
Sobel检验P值	0.14758279		
中介效应占比	−0.24085586		
N	186	186	186
R^2	0.729	0.954	0.732
Adj. R^2	0.723	0.953	0.724
rmse	0.023	0.013	0.023

注：括号里为t值，*** 表示 $p<0.01$，** 表示 $p<0.05$，* 表示 $p<0.1$。

附表6－3为利用中国省级统计数据（2014—2019年）的宏观层面中介效应回归结果，未通过Sobel检验，虽然大部分变量都是显著的，但初步判断2014—2019年一般性公共支出在其中不存在中介效应。

附表 6-3　中介效应三步回归结果（2014—2019 年）

	(1)	(2)	(3)
	第一步	第二步	第三步
lntax	-0.037*	-0.081*	-0.045***
	(-2.03)	(-1.75)	(-2.78)
XM	0.014	1.129***	0.123
	(0.14)	(4.13)	(1.42)
I	0.061***	-0.174***	0.045**
	(2.77)	(-4.12)	(2.20)
t	0.082	0.224*	0.104
	(1.06)	(1.76)	(1.49)
G			-0.096***
			(-3.58)
_cons	0.233***	0.089	0.242***
	(4.81)	(0.87)	(5.59)
Sobel 检验 P 值	0.33753849		
中介效应占比	-0.26779481		
N	186	186	186
R^2	0.234	0.360	0.334
Adj. R^2	0.217	0.346	0.315
rmse	0.013	0.048	0.012

注：括号里为 t 值，*** 表示 $p<0.01$，** 表示 $p<0.05$，* 表示 $p<0.1$。

附录七 企业所得税的劳动需求效应[①]

——基于中国工业企业面板数据的研究

内容提要：本文利用 1998—2013 年中国工业企业数据库的 221 万条企业面板数据，采取静态面板模型和动态面板模型，考察了企业所得税对企业劳动需求的影响。在基于生产函数推导出企业所得税对企业劳动需求的影响机理后，以企业职工人数和企业所得税有效税率等变量构建回归模型，用工具变量集解决内生性问题。实证结果表明，降低企业所得税有效税率会增加企业劳动需求，尤其对劳动密集型企业的劳动需求影响最大。因此，为了促进就业，应进一步降低企业所得税税率，并对劳动密集型企业给予特别的企业所得税优惠待遇。

关键词：企业所得税 要素密集 劳动需求效应

一、引言

减税作为一项重要的财税政策，一直是政府刺激经济增长，促进社会就业的“灵丹妙药”。那么，从解决就业的角度看，降低企业所得税税率会增加企业劳动需求吗？不同要素密集类型企业的劳动需求效应会有差别吗？为此，应分析企业所得税税率与企业劳动需求的相关性，并比较分析各类要素密集型企业的相关系数，为促进就业的企业所得税政策提供实证支持。

长期以来，企业所得税的劳动需求效应一直是国内外研究的热点话题。在理论研究层面，学术界普遍认为降低企业所得税税率会同时产生正反两方面的效应：一方面是收入效应，降低企业所得税税率能提升企业利

---

① 本文发表于 2020 年 5 月的《税务研究》。

润，降低企业资本成本，优化企业资本结构（王跃堂等，2010），促进企业投资和企业规模增长，从而增加企业劳动需求（王跃堂等，2012）；另一方面是替代效应，由于资本在一定程度上可以替代劳动，降低企业所得税税率使得资本与劳动的相对价格下降，从而增加企业资本需求，减少企业劳动需求（王娜，2018）。此外，企业的要素密集类型会影响收入效应和替代效应的相对大小，因此，不同要素密集类型企业的最终劳动需求效应会存在差异（杨杨等，2009）。例如，当降低企业所得税税率引起企业投资扩大时，相较于其他要素密集型企业，劳动密集型企业会更倾向增加劳动力，造成收入效应会大于替代效应，劳动密集型企业表现出更强的就业吸纳能力（陈永伟等，2011）。

在实证研究层面，主要观点有：（1）大多数研究发现，企业所得税税率与企业劳动需求存在负相关关系（王跃堂等，2012；王智烜，2018；Kakpo，2018；鲁元平，2020）。例如，王跃堂等（2012）和王智烜（2018）分别对中国省级面板宏观数据和600家上市公司微观数据进行分析，实证结果均印证了降低企业所得税税率能够刺激企业劳动需求。（2）少部分研究却实证检验出相反结果：企业所得税税率与劳动需求数量同向变化（薛凤珍，2014；Neumark等，2015；Lora等，2016）。例如，薛凤珍（2014）通过回归分析2001—2009年以劳动密集型企业为主的中国非上市工业企业数据，发现降低企业所得税税率会减少企业劳动需求。（3）还有研究认为，企业所得税税率变化对企业劳动需求的影响效果不明确。Mertens等（2013）和Jentsch等（2019）分别利用结构向量自回归模型对美国1950—2006年的季度数据进行动态分析，均未发现企业所得税税率变化对企业劳动需求产生显著影响。

可以看出，关于降低企业所得税税率是否会增加企业劳动需求的问题，实证研究结论仍存在较大分歧，尚需进一步研究。而且，关于不同要素密集型企业的劳动需求税率敏感性差异问题，学术界仅从理论层面进行分析，缺乏对各类要素密集型企业进行分类实证分析。基于此，本文利用国家统计局1998—2013年国有工业企业及规模以上工业企业数据库构造了一个包含63万家企业的221万条面板数据集，用以估计各类要素密集型企业的企业所得税劳动需求效应。本研究从新角度为税收政策提供依据，对当前减税降费和促进社会就业具有积极意义。

二、模型构建

企业所得税是通过先影响企业净利润，后影响企业再生产，因此，可从道格拉斯生产函数、企业利润函数推导出企业所得税的劳动需求理论模型。假设企业的生产函数为 $Y = AK^{\alpha}L^{\beta}$，其中，Y 表示产出；K 表示资本投入；L 表示劳动投入；A 表示综合技术水平；α 和 β 分别表示资本和劳动的产出弹性。企业生产成本 $C = rK + wL$，其中，r 表示资本利率；w 表示劳动工资；T_{π} 表示企业所得税税率，则企业净利润函数为：

$$\pi = (1 - T_{\pi})(Y - rK - wL) \tag{1}$$

企业追求利润最大化，亦是税前利润总额（π′）最大：

$$\pi'_{max} = \max(Y - rK - wL) \tag{2}$$

企业劳动力的最优价格：

$$w = \frac{\beta Y}{L} \tag{3}$$

将式（3）代入生产函数，可得劳动需求函数：

$$L = \left(\frac{\beta AK^{\alpha}}{w}\right)^{\frac{1}{1-\beta}} \tag{4}$$

企业的当期资本投入主要来自企业上期盈余和外部资本投入，因此，可将资本 K 看作 $T_{\pi,t-1}$ 和 r 的复合函数，即 $K(T_{\pi,t-1},\ r)$，对劳动需求函数方程两边取对数，再变形得到计量方程：

$$\ln L = \frac{1}{1-\beta}\ln\beta + \frac{\alpha}{1-\beta}\ln K(T_{\pi,t-1},\ r) + \frac{1}{\beta-1}\ln w + \frac{1}{1-\beta}\ln A \tag{5}$$

则静态面板模型为：

$$\ln L_{i,t} = \lambda_0 + \lambda_1 T_{i,t-1} + \gamma X_{i,t} + \mu_i + \sigma_t + \varepsilon_{i,t} \tag{6}$$

$\ln L_{i,t}$表示每个企业的职工人数的对数；$T_{i,t-1}$为自变量；λ_1 表示微观意义上企业所得税税率的劳动需求弹性，即上期企业所得税税率每增加 1%，所引起的当期就业人数变动率；$X_{i,t}$为控制变量，包括每个企业的当期真实利率、人均工资、资产规模、资产结构和盈利能力等，个体固定效应μ_i表示每个企业所拥有的资源、管理能力等无法观测的因素；时间固定效应σ_t表示在不同时点上影响所有企业的宏观波动因素。

三、数据描述

（一）数据来源

本研究数据来源于国家统计局1998—2013年中国工业企业数据库，包括全部国有工业企业和规模以上非国有工业企业，是由90万家企业产生的400万条信息所构成的数据库。我们借鉴Cai等（2009）的方法剔除逻辑错误和不符合实际的异常数据；又考虑到企业所得税税率变动的可观察性，我们采用王娜（2018）对企业所得税有效税率的剔除方法，先剔除因利润为负或零不需缴纳所得税的企业，再剔除因税收优惠或所得税返还导致当年所得税额为负的企业；最后构建了一个包括63万家企业的221万个观测值的非平衡面板数据集，这是目前可获得的范围最广的工业企业样本。该样本所处的年份是从1998年到2013年，这一时期恰好是中国经济的一个完整波动周期，GDP的增长率在1998年从7.8%开始逐渐上升至最高点14.2%，直到2013年重回7.8%。因此，该样本具有较好的代表性，能够控制经济周期所带来的冲击。

（二）指标设计

根据前文分析，本文选择企业职工人数的对数作为因变量，以企业所得税有效税率的一阶滞后项作为自变量，还增加了企业要素密集类型的虚拟变量，变量名称及含义见表1。此外，本研究样本涉及《国民经济分类和代码（2011）》中的39个两位数行业，由于目前行业要素密集分类标准并未统一，我们综合采用罗守贵等（2012）基于联合国的国际贸易标准分类法（SITC）以及张万里等（2018）的要素密集度分类法，将39个行业划分为五类①，如表2所示。

① 因分类标准不一，我们将各文献中均未涉及的行业和分歧较大的行业列为其他行业。

表 1　变量名称及含义

类型	名称	符号	计算方法
因变量	企业职工人数对数	lnL	企业职工人数的对数
自变量	企业所得税有效税率的一阶滞后	L1. T	应交企业所得税额÷利润总额
控制变量	真实利率	rate	财务费用÷负债
	资产规模	lnasset	资产总额的对数
	人均工资对数	lnwage	（工资+福利）÷职工人数取对数
	资产收益率	ROA	净利润÷资产总额
	资产负债率	DAR	负债÷资产总额
	企业要素密集类型	D	劳动、资源、资本、技术、其他

表 2　工业企业按要素密集类型分类

要素密集类型	包含行业
劳动密集型（LD）	农副食品加工业，食品制造业，纺织业，纺织服装、鞋、帽制造业，木材加工及木、竹、藤、棕、草制品业，家具制造业，造纸及纸制品业，印刷业和记录媒介的复制，文教体育用品制造业，橡胶制品业，塑料制品业，金属制品业，工艺品及其他制造业
资源密集型（ZY）	石油和天然气开采业，有色金属矿采选业，黑色金属矿采选业，煤炭开采和洗选业，其他采矿业，烟草制品业，石油加工、炼焦及核燃料加工业，非金属矿物制品业，皮革、毛皮、羽毛（绒）及其制品业，非金属矿采选业
资本密集型（ZB）	黑色金属冶炼及压延加工业，有色金属冶炼及压延加工业，化学纤维制造业，仪器仪表及文化、办公用机械制造业，通用设备制造业，专用设备制造业，交通运输设备制造业，化学原料及化学制品制造业，电气机械及器材制造业
技术密集型（JS）	医药制造业，通信设备、计算机及其他电子设备制造业
其他（QT）	废弃资源和废旧材料回收加工业，燃气生产和供应业，水的生产和供应业，电力、热力的生产和供应业

（三）描述性统计

表 3 描述出各类要素密集型企业的关键变量信息。初步统计分析发现：各类要素密集型企业的企业所得税有效税率差别不大，值得注意的是，

“小而多”的劳动密集型企业的平均职工人数最少，且人均工资最低，而技术密集型企业却恰恰相反。

表 3 各类要素密集型企业的描述性统计

企业类型	劳动密集型（LD）	资源密集型（ZY）	资本密集型（ZB）	技术密集型（JS）	其他企业（QT）
职工人数均值	262.5	431.9	311.0	567.6	467.5
企业所得税有效税率均值（%）	22.0	22.6	22.2	19.6	24.3
资产规模均值（万元）	6491.3	18951.6	16561.8	26888.9	92199.0
人均工资均值（万元）	2.7	4.2	3.6	5.4	16.6
实际利率均值（%）	5.0	5.3	4.0	3.5	3.5
比例（%）	41.5	14.2	36.9	5.0	2.4
观测值数量（个）	920232	315049	818521	111286	53490

四、实证结果

（一）基本回归结果分析

首先利用静态面板模型分析企业所得税有效税率变动对企业劳动需求的总体影响。如表 4 所示，所有静态模型的回归结果基本相同，自变量（L1.T）的系数始终在 1% 的水平上显著为负，说明降低企业所得税有效税率能够增加企业劳动需求，促进社会就业。模型 2 和模型 3 的 Hausman 检验结果表明使用固定效应优于随机效应，以模型 2 为例，当期企业所得税有效税率每降低 1%，企业下一期的劳动需求量将增加 0.166%。造成税负收入效应大于替代效应的可能原因：1998—2013 年是中国工业企业发展和城镇化加速时期，社会劳动力相对充足，相较于劳动需求，资本紧缺更是制约企业发展的关键问题，而降低企业所得税有效税率恰能缓解企业资本压力，从而促进企业投资和企业劳动需求增长。

表 4　　企业所得税对劳动需求的影响（静态面板）

变量	(1) FE1	(2) FE2	(3) RE	(4) BE	(5) OLS
L1. T	-0.3050***	-0.1660***	-0.1610***	-0.1410***	-0.1310***
	(0.0073)	(0.0069)	(0.0051)	(0.0130)	(0.0066)
lnwage		-0.4570***	-0.4440***	-0.4010***	-0.4050***
		(0.0028)	(0.0009)	(0.0018)	(0.0011)
rate		0.1420***	0.1880***	0.3190***	0.2350***
		(0.0159)	(0.0075)	(0.0143)	(0.0089)
lnasset		0.5250***	0.5520***	0.5680***	0.5850***
		(0.0030)	(0.0007)	(0.0010)	(0.0006)
DAR		0.1630***	0.1700***	0.1730***	0.1800***
		(0.0038)	(0.0006)	(0.0026)	(0.0009)
ROA		0.2480***	0.2700***	0.3520***	0.2980***
		(0.0344)	(0.0021)	(0.0046)	(0.0025)
_cons	5.0990***	0.8990***	0.5370**	0.2200***	0.1110***
	(0.0017)	(0.0331)	(0.0079)	(0.0104)	(0.0060)
N	1285164	1032106	1032106	1032106	1032106
R^2	0.0030	0.3720		0.5120	0.5200
Hausman		3356 (0.0000)			

注：***、**、* 分别表示在 1%、5%、10% 的水平上显著，各模型均已控制个体固定效应和年份固定效应，下同。

（二）各类要素密集型企业的劳动需求效应分析

企业所得税有效税率是外生变量，无需过分担忧其内生性问题，但人均工资、资产规模等控制变量与职工人数存在双向因果关系，现有文献在估计就业弹性时均未有效解决此内生性问题，难以剥离出纯粹的因果关系。此外，企业劳动需求是个动态过程，企业的当前行为往往受自身过往行为影响，历史因素也不可忽视。因此，使用普通静态回归方法的估计结果有偏误，要解决以上两个问题，还需在静态面板模型基础上增加因变量的滞后项构建动态面板模型：

$$\ln L_{i,t} = \sum_{j=0}^{m} \alpha_j \ln L_{i,t-j} + \beta T_{i,t-1} + \gamma X_{i,t} + \mu_i + \sigma_t + \varepsilon_{i,t} \tag{7}$$

其中，$\ln L_{i,t}$为具有动态效应的因变量；$\ln L_{i,t-j}$表示每个企业的职工人数滞后项的对数；m 为最大滞后阶数。

由于样本量巨大，使用动态面板模型容易因引入过多工具变量造成过度识别，因此，出于估计准确性和可行性的考虑，在前文动态模型的基础上，加入了企业要素密集类型和企业所得税有效税率交互项（$D^k \times T_{i,t-1}$），并且假定除自变量之外的其他解释变量的系数在不同要素密集型企业之间是相同的，最终构造出一个包含因变量滞后两阶和交互项的动态面板估计方程：

$$\ln L_{i,t} = \alpha_1 \ln L_{i,t-1} + \alpha_2 \ln L_{i,t-2} + \sum_{k=1}^{5} D^k \beta^k T_{i,t-1} + \gamma X_{i,t} + \mu_i + \sigma_t + \varepsilon_{i,t} \tag{8}$$

D^k是虚拟变量，当企业的要素密集类型属于 k，D^k等于 1，否则等于 0。我们借鉴方明月等（2010）的工具变量集选取方法，假定人均工资和资产规模是内生的，为了选择合适的滞后项作为其最有效的工具变量，考虑到越近的滞后项与当期项相关度越大，我们从最近的滞后项开始尝试，几乎尝试了所有理论上满足矩条件的滞后项组合，最终选择它们自身的滞后三阶到四阶作为差分方程的工具变量，差分滞后两阶作为水平方程的 GMM 工具变量。主要回归结果如表 5 所示。

表 5　企业所得税对各类要素密集型企业的劳动需求影响（动态面板）

变量	(6) FE	(7) Diff_GMM	(8) Sys_GMM
$D^{LD} \times T_{t-1}$	-0.1660***	-0.1650***	-0.2220***
	(0.0094)	(0.0362)	(0.0197)
$D^{ZY} \times T_{t-1}$	-0.1230***	-0.0986**	-0.1930***
	(0.0169)	(0.0200)	(0.0364)
$D^{ZB} \times T_{t-1}$	-0.1110***	-0.0537***	-0.1550***
	(0.0099)	(0.0201)	(0.0185)
$D^{JS} \times T_{t-1}$	-0.1240***	-0.0490**	-0.1270**
	(0.0253)	(0.0498)	(0.0511)

续表

变量	(6) FE	(7) Diff_GMM	(8) Sys_GMM
$D^{QT} \times T_{t-1}$	-0.1240 *** (0.0397)	-0.0934 * (0.0740)	-0.1410 ** (0.0786)
L1. lnL		0.1390 *** (0.0048)	0.2600 *** (0.0048)
L2. lnL		0.0455 *** (0.0028)	0.0692 *** (0.0028)
_cons	0.8990 *** (0.0332)	-0.4690 *** (0.0929)	-0.6780 *** (0.0329)
N	1032023	391375	639246
R^2	0.3720		
AR (1)		0.0003	0.0000
AR (2)		0.2120	0.1801
Sargan		0.1304	0.1120

注：所有模型的控制变量 lnwage、rate、lnasset、DAR、ROA 均在 1% 的水平上显著（已略），AR (1)、AR (2)、Sargan 检验所汇报的均为 P 值。

动态面板模型通过了 Sargan 检验和二阶自相关检验，有效解决了内生性问题，而且因变量的滞后两阶的系数显著为正，说明动态因素确实发挥了作用。企业要素密集类型和企业所得税有效税率的交互项系数（$D^K \times T_{t-1}$）是我们分析的重点，无论是静态还是动态面板模型，回归结果显示各交互项系数均显著为负，但其绝对值存在明显差异。换言之，降低企业所得税有效税率总体上能增加各类要素密集型企业的劳动需求。进一步分析发现，在其他条件相同的情况下，降低企业所得税有效税率对不同要素密集类型企业的影响程度不同，各交互项系数的绝对值代表影响程度大小。以模型 8 为例，当期企业所得税有效税率每降低 1%，劳动密集型企业下一期劳动需求量的增加幅度最大（0.222%），其次是资源密集型企业（0.193%）和资本密集型企业（0.155%），最后是技术密集型企业（0.127%）。各类要素密集型企业劳动需求效应之所以存在差异，前文描述性统计给出部分解释：一是各类要素密集型企业的劳动力成本和劳动需求量存在差异，如技术密集型企业的人均工资最高，导致其劳动需求量有限；二是当降低企业所得税有效税率引起企业资本成本下降和扩大投资时，各类要素密集型企业的要素密集特性决定其投资倾向存在差异，如劳动密集型企业在扩大再生产时会倾向雇用更多劳动力，而技术密集型企业则会倾向加大技术投资，并且技术水平提升在一定程度上会抑制企业劳动需求增长。

五、结论与政策建议

（一）结论

本文实证分析了企业所得税有效税率变化对企业劳动需求的影响，研究表明：整体而言，降低企业所得税有效税率能够增加企业劳动需求；具体而言，企业所得税的劳动需求效应由强到弱依次是劳动密集型企业、资源密集型企业、资本密集型企业和技术密集型企业。

（二）政策建议

就业是最大的民生，也是经济发展的重中之重。基于以上结论，从促进就业的目标出发，企业所得税政策应从以下方面予以完善：

一是进一步推进普惠性减税政策，切实降低企业所得税有效税率。前文研究结果表明，降低企业所得税有效税率总体上能增加企业劳动需求，因此，应降低企业所得税有效税率，从而全面减轻所有企业负担，激发市场活力，增加企业劳动需求和社会就业。

二是着重加大对劳动密集型企业的税收优惠力度，完善多维度税收优惠政策体系。相较于其他要素密集型企业，劳动密集型企业的劳动需求效应更强，鉴于此，从增加就业的角度考虑，应着重加大对劳动密集型企业的所得税优惠力度。虽然政府已针对小微企业和高新技术企业等出台了减免所得税优惠政策，但缺乏针对劳动密集型企业的企业所得税优惠政策。建议按企业吸纳就业人数给予劳动密集型企业以所得税低税率优惠，进一步发挥其吸纳社会就业的作用。

参考文献：

［1］王跃堂，王亮亮，彭洋．产权性质、债务税盾与资本结构：基于企业所得税改革的经验证据［J］．经济研究，2010（9）．

［2］王跃堂，王国俊，彭洋．控制权性质影响税收敏感性吗?：基于企业劳动力需求的检验［J］．经济研究，2012（4）．

［3］王娜．我国企业所得税税负及效应研究［M］．北京：经济管理出版社，2018.

［4］杨杨，杜剑，陈思．促进劳动密集型产业发展的税收政策思考［J］．贵州财经学院学报，2009（4）．

［5］陈永伟，徐冬林．税收优惠能够促进就业吗?：基于企业所得税分析［J］．中南财经政法大学学报，2011（11）．

［6］王智烜，邓秋云，陈丽．减税降费与促进高质量就业：基于PVAR 模型的研究［J］．税务研究，2018（6）．

［7］Kakpo，E. In Search of the Incidence of the Corporate Tax on Employment and Wages：Evidence from U. S. State Tax Reforms［D］．US：Colorado State University，2018.

［8］鲁元平，杨芳，张静堃．区域性税收优惠政策的工资与就业效应分析：基于西部大开发的准自然实验［J］．税务研究，2020（2）．

［9］薛凤珍．企业税负、就业税盾与就业激励［J］．现代财经（天津财经大学学报），2014（12）．

［10］Neumark，D.，Simpson，H. Place－Based Policies［J］．Handbook of Regional & Urban Economics，2015，12（5）：1197－1287.

［11］Lora，E.，González，J. F. Employment and Taxes in Latin America：an Empirical Study of the Effects of Payroll，Corporate Income and Value－Added Taxes on Labor Outcomes［J］．Cuadernos De Economía. 2016，35（67）：75－117.

［12］Mertens，K.，Ravn，M. O. The Dynamic Effects of Personal and

Corporate Income Tax Changes in the United States [J]. American Economic Review, 2013, 103 (4): 1212 - 1247.

[13] Jentsch, C., Lunsford, K. G. The Dynamic Effects of Personal and Corporate Income Tax Changes in the United States: Comment [J]. American Economic Review, 2019, 109 (7): 2655 - 2678.

[14] Cai, H., Liu, Q. Competition and Corporate Tax Avoidance: Evidence from Chinese Industrial Firms [J]. Economic Journal, 2009, 119 (537): 764 - 795.

[15] 罗守贵，李文强．都市圈内部城市间的互动与产业发展 [M]. 上海：格致出版社，2012.

[16] 张万里，魏玮．制造业集聚对效率的影响研究：抑制还是促进：基于地区和要素密集度分类的 PSTR 分析 [J]. 南方经济，2018 (4).

[17] 方明月，聂辉华，江艇，等．中国工业企业就业弹性估计 [J]. 世界经济，2010 (8).

后　　记

三年博士求学时光，有着太多记忆、思考、进步与遗憾。如果给自己三年求学时光找个总结性词句，那就是“虽浅尝，但不甘止”。

我还清晰记得2018年9月入学伊始，导师杨伟国教授在中国人民大学给我们新生开的第一次组会上说的：“‘博士’的首层意思是‘博’，应该先做到博学，方能在某个领域有深刻的思考。”杨老师是一位颇具古君子之风的当代经济学大家，我特别荣幸能在而立之年得到杨老师的点拨。

自此，我开启“广泛涉猎”的博士生活。首先，从马克思主义哲学的“辩证唯物主义”，到毛泽东的“矛盾论”，再回到黑格尔的“小逻辑”，甚至再恶补“哲学大问题”的基础问题，再到老子“无为而治”的国学思想，最后落地到习近平总书记的“治国理政”，我陷入无尽的“否定之否定”哲学思考之中。其次，从古典经济学，到凯恩斯学派，再到供给学派、货币学派、新凯恩斯学派，再到制度经济学、发展经济学……在梳理西方经济思想史中，我才开始懵懵懂懂地理解经济学的实践性和现实性。其次，从“00后”品学兼优的本科师弟，到“90后”挥斥方遒的硕士师弟，再到潜心学术的直接应届读博的博士同学，再到已是高校教授、副教授的博士同学，再到已是体制内各级干部的博士同学……在与不同年龄、不同行业的同学交往中，我开始越来越深入地思考人生价值和审视时代与社会。最后，从渊博的中国社科院和中国人民大学的老师课程，到国际顶端研究机构的学者讲座，再到群贤毕至的学术会议，再到期刊编辑一丝不苟的修改意见，还有地方政府领导为课题项目提出的务实建议，这些学习机会和工作事项为我点亮了更多学术性思考。

广泛涉猎的博士生活，不仅让我沉迷于区块链的“分布式记账”和人工智能“深度学习”的技术问题，让我困惑于量子力学的“决定论”和黑格尔的“意识论”，而且让我恐慌于孔子的“不舍昼夜”，忧虑于急功近利的“年少有为”，更让我期待于宁静致远的“大器晚成”……在这些无尽的困惑与不断的否定中，博士论文如同一把钥匙，不仅为博士求学生涯成功落锁，更帮我找到了未来生活的新答案——“虽浅尝，但不甘止”。

博士这三年，感谢高文书副校长、吴要武研究员、屈小博研究员、陆旸研究员和曲玥研究员传授的论文知识和学术思维，感谢张彦海副所长和杨超老师给予的很大帮助，感谢沈水生、张剑飞、孙晓丽、王蒙、欧阳优和泥霓等同学、朋友传递的社会经验和坚定意识，感谢家人永远默默支持和无私奉献。其实，我想把所有想感谢的人都一一点到，然太多的良师益友，囿于篇幅，恕我无法一一致谢，但我将永远铭记于心，终生难忘！

博士毕业后，有幸继续跟随杨伟国教授在中国人民大学劳动人事学院从事博士后研究工作，努力践行博士毕业时那句“虽浅尝，但不甘止”。但是，漫漫且复杂的生活让我愈发困惑。如果说我的学术生涯是本厚厚的书，那么博士阶段只是那张扉页，而博士后阶段也仅仅在扉页后简单地添加了引言，至于引言的内容是什么，以及如何能写出一篇能吸引读者的引言，这着实让我思考了许久，但很遗憾，目前我也仅仅想到了四组对立且统一的关键词。

曾有与尚无。

生活，博士毕业后再次踏入社会生活。我总是自嘲说：读博前，有车、有房、有稳定工作、有周末，但读博之后，进入新的城市，却要一切重头再来，无房、无车、无稳定工作、无周末……在一番自嘲后，常自问这是为了什么？为此，我今年特别喜欢读《哲学简史》《中国哲学简史》《毛泽东传》《毛泽东选集》《邓小平时代》等哲学和人物传记类书籍，希望能从抽象的哲学中寻找本源，也希望能从具象的历史中找寻经验，但坦白地讲，目前我仍未找到能说服自己的答案，也许这种基于实用主义和经验主义的寻找方法本身就是狭隘的吧。

彷徨与笃信。

学术，博士毕业后继续坚持学术之路。我曾反复问自己：你喜欢学术吗？你适合学术吗？你能做好学术吗？……回望从银行辞职后，走向经济学研究之路起，我遇到过无数次挑战和困惑，也有无数次想放弃的念头。

就像在极度彷徨之中，总想尽快抓住一根救命稻草，尽快安顿下来，奈何从未触碰到机会。即便如此，我仍然相信，“救命稻草”可能就是我手里这支笔，这也是我唯一能完全抓牢和掌控的机会。

规划与变化。

事业，博士毕业后再次做职业生涯规划。我总不断提醒自己：已过“三十而立”之年，总得要为未来的事业、家庭和生活做好切实可行的规划，方能稳稳地事业有成。为此，我像小学生做作业一样列出每项计划，并努力完成每项任务，然后满怀期待地在每项计划上打个大大的“√”，若能再获得一个“小红花”，那就再好不过了，但是，我往往忽略了那无处不在，且又突如其来的变化。它会将一切规划打乱，甚至打回至比规划之初还被动的处境。却恰如此时，我恍然明白，变化本身可能就是人生最大魅力所在吧。既然如此，倒不如勇敢地相信我现在也只不过是“三十而已”，坦然拥抱一切未知的变化。

眼前与未来。

责任，博士毕业后再次谈起应尽的责任。我时常独自反思：年轻时是不是被家人保护得太好了？以至于现在面临许多困难和应尽责任时，总有一种无力感。伴随而来的还有焦虑与不安，仿佛眼前的苟且成了我生活的常态，但我还是虔诚地期待着能划破黑暗的那束光。这些焦虑、彷徨、笃信与期待在我内心中不断交织、摩擦、碰撞……直到像一把弓即将拉满，一壶水马上彻底烧开，抑或无数次钻木取火后的最后一圈……我还是坚信眼前的一切终究只是未来的过去式，未来才是点燃希望的那束光！

……

说回这本书，它不仅是我近几年废寝忘食的研究成果，也是把我从博士安逸状态迅速调整到“青椒”奋斗姿态的“校正仪”，更是我寻找未来安身立命之处的“手电筒”。当然，这本书中还存在着许多不足之处，敬请读者多提宝贵意见。

左胜强

2022 年 10 月于北京泰舍书局